ちくま学芸文庫

中国の城郭都市

殷周から明清まで

愛宕 元

筑摩書房

はじめに

高い石垣を築き、二重・三重に濠をめぐらせて防禦を固め、その上にピラミッドのようにそびえ立つ天守閣を築いて領下ににらみをきかせ、周辺部にはほとんど無防備の城下町が形成される。我々日本人がイメージする城郭は、さしずめこのような景観であろう。もっとも、これとても近世以降の城郭イメージであり、古代・中世の日本の城郭はかなり様相を異にしたものであったことは言うまでもない。

中国では、古来、都市全体を城壁で囲むのが普通である。まさしく城郭都市の呼称がふさわしい構造をもつ。現代中国でも都市を「城市」と表現するのは、都市と城郭とが不可分の存在であった長い歴史があるからである。

都市の周囲に城壁をめぐらせるのは、中国だけではない。西アジアやヨーロッパでも、普通に見られる歴史的景観であり、むしろ日本が例外と言ってよい。ローマ以来の城郭都市の名残りを残すヨーロッパの都市名が少なくない。ドイツ語系で Hamburg, Augsburg などの -burg のつく都市、英語系で Edinburgh, Peterborough など -burgh, -borough のつく都市、あるいはフランス語の bourgeois も本来は都市住民を意味する。これらはともにラテン語の burgus「城」に由来する語であって（但し、このラテン語 burgus も、ガリア方面にローマが勢力を拡大する過程で、ゲルマン人の城寨を意味する語を導入したものらしい）、元来は城壁で囲まれた都市であり、その都市名にかつての姿の名残りをとどめている。中国でもまったく同じことが言える。韓城、澄城、芮城、玉城、湖城、襄城、宋城、項城、彭城、徐城、殷城、鄆城、任城、歴城、禹城、諸城、翼城、趙城、文城、平城、潞城、黎城、晋城、陽城、元城、朝城、堯城、聊城、共城、武城、宗城、経城、観城、稾城、鼓城、阜城、鹿城、臨城、欒城、容城、遂城、蒲城、魯城、景城、宜城、穀城、向城、方城、唐城、褒城などなど、「城」字の付く都市名は枚挙にいとまがないほど多いのがその証左である。

城郭都市でもっとも規模が大きいのは、言うまでもなく都城である。漢や隋唐の長安城・洛陽城、宋の開封府城・臨安府城、元の大都城、そしてそれをうけた明・清の北京城などは、数十キロの城壁をめぐらせた威風堂々たる巨大城郭都市であり、これらのいくつかは、今も地表遺跡を見ることができる。

さて、中国の城郭都市は、地方行政上の拠点となる政治都市としての性格を例外なく帯びている。行政単位のレベル、地域流通圏内の立地など、さまざまな要因によって、流通経済の中心としてのマーケティング・タウンといった性格が、時代が降るにしたがって加味されてはくるが、やはり政治都市としてのあり方は、全時代を通して一貫して認められる性格なのである。

政治都市

後述するように、殷周から春秋までは邑（都市国家）の分立と連合の時代であった。戦国時代になって領土国家が形成され、前二世紀末に秦が領土国家として最初の統一を達成する。秦の統治方式は、全国を上級行政区としての郡、郡に統属される下級行政区としての県に区分し、一律に中央の皇帝直轄支配下に置いた。以後、この郡県支配体制は基本的にはずっと後世まで踏襲される。漢の武帝期に、複数の郡を監察する区分として州が置かれ、後漢中葉以降には、本来は監察区分であった州が、事実上行政権をもつようになり、郡の上級に位置する広域な行政単位となる。これを承けて魏晋南北朝時代には、州・郡・県の三級行政区分のもとに地方統治がなされた。六世紀末、隋が南北の分裂を統一すると、隋の文帝は統一策の一環として煩瑣で不経済な三級行政区を改め、州と郡とを整理統合し、同一ランクの行政区とした。ここに州（郡）県二級行政区分が確立され、これ以後はもっぱら州（郡）県制が行なわれることになった。州と郡の整理統合によって、郡名が廃されて州名が正式の名称となるが、後世には州名をわざわざ古名の郡名で呼び替えることがしばしばあるので注意を要する。たとえば、徐州を彭城郡と言うが如きである。

州県体制の頂点に位置するのが、皇帝の居す国都、すなわち都城である。唐宋以後には、国都を含めていくつかの重要州は、他の州より一ランク上級の扱いをされて府と呼ばれた。唐代の雍州京兆府、并州太原府、宋代の汴州開封府、杭州臨安府などがそれである。

国都を頂点とした全国の直轄支配体制が州県制であり、州あるいは県という行政圏の中心にあるのが州庁・県庁の置かれた州城・県城という城郭都市なのである。州城・県城という城郭都市が政治都市としての性格を第一義的にもっているというのは、この意味においてである。州城・県城の他、辺境の軍事要塞はもちろん、関津にも城寨をもつものがある。また一〇世紀以後の流通経済の活性化とともに、数多く形成されてくる地方的流通センター、マーケティング・タウンである鎮のなかには、城壁をめぐらせて県城に匹敵する規模をもつものも出現するが、これは例外と見なしてよい。したがって、中国における城郭都市とは、州城・県城といった政治都市と同義であると言えるのである。

中国の郡県制ないし州県制という地方統治のシステムは、日本古代における国家の諸制度が整備される過程で、律令体制の一環としてやはり導入された。現在の日本の道府県制もその延長線上にある。京都と大阪が府であるのは、明治初期の廃藩置県の際、他県とは別格扱いとされたためである（東京も当初は府であった）。少し注意せねばならないのは、中国の州（郡）に対応するのが日本の県であり、同じく中国の県に対応するのが日本の郡であり、ともに空間的広がりや人口で同じ対応関係でありながら、行政レベルの上下関係が逆転している点である。また、日本では古名和泉国を泉州に、長門国を長州にというように、後世には呼び替えがされるが、これまた現在の中国地名として杭州、広州、蘭州、鄭州、福州などとして残るように、中国の州名が原則として一字を冠するネーミングを模倣したものであることも知っておいてよいであろう。

ところで、欧米には米国やオーストラリアのState、西ドイツのLandのように連邦制をとっている諸国がある。これらは「州」と訳されて、日常的に我々は用いているが、あくまで行政単位としての外見的類似からの翻訳名であって、連邦制をとる諸国での「州」がともに大きな州内自治権限を有している制度上の実体は、中国史上の中央集権下におかれた州とは異なることを付言しておかねばならない。近代以後の人文・社会科学用語は、そのほとんど全てが欧米語の翻訳語であり、しかも訳語としてもっぱら漢語を当てたのであるが、意味内容の乖離はいかんともしがたかった。しかし、明治期の知識人の中国古典教養の深さは高く評価されねばならない。

現存する城郭

中国の城壁構造、とりわけ華北のそれは、後に詳しく述べるように、無尽蔵にある黄土をつき固めて構築されるため、きわめて強固な土壁となる。黄土は水の浸蝕にもろい弱点をもつが、降雨量の少ない華北中国では、数十年、あるいは百年に一度といった異常気象でもない限り、さほど気に懸ける必要はない。また、城壁表面を塼(せん)と呼ばれる黄土を練り固めて焼成した煉瓦で被うことによって防水対策が施されるから、かなり古い城壁も人為的破壊を受けなければ、相当長い時代を生きのびる。地表に残らなくとも、地下の基礎部分はほぼ完全な形で残ることになる。これら古城址が近年続々と調査され、規模や構造について多くの知見が得られるようになった。その成果については、以下の各章で紹介するはずである。

一九一一年の辛亥革命後の民国期、そして四九年の人民革命以後にはより積極的に残存する旧来の州城・県城の城壁が撤去された。都市人口の増加や城門のみに限られた交通の不便さを打開するためであり、撤去された城壁跡は道路となっている場合が多い。現代中国の都市図を見ると、環城路とネーミングされた道路がやたらと目につく。日本風に言えば環状道路であり、撤去前の城壁位置がわかり、旧城郭の平面プランを知ることができる。現在もほぼ完全な形で城壁を残す都市がいくつかある。かつての唐の都長安で今の陝西省の省都西安、三国時代に呉と蜀漢との争奪の地となった湖北省の江陵、山西商人の活動拠点であった山西省の平遥などがその代表的なものであり、後章で詳しく紹介するが、いずれも明清期の城郭である。他にも明清期の城壁を残す都市はかなり存在する。それらを知るのに便利な手立てとしてONC地図がある。人工衛星から撮った写真を基に作図されたOperational Navigation Chart（略称 ONC, Published by Defense Mapping Agency Aerospace Center, St. Louis, 1/100 万，一部 1/50 万）の中国部分を見れば、walled と付記された都市をいくつも見つけることができ、具体的な残存の程度までは不明ながら、少なからざる城郭の存在が知れるのである（図1）。ちなみに、この地図は、その名称が示すように、本来は軍用航空機用の地図であり、地上の突起物の詳細な位置と高さ、あらゆる飛行場の位置と滑走路の本数・方向、無警告で発砲される可能性のある軍事機密空域などが記されたぶっそうな地図ではあるが、walledの表記をはじめとして、滑走路の方向からはその地の風向きの傾向が知れるし、フィート表示ながらかなり詳細な等高線が示されていること（中国で発行される各種国内地図には、大スケールのものを除いて、等高線が記されていないのが普通である）、あるいは断片的に残る黄河の古堤防をつなぎ合せることによって幾度も河道を変えてきた黄河古河道の復元にも有効であり、万里の長城がどのあたりにどの程度残存しているかも正確に知ることができるなど、歴史・地理学的に非常に利用価値の高い地図である。近年、各分野で衛星写真を用いたRemote Sensing Researchの方法が導入されつつあるが、この地図はそのはしりと言えるものである。

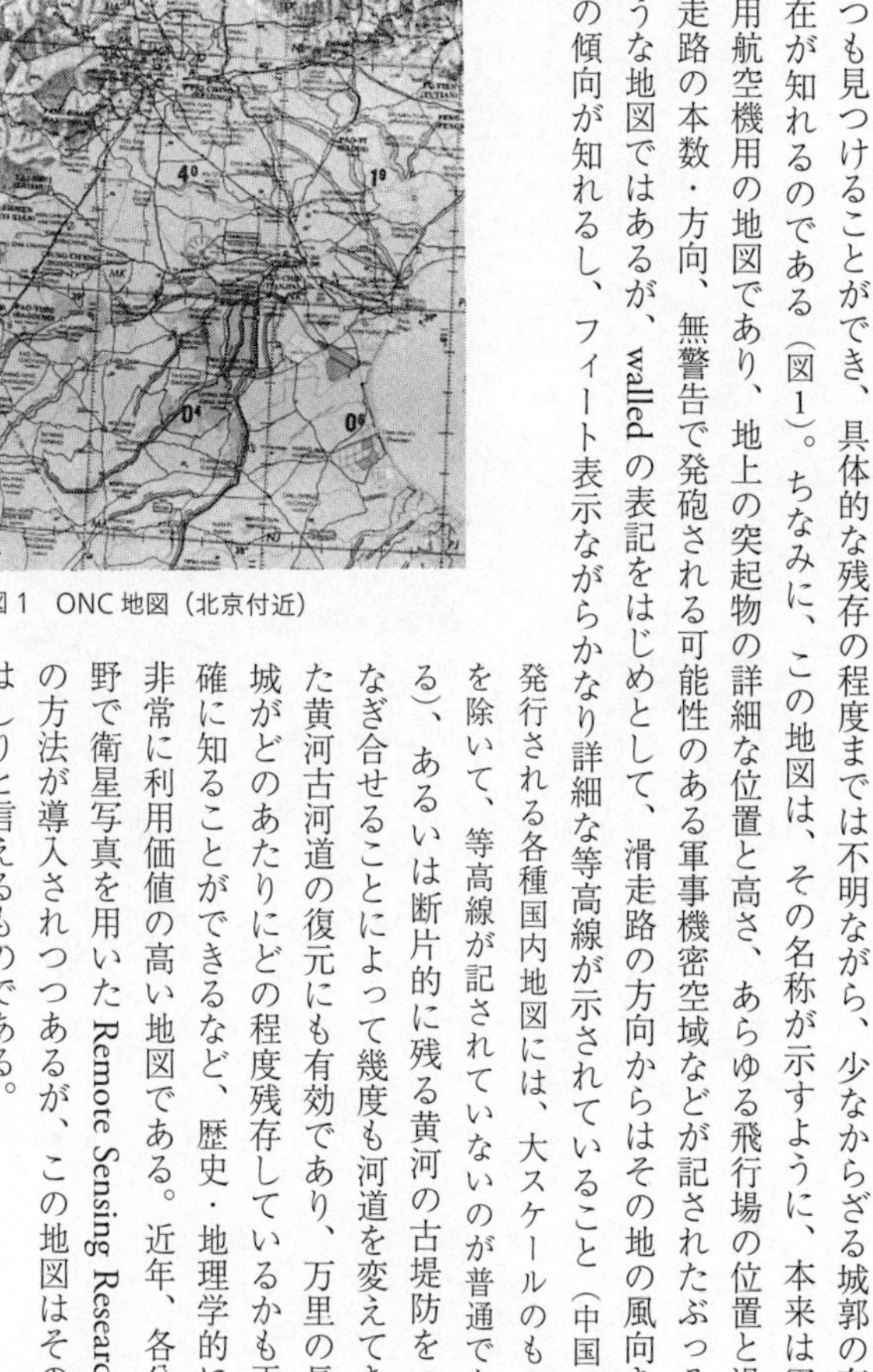

図1　ONC地図（北京付近）

目次

第五章 魏晋南北朝時代の城郭都市

第六章 隋唐時代の城郭都市 …… 125

第七章 宋代の城郭都市 …… 173

中国の城郭都市——殷周から明清まで

第一章　新石器時代の城郭遺址

周知のように、中国での新石器農耕文化は、前期の仰韶文化期と後期の竜山文化期とに区分される。仰韶期は前四〇〇〇〜二五〇〇年頃、竜山期は前二五〇〇〜一六〇〇年頃である。近年の活発な考古学調査によって、新石器時代の開始がさらに一五〇〇年近くさかのぼる、前五五〇〇〜五一〇〇年頃の先仰韶文化（河北省武安県の磁山文化層、河南省新鄭県の裴李崗文化層など）が発見された。また、揚子江の中・下流域でも、華北黄河流域を中心とする乾地性雑穀栽培の仰韶文化とほぼ同時期に、稲作栽培による新石器文化が形成されていたことが明らかとなり（山東・江蘇両省にまたがる青蓮崗文化層、江蘇・浙江両省の良渚文化層、湖北省の屈家嶺文化層など）、中国新石器文化を従来のように黄河流域でまず形成され、それが周辺に伝播したとする、黄河文明の一元論では説明できなくなった。

仰韶期を代表する遺址には、陝西省西安東郊の半坡遺址、同じく陝西省臨潼県の姜寨遺址、河南省陝県の廟底溝遺址などがある。ともに原始定住村落の遺址であるが、これらには、まだ土墻、土壁の類いは存在していない。ただ、これら原始農村がともに黄河本流からはやや離れた丘陵上に立地している点が重要である。現時点で、黄河流域の仰韶・竜山期の原始村落遺址は数千が確認されているが、そのほとんどが同様な立地にある。よく知られたヘロドトスの「エジプトはナイルの賜物」という表現は、中国の古代文明形成にはあてはまらない。所謂黄河文明は、確かに黄河流域に生まれた新石器農耕文化ではあるが、決して「黄河の賜物」ではない。むしろ、暴れ竜と形容されるように、黄河は流域住民にとって災害をもたらす以外の何ものでもなかった。黄河は、青海省に源を発し、甘粛省の蘭州付近で北上、陰山山脈の南を東流、山西・陝西の省境を南流し、山西省を南流してきた汾水、ついで陝西省を東流してきた渭水を合し、潼関で東に流れを変え、河南省の三門峡(解放後、黄河に最初のダムが建設された)付近を経て、華北大平原に出る。三門峡より上流の厚い黄土地帯では、浸蝕によってえぐられたきわめて深い河岸段丘状の峡谷を形成している。したがって、黄河の水を直接に灌漑に利用することは古代人、いな現代においてすらほとんど不可能である。一方、三門峡より下流では、等高差の緩慢な華北の大平原になるため、ここまでに溶かし込んできた尨大な黄土が、流速の著しい低下とともにどんどん河床に沈澱堆積することになる。太古以来、黄河の流れのこのような営みによって、中・下流では、平地よりも河床が大幅に高い天井川となっている。大氾濫のたびごとに大

き く河道を変える黄河、それはひとたび溢水すれば、水は低きに流れることわり通り、再び元の河道には戻らないからである。黄河の中・下流域では、古代人にとってまさしく暴れ竜であった。そのためにこそ、これらの地の新石器時代の集落はもちろんのこと、殷周、春秋期の邑（都市国家）の多くも、黄河本流あるいは大河川からはやや距離をおいた、しかも丘陵上に営まれることが一般的であったのである。

仰韶期の代表遺址は、先にふれたように、一九五四〜五七年に発掘された半坡遺址である。すぐ東を北流する滻河の河床より約九メートル高い黄土台地の上にあり、五万平方メートルの広がりをもつ重層した集落址で、周囲に幅・深さとも五メートル程の濠溝をめぐらせているのが注目される。防禦目的であることは明らかである。最古層は3955±105 B.C. とされる。半坡遺址の集落部全体に屋が架せられて完全保存されている。発見された時期からわかるように、四九年の人民革命を経て、社会主義中国の建設に大きな努力がはらわれていた時で、中国の歴史の古さを国民にアピールし、新国家建設にむけて国民の士気を鼓舞するための現物の教材とする政治的配慮によるものであろう。仰韶期にはまだ城墻の出現は確認されていないが、のちの城墻築造技術へと発展する注目すべき技法が認められる。すなわち、夯打法といって一定の厚さごとに黄土をつき固めて層を形成する版築の技法が、この時期の集落内住居址で用いられているのである。いずれも住居の基部を夯打法で強固に仕上げている。

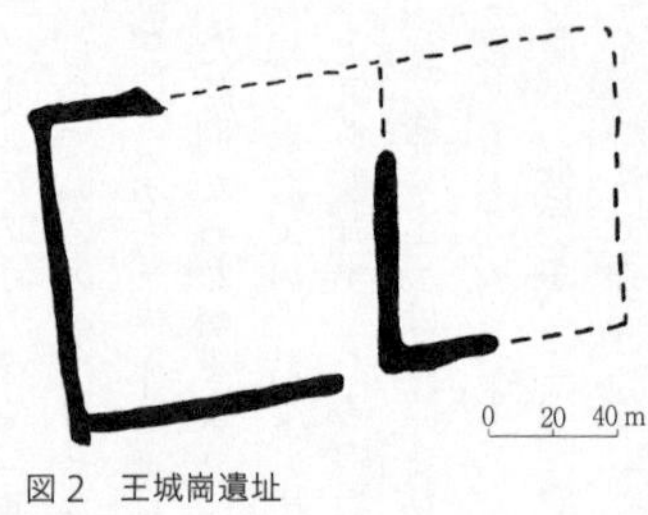

図2　王城崗遺址

竜山期に関しても多くの遺址が続々と発見されつつある。従来は山東地方に限られていた遺址の分布が、他地域にまで広がり、より広域な竜山文化の存在が知られるようになり、大別すると、陝西類型、河南類型、山東類型に区分される。

王城崗遺址

竜山期後期になると城墻が登場してくる。主なものに河南省登封県告成鎮の王城崗遺址、同じく河南省淮陽の平糧台遺址がある。ここでは王城崗遺址について見ておこう。この遺址は中岳嵩山の南麓、五渡河西岸の台地上に立地している。ほぼ方形の同規模の東西二城からなり、東城の西壁と西城の東壁とを共有した複郭構造となっている。現存する規模は、西城の西壁が九四・八メートル、南壁が九七・六メートル、北壁残部が二九メートル、東壁残部（すなわち東城西壁残部）が六五メートルあり、東城では南壁残部が四〇メートルある（図2）。東南流する五渡河の側浸によって東城の破壊が著しい。この城壁址は地表部分はほとんど残らず、「基礎槽」と考古学者が呼ぶ、地下に掘り込まれた城壁基部が発掘されたのである。「基礎槽」は厚さ一〇センチ前後の夯土層から成り、各層面には円形や楕円形の木製または石製の夯具（木棒、石塊）による夯打痕がはっきりと認められ、版築工法で築かれたことを示している（図3）。「基礎槽」からは青銅器残片が出土し、また層内出土の木炭片の^{14}C測定値は前二〇〇〇年前後と出た。そのために、王城崗遺址を「夏墟（かきょ）」、つまり殷に先行する伝承上の中国最初の王朝である夏の遺址ではないかという強い期待が生まれた。確かにこの地は、各地にいくつか伝承されている「夏墟」の地の一つであり、その可能性は否定できないが、今のところ断定を下すには証拠不十分であろう。新石器後期における生産力の上昇と人口の増加、富の一方への集中、階級分化とその組織化などといった歴史発展の理論面からだけでなく、竜山期末期の墓葬遺址からは、玉器等を副葬した少数例と、それ以外のきわめて簡単質素な多数例とが混在し、明らかに階級社会への移行を裏付けている。したがって、最初の世襲王朝として夏が存在したという伝承は、それなりの歴史事実を反映していると考えられる。階級社会の形成過程で、原初的な地域首長が一定の規模をもつ城壁を構築した拠点をかまえるようになるのは、外敵に対する防禦だけではなく、権威のシンボル、さらには原始共同体段階での労働力動員とは異なった、集中的かつ大量の労働力動員を可能にし得た側面が注目されるべきであり、その点から、王城崗遺址の城壁

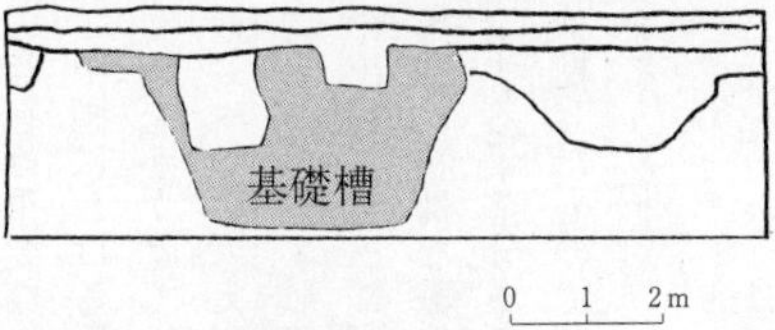

基礎槽

0　1　2m

図3　王城崗南壁基礎槽断面

の存在は重要なメルクマールとなり得よう。

中国における原始集落から城郭をもつ都市国家への変遷過程は、なお解明すべき多くの問題をかかえている。古代城郭都市国家と呼ぶにはいかなる要件をそなえていればよいのか。一つの考え方を紹介しておこう。まず第一には、言うまでもなく版築城壁が存在すること、そして戦車と弓矢・戟(ほこ)等の青銅武器の出現、第二に宮殿や宗廟といった大規模建築の出現、第三に青銅や玉といった特殊な材料で製作された祭祀用儀器と祭祀遺跡の存在、第四に特殊な職能集団による手工業作坊の存在、第五に城郭都市を中心として、それに従属する集落分布の規則性である。この概念規定は、後述する殷代の考古学資料にもっぱら依拠したものではあるが、新石器末期における階級社会への移行期を考える上でも参考になろう。

第二章　殷周時代の城郭

1　殷代

河南省安陽の殷墟（いんきょ）は古くから殷の故地と伝承されてきた地ではあるが、この地が発掘調査されて多数の甲骨文（こうこつもん）が出土し、その解読を通して殷の歴史的実在が確認されたのは、ようやく一九二〇年代のことである。それ以前は、「夏墟」と同じく、殷墟も伝承上の存在でしかなかった。殷代史も近年の豊富な考古学的成果によって、前・中・後期の三期に分期できるようになり、安陽の殷墟は後期に属すことが明らかになった。殷代になると、城郭の存在も確実となる。時代順に主なものを見ていこう。

まず河南省偃師（えんし）県で発見された城壁址がある。洛河北岸の台地上に立地し、その平面プ

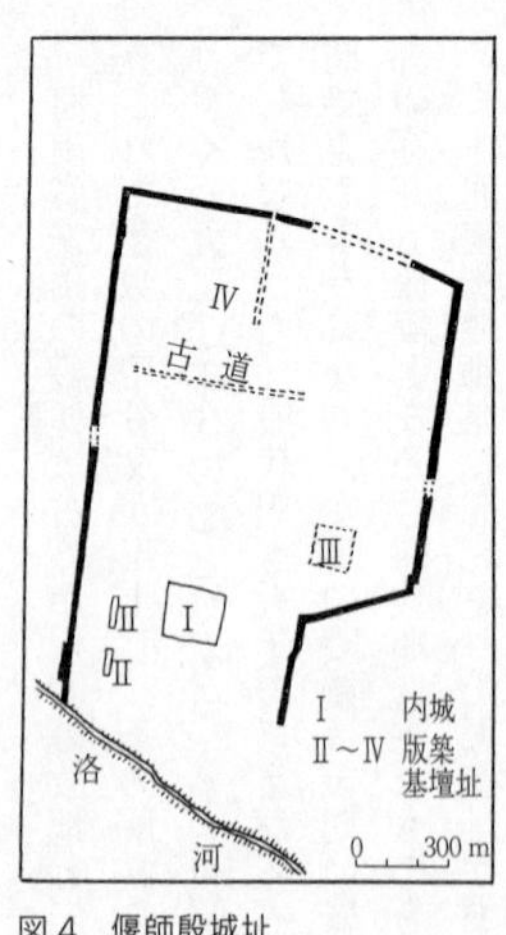

図4　偃師殷城址

ランは東南部にくぼんだ長方形で、南壁だけは確認されていないが、洛河の浸蝕で失われてしまったと考えられる。その規模は、東壁が一六四〇メートルで基厚が二〇～二五メートル、北壁は一二四〇メートルで基厚は一六～一九メートル、西壁残長は一七一〇メートルで基厚は一六～一九メートルである（図4）。城壁基部が掘削されて、夯打法でつき固めた「基礎槽」となっている。「基礎槽」の口幅は一八メートル、底幅は一七・七メートル、深さ〇・六～〇・九メートルである（図5）。この上に前記の城壁がやはり夯打法で構築され、その残高は、一・七～一・八五メートルある。築城時期は、殷代前期、それも比較的早い時期と見なされる。殷は拠点を王朝創始者の湯王以前に八遷、以後に五遷しているとされ、この偃師殷城を湯王が移り居した西亳に比定する見方が中国学界では有力だが、やはり断定するには証拠が十分でないように思われる。ただ、これだけの大規模な城郭が前一六〇〇年頃の殷初に出現したというのは驚異である。未確認の南壁を東西壁南端をつないで推定すると約七五〇メートルあり、その数値を用いて全周を求めると五三四〇メートル、一里＝四〇五メートルで里数換算すると約一三・二里となる。後の周の王城が方九里で周三六里とされるから、その規模の大きさがわかる。築城に要した尨大な労働力を集中的に動員し得た強力な王権が殷初にすでに形成されていたことを物語るとともに、その一方で、これに先行する新石器竜山文化期の末期段階との格差の大きさにやや不自然な感じを持たざるをえない。このギャップは、今後の考古学上の調査によって埋められることを期待する他ない。

つぎに鄭州の殷城遺址について見てみよう。この城址は現在の河南省省都である鄭州市の市街地にあり、やはり平地より五～一〇メートル高い土岡上に立地している。北壁に屈曲部があるものの、ほぼ方形に近いプランを呈している。城郭規模は、東壁・南壁が約一七〇〇メートル、西壁が一八七〇メートル、北壁が一六九〇メートルで、城周は六九六〇メートルと、先の偃師殷城より一まわり大きい。城基の厚さは、平均で一五・八メートル、残高は平均で四・三メートルある（図6）。城壁上部あるいは外被に戦国期の夯土層、さらにずっと後世の宋代の夯土層が認められる重層構造で、繰り返し修築されながら何代にもわたって利用されてきたことを示している。築城法で注目されるのは、主城壁の両側面に築かれた護城坡の存在である。この護城坡

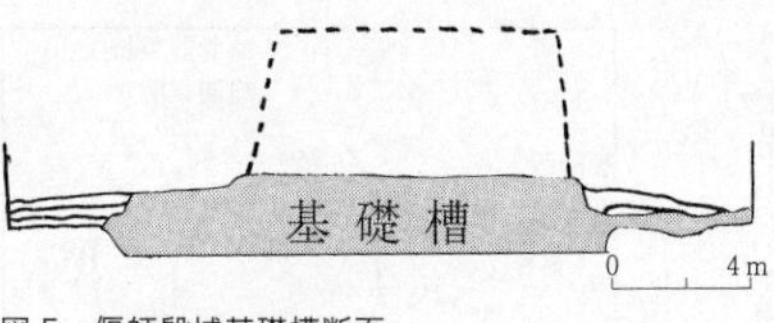

図5　偃師殷城基礎槽断面

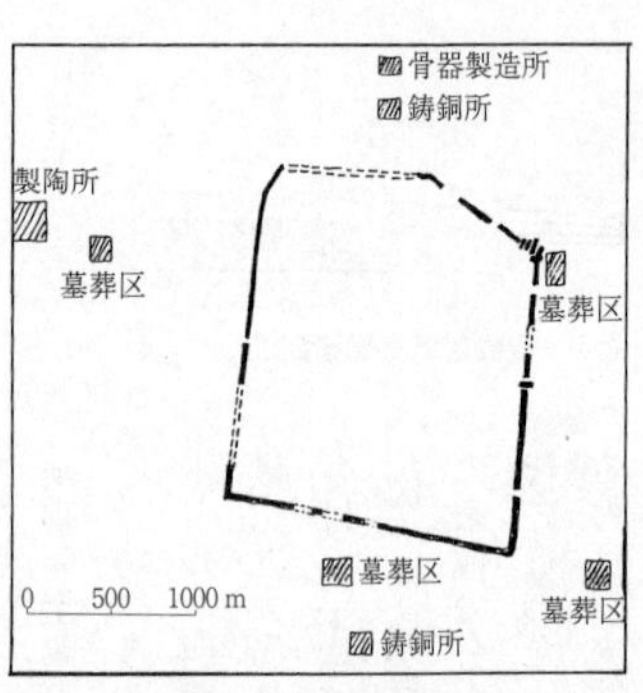

図6　鄭州殷城址

には木板の痕跡が残っており、主城壁を版築で築く際に用いた支えであったと考えられるが、この支えの側板に沿って斜めに夯土層を積み重ねて主城壁の側面強化が図られたものであろう（図7）。城址内の東北部には複数の大型版築基壇が発見され、基壇表面を堅い白灰土や細かい粘土で整形固化したもの、あるいは礎石や柱穴痕をとどめるものがあり、重要度の高い建築遺構であることは間違いない。また城址外からも人骨や獣骨を加工する骨器製造所、生産過程や分業形態のわかる鋳銅所、酒醸造所、製陶所などの遺址が見つかっており、城郭をもつ都市国家の諸要件をほぼ満たすものと言える。築城の時期については、さまざまな解釈があって断定し難いが、殷代中期（前一三五〇～一二五〇年）に属するとする説が有力である。もし中期の殷城だとすると、湯王から数えて一〇代目の仲丁（ちゅうてい）の時に遷都したとされる隞（ごう）の地に比定可能である。ところで、この鄭州殷城を版築工法で築城するのにどれだけの労働力を要したかについての研究があり、それを紹介しておこう。工具に石器・木器と青銅器を半々に用いたとして、毎日一万人を動員して一八年の歳月を要することになると言う。後述する

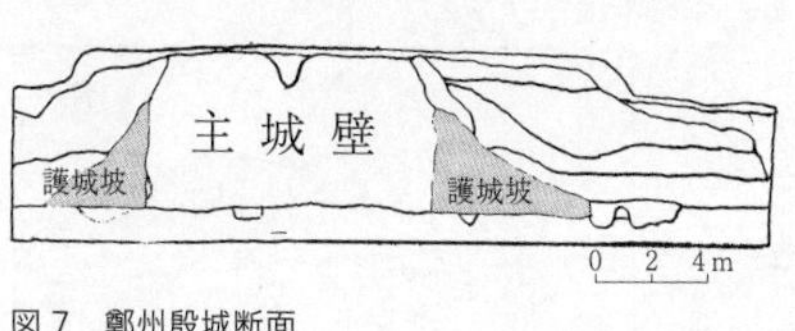

図7　鄭州殷城断面

ように、この時期にかくも大量の青銅工具を調達できたか疑問が残るが、ともかく組織化された大量動員なくしては実現不可能であったことは事実である。

湖北省の省都武漢市から北へ約五キロ、黄坡（こうひ）県灄口（しょうこう）郷で発見されたのが盤竜（ばんりゅう）城である。その立地は、夏・秋期にだけ冠水する長江の游水プール盤竜湖に突出した半島状の丘陵上にある。規模は東西約二六〇メートル、南北約二九〇メートルで、ほぼ方形を呈している。地表の残存は西壁と南壁、北壁の西端がそれぞれ高さ一～三メートルあり、東壁基部の夯土層だけが確認されている（図8）。また東南角外に幅約一〇メートルの城濠が認められ、城址内では大型建築遺址が二カ所、城址外では青銅器を伴う墓葬、作坊址などが発見されている。盤竜城址は城壁遺址だけでなく、付随する諸遺址を含めて、文化的様相面で先の鄭州殷城址と類似性が強く、ほぼ同時期のものと見られるが、夯土層が八～一〇センチとやや厚く、築城技術の面ではより原始的とされる。盤竜城の存在は、殷代中期には長江中流域まですでに殷文化圏に包摂されていたことを示す。ただ注意していただきたいのは、先の偃師殷城、鄭州殷城、次に述べる安陽殷墟が、ともに殷（商）という都市国家（邑）それ自体と見なされるのに対し、盤竜城は大都市国家殷に従属した地方の一都市国家であろうという点である。規模の違いからもわかるように、各地に多数分立していた中規模の都市国家の平均的タイプが盤竜城クラスであったと考えられる。

図８　殷代盤竜城址

河南省安陽の殷墟は、第一九代盤庚から三〇代紂の滅亡時までの二七三年間にわたる殷代後期における殷の本拠とされる地である。東南流する洹水をはさんでその両岸沿いの約二四平方キロの範囲に、宮殿址、作坊址、集落址、大墓群と中小墓群、祭祀坑、戦車坑などが高密度に分布している。また甲骨文の解読研究が進むなかで、百以上の田猟地が殷墟中心部から半径二〇キロ前後の外辺部に点在することも明らかとなった。城居周辺に耕地をもち、耕地化の及ばない外縁部に田猟地を設け、中心王宮から日帰りのできる適当な距離にあることは、都市国家の空間的広がりについて一定のイメージを与えてくれる。ところで、殷墟では一九二八年以来、繰り返し組織的な発掘が行なわれ、三七年からは日中戦争によって中断を余儀なくされたが、四九年の人民中国成立後には、以前にも増して活発な発掘調査が再開され、現在も精力的に継続中である。ところが、いまだに城壁址が発見されていない。そして殷墟で見つかっている王宮址と見なされてきた建築址も、近年では祭祀を行なう享堂か宗廟遺址の可能性が強まりつつある。巨大墓ということは、エジプトのピラミッドにも比せられる大規模な地下の墓室をもつ巨大墓が集中して営なまれている殷墟の地は、城郭都市としての要件を満たしていないことになる。このことから、殷墟は殷都ではなく、殷代晩期の陵墓区と祭祀の場所で、殷都は別な地にしかるべき城郭をもった形で存在していたという説が、最近、中国の学者によって提示された。かなり長期にわたって重点的な発掘が行なわれながら、城壁址がいまだに発見されないとすれば、「殷墟は殷都に非ず」という説にはそれなりの説得力があり、今後の考古学的成果とあいまって、我々の強い関心を引くものと言えよう。ただ、現時点にくらべてはるかに殷墟についての発掘データが少なかった一九七〇年に、我国の宮崎市定博士によってこの点が指摘されていることを付記しておく。

2　周代

前一〇五〇年頃、中国西部の陝西方面に本拠をおく周が東方へ勢力を拡張し、河南方面の殷に取って代る。殷を中心とする東方の都市国家同盟軍に対し、周を中心とする西方の都市国家同盟軍が決定的勝利をおさめたのが牧野(ぼくや)の戦(殷墟南郊付近の地に比定される)で、

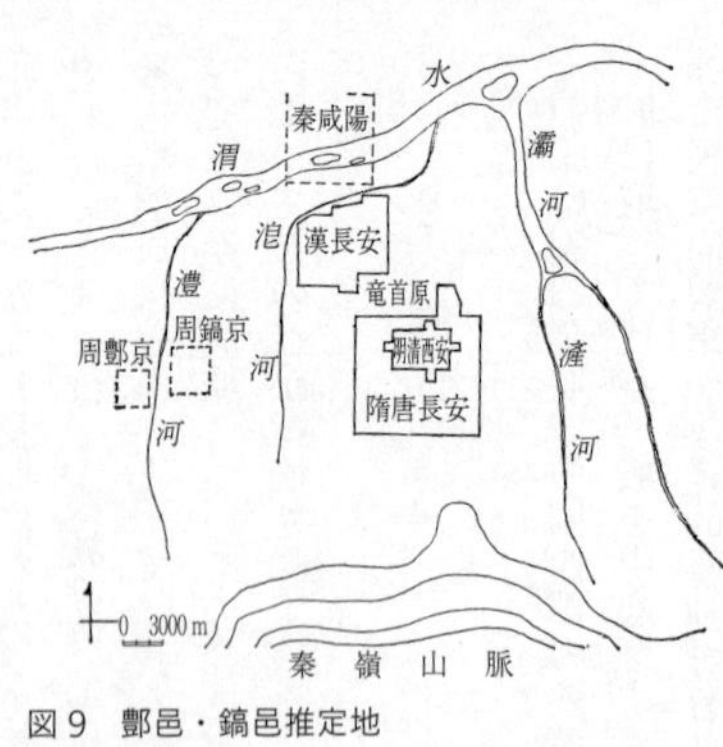

図9　酆邑・鎬邑推定地

天命が暴君たる殷の紂王から周の武王に移行した「殷周革命」として、のちの戦国期の儒家によって大きく喧伝される事件である。周は前七七〇年に犬戎勢力等の圧力で本拠を鎬京（宗周）から東の洛邑（成周）に移すことになるが、この東遷以前を西周、それ以後の前二二一年の秦の始皇帝による統一までを東周と言う（正確には洛邑周辺のみの小国と化した周は前二四九年に秦に滅ぼされている）。東周の前半が春秋時代、後半が戦国時代と区分される。ここでは西周期の城郭について述べることにしよう。

　殷代の城郭遺址がいくつか発見されているのに対し、時代の降る西周期の城郭遺址と確実に見なすことができる例は、奇妙なことにほとんど見つかっていない。周は文王の時に酆邑に、次の武王の時に灃水をはさんで東の鎬邑に本拠を定めたとされる。西安市西郊の酆鎬地区からは周代の建築遺址、墓葬、戦車坑、多数の瓦片などが発見されているが、城壁址は今のところ未発見である（図9）。

　周代の城郭と言えば、後世の都城のモデルとされた周の王城の有名なプランがある。

『周礼（しゅらい）』考工記匠人条に、営国、つまり国都を造営するプランが次のように示されている。

　方九里、旁三門。国中九経九緯、経涂九軌。左祖右社。面朝後市、市朝一夫。

きわめて簡単な記述であるが、その意味は「一辺九里の正方形で、各辺に三門を開く。国都の城内には縦（南北）と横（東西）に九条ずつの街路を造り、その道幅は車の軌（わだち）（八尺）の九倍とする。王宮の左（東）側に祖霊をまつる宗廟、右（西）側に土地神をまつる社稷を配し、前方（南）に朝廷、後方（北）に市場をおく。市場と朝廷は一夫（百歩）平方とする」ということになる（図10）。九里、九軌など九が基準数とされているが、九は究に通じ、数の極まりを意味するからである。周初、旧殷の勢力圏であった東方経営の拠点として周公旦（しゅうこうたん）が造営したとされる洛邑（成周）がこのモデルだとされるが、確証はない。成周城基に立脚したとおぼしき東周期の城壁址が洛陽で見つかっている。約三キロの北壁とこれに直交する東壁の一部、そして西壁・南壁の一部である。基厚は八～一五メートル、残高は〇・八～四メートルで、全体のプランは約三キロ四方のやや変形した方形と見なすこと

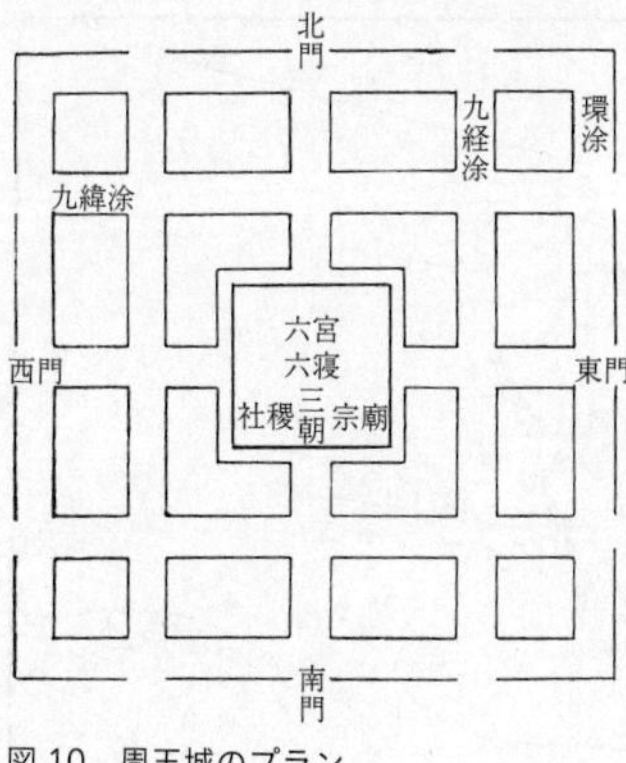

図 10　周王城のプラン

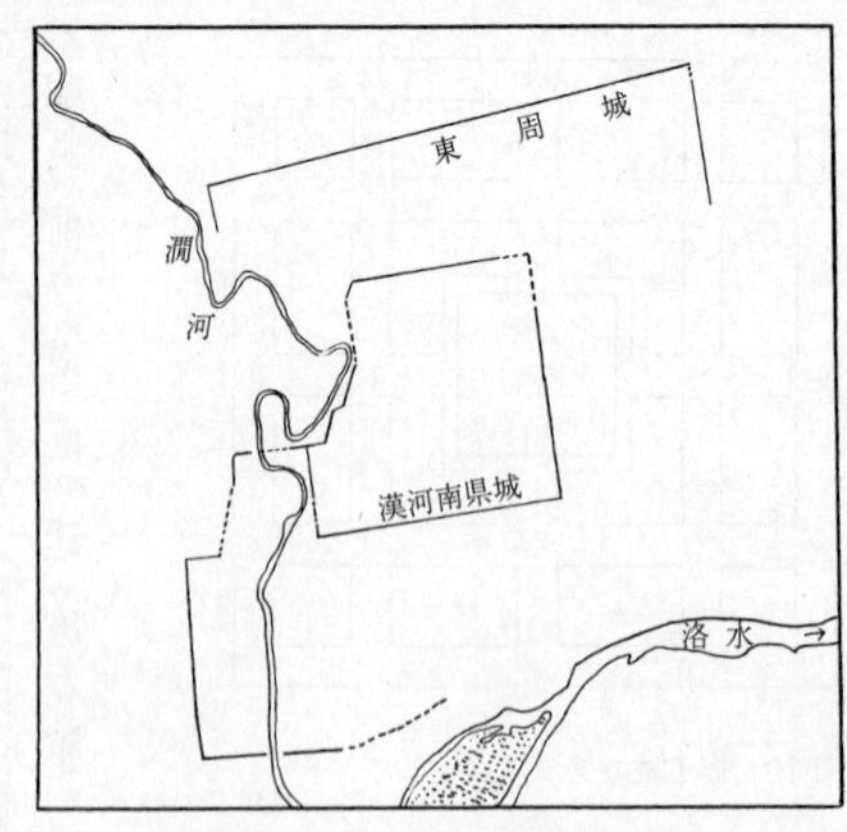

図11　周王城址（?）と漢河南県城址

ができる。城址内の中央やや西よりに周約一・四キロの漢代河南県城址があり、これを成周の宮城と見なすと、西周初めの成周城の姿がほぼ浮び上がってくる。すなわち、王宮を包み込んだ内城と、その外側を囲繞する外城という二重城郭である（図11）。成周城だけでなく、当時の都市国家の一般的な城郭構造が、このような内城・外城からなるもので あったと考えられる。

第三章　春秋・戦国時代の城郭

1　邑

殷（商）・周時代は、都市国家の時代であった。中国古代の都市国家は、殷が自らを商邑と称したように、邑あるいは国と呼ばれた。殷王朝、周王朝は、秦漢以後の広域な領土国家とは形態を異にし、殷あるいは周という大邑が多くの中小邑を宗教的・軍事的に従属させせた邑連合の時代であった。各邑は独自の神々の体系をもち、祖先を同じくした血縁集団を支配層とした独立した都市国家で、城郭を中心にその周辺に半径数十キロの耕地をもつが、その辺縁外は未墾の山林藪沢が広がるという、あたかも砂漠のオアシスのような分立した存在で、大邑を核として連合体を形成していた。伝承によると、夏の禹王の時には万国、殷初には三千余国、周初には千七百余国、そして春秋初になると千二百国であったという。むろん、これを実数と見なすことはできないが、時代が降るにつれ、次第に弱小邑が統合されて減少していくのは歴史事実を反映したものと言える。

邑（ゆう）の字は、周囲を画した土地とひざまずいた人から成り、濠、柵、土壁などで囲まれた内に集住する人間、つまり集落を意味する。そのために和訓でも「ムラ」と訓ずる。既述の半坡遺址のような原始集落から階級社会に移行するにしたがって防禦力を強化するために城壁が発達し、国家が形成されてくる。都市国家の成立である。次に国の字であるが、漢字の辞書としてもっとも古く、かつ権威のある後漢の許慎撰になる『説文解字』に「國とは、邦なり。囗に従い、或に従う」と見える。清朝の代表的な考証学者段玉裁は『周礼』の注を引用して「大を邦と曰い、小を国と曰う。邦の居する所を亦た国と曰う」と解している。要するに、国の字の大きな囗は囲繞する城壁、中の或は武器の代表である戈と人民を意味する口、そして土地を意味する一からなる。つまり邑も国も城郭をもつ都市国家を表わした文字ということである。ちなみに邦は丰と邑から成るが、周王によって「封建」された諸侯が宗周の聖木の若木（丰）を境界に植樹して新邑を建設することを意味している。城の字は、やはり『説文解字』には、「城とは、民を盛る以（どうぐ）なり。土と成に従う。亦た成の声」とする。盛り土をすることを成と言うから、版築の防壁内に人民を集住させることが城の字義なのである。以上からわかるように邑や国は都市国家の意味で、それらが城壁をもつことは自明のことと見なされていた。

2 城郭構造の変化

春秋時代から戦国時代へは大きな変革の時代であった。この激動期に城郭もまた大きく変貌する。この点を主として宮崎市定博士の説によって述べておこう。もっぱら丘陵上に立地した原始集落が、新石器末期になると、従前の濠や柵といった簡単な防禦から、土壁で囲繞するものが登場してくる。やがて都市国家へと発展し、階級社会へと移行する。夏の時期の城址ではないかとされる河南省登封県の王城崗城址は、この時期に相当するものである。ついで殷代になると、丘陵最高所に置かれた邑首長の居所や宗廟といった神殿祭祀の場を囲繞する城壁が強化されるとともに、城下の民居区もまた簡略な土壁で囲まれて、一定の防禦機能を果すようになる。ただ戦時には全ての城下の民は城内に籠って防戦した。殷代の中小邑はこのような「山城式」が一般的であったと考えられる。偃師県殷城や鄭州殷城は大邑殷の城郭であるから別格であり、湖北の盤竜城がこの「山城式」にほぼぴったりと対応する。

西周期から春秋期になると、「内城外郭式」が出現する。民居区を囲む外壁が従前より強化されてくるのである。この外壁を郭と称し、内壁を城と言う。つまり内城と外郭という二重構造が明確となるのはこの時期である。この「内城外郭式」は、「城主郭従式」から、次第に外郭が強化されて内城をしのぐ構造の「城従郭主式」へと移行したと考えられる。このように、城とは内城、郭とは外郭であり、内外の異なる城壁の呼称であったことに注意していただきたい。郭内住民のほとんどは農民で、郊外の一定範囲に広がる耕地へと、朝に郭門を出て農耕に従い、日暮れとともに再び郭内に戻ってくるという生活パターンであった。したがって、郭外至近の田土は郭内に居住する農民にとって徒歩に要する時間が最短ですみ、その分、野良仕事に十分な時間と労力がさける訳で、単位面積当りでより高い生産性が期待できる土地となる。春秋期には、美田・良田の代名詞として「負郭之田」、あるいは「帯郭之田」という表現がしばしば見いだされるが、「負城之田」「帯城之田」という表現が見えないのは、このような都市国家のあり様を反映しているからに他ならない。現在の都市に勤務する我々サラリーマンと事情は同じと言えよう。

やがて戦国時代になると、内城は事実上なきに等しい状態となり、もっぱら外郭の強化が図られるようになる。非常時における防禦の拠り所であった内城に代って、外郭を強化することによって外敵に抗するようになり、ここに内なる城と外なる郭の区別が消滅する(図12)。以後、城郭という語は一つの熟語として通用されるが、本来は別々の字義であったのである。我国で、中世近世の城郭とか、城郭建築というように用いられるのは、中国古代における内城と外郭からなる二重構造から、両者が一体化して城郭一重構造へと変貌

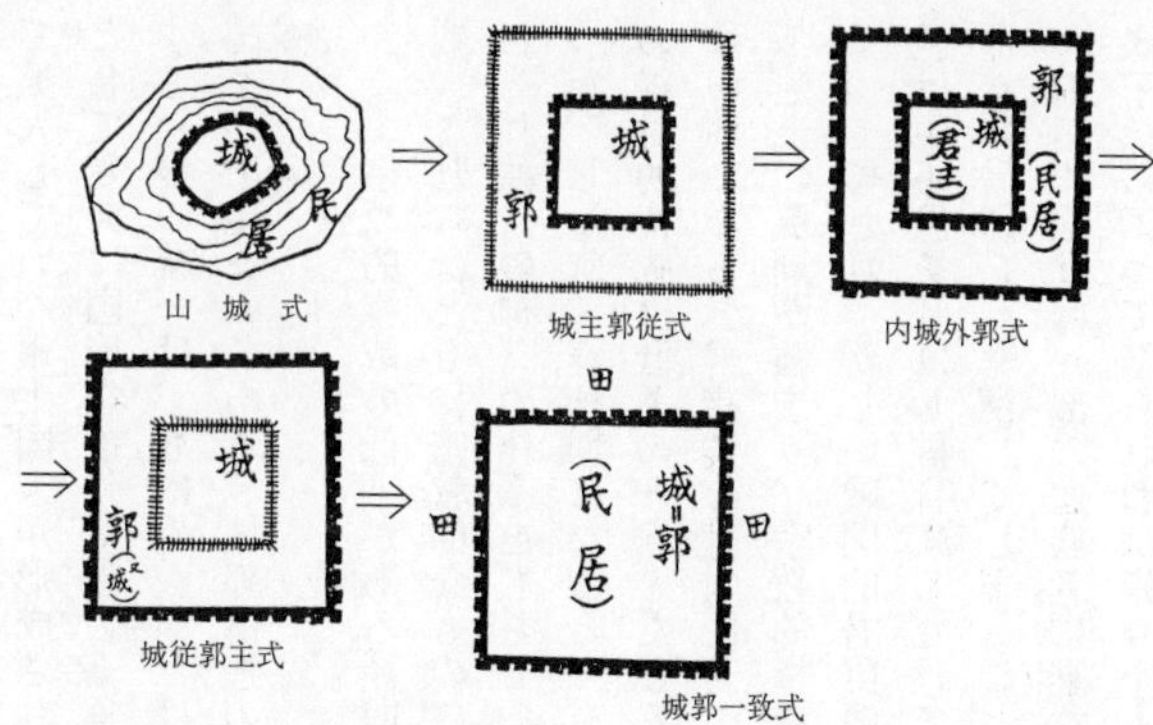

図12　城郭構造の変化（宮崎市定説）

した歴史的背景とは無縁である。城と郭とが同義と化してから、なおはるか以降に漢字文化を受容し、「シロ」の意として城郭の字をあてたからである。しかも、我国で「城郭」が意味するところは、防禦の中心としての、もともとは「城」の字義に限られるものである。

3　戦争形態の変化と城郭

城と郭が一体化する構造変化の背景には、当然ながら時代的なインパクトが大きく作用している。春秋末から戦国期には、従来の邑と呼ばれる都市国家を脱皮して領土国家が形成される、中国史上での大きな変動の時代である。大邑を中心に同盟関係からなる都市国家連合体という、いわば点と線の国家関係から、大邑が中小邑を併合し、さらに広域な未耕地を積極的に開発して領域を面として拡大していく領土国家が形成されてくる。そして戦国中期には、戦国七雄が大領土国家として互いに国境を接して激しく争い、ついに前二二一年には七雄の一、秦が全国を統一する。秦の統一は、もはや殷周とは大きく異なり、空間的に連続した面としての統一領土国家の出現なのである。城郭構造の変化の背景には、このような国家形態の大きな変化がある。

まず宗教的権威の低下がある。殷の神権政治、西周での宗法に基づく周王の絶対的な権威、これらはともに宗教的なものに立脚した権威であった。多くの中小邑においても、それぞれ独自の神々の体系をもち、その祭祠が邑長たる諸侯のもっとも重要な政治行為であった。しかし、春秋期になると、有力諸侯が実力において周王をしのぐようになり、周王の絶対的権威は低下の一途をたどることになる。有力諸侯の代表が春秋の五覇である。春秋中期になると、諸侯の邑内においても、血縁家臣団中の有力世族（卿）による実力での下剋上の風潮が強まり、宗教的権威に立脚した従前の君臣関係は次第に世俗的な実力者によって覆され、新しい戦国的君臣関係が形成されてくる。また領土国家の形成過程で、大邑は中小邑を滅ぼし併合するだけでなく、併合した中小邑が祭祀してきたそれぞれ独自の神々の信仰をも廃棄してしまうことが普通に行なわれる。従前には、亡国に際しても神々への祭祀だけは一部の血族者に継承させるのが常であった。なぜならば、祖先神はその血縁子孫によって祭られねば祟りをもたらすと強く意識されていたからである。春秋末から戦国期になると、これまでの宗教的権威に基づく君臣関係が崩壊するとともに、領土国家へと成長する大邑による滅国絶祀がごくあたり前のようになされる。このような宗教的権威の低下が宗廟等の祭祠施設を囲繞する内城の重要性を低下させる結果となった。

第二の背景としては、領土国家の形成とともに、戦争の様相が大きく変化してきたことである。都市国家同盟相互の戦車戦を中心とした野戦から、領土国家間の大規模な歩兵を主力とする攻城戦が主たる戦術へと変化してくると、外郭の強化が必然的になされることになる。内城の必要度の低下と外郭の著しい強化、これによって城と郭が事実上一体化することになったと言ってよい。

春秋期までの戦争は、戦車を主力とする野戦が多かった。騎馬戦法は、領土国家が北へと拡張し、モンゴリア・ステップの遊牧騎馬民族匈奴とコンタクトをもつ戦国中期になってようやく趙が導入したものである。戦車は、古代エジプトや西アジアのchariotが伝わったもので、二～四頭の馬に牽引させるものである。中国の戦車は、馭者と戦闘員である右士・左士の三人乗りが一般的である。馭者はいうまでもなく馬をコントロールして戦車を操縦する役割である。左士は弓矢で武装し、敵戦車を射撃してその前進を阻む。ついで接近戦になると、右士が柄の長い戈をふるって戦うのである（図13）。戦車戦が主たる戦争の形式であった春秋期までの時代には、この戈が武器の代表であった。それであればこそ、「國」字の中に戈の字が含まれているのである。このような戦車戦では、遠距離から

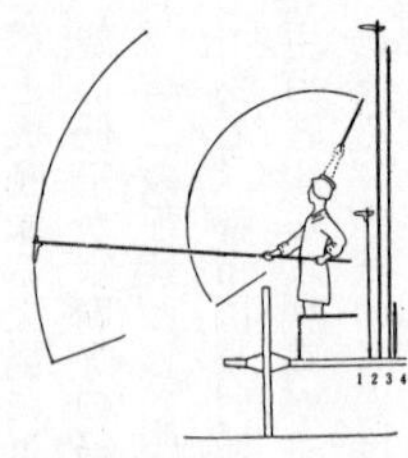

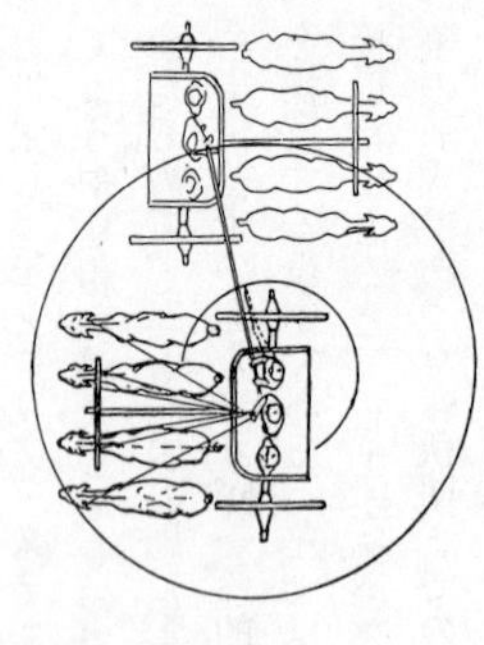

1. 短戈 (1.4 m)
2. 長戈 (3.14 m)
3. 矛 (2.97 m)
4. 剣 (0.5 m)
(瀏城橋春秋墓出土例)

図 13　戦車概念図（楊泓『中国古兵器論叢』）

の射弓、接近戦での戈の使用とも、敵側に与えるダメージは必ずしも致命傷を負わせるまでには至らないことが多い。そこで、各戦車には刀子（とうす）と呼ばれる短剣を帯びた一〇～三〇人の従卒が随従し、矢や戈で負傷して落車した敵側戦士にとどめをさすとともに、戦場に散在する青銅製の鏃（やじり）や遺棄された各種武器の回収に奔走した。戦車戦であれば、比較的平坦な地においてその戦力が有効に発揮されることは自明である。殷周革命を決した「牧野の戦」を引き合いに出すまでもなく、「野」と呼ばれる黄土平原が戦場として選ばれた。選ばれたと言うのは、事前に相手側に対し、いつ、どこでお会いいたそうという果し状を突きつけて、戦場が設定されることが少なくなかったからである。同盟諸邑ごとに戦車および従卒が動員されるから、全体的な指揮や統率ははなはだむつかしい。かくて邑ごとに編成した戦車隊を横一列に並べる隊形をとらざるをえない。このように横に長く縦に浅い戦車隊形であるため、一度第一線が破られると、戦車の機動力の大きさとあいまって、比較的短時間で勝敗が決しやすい。春秋期における戦争での最大動員例は、前六三二年に北進を意図する楚の同盟軍と、それを阻止せんとする晋の同盟軍とが激突した「城濮（じょうぼく）の戦」（河南省開封市東南）において、晋側の動員した戦車七百乗で、兵力は約五万であった。

　春秋末から戦国期になって領土国家が形成され、領土国家間の戦争が激しくなると、戦争のあり様も戦術面での大きな変化だけでなく、従来はあまり重視されなかった戦略的側面が大きな比重を占めるようになる。城郭構造の変化は、主として戦術面での変化に対応するもので、攻城戦の激化の直接的反映であり、その点をもう少し詳しく見ておこう。

　まず第一に、戦争が大規模化し、また長期化することが指摘できる。領土国家間の戦争であるため、敵国領内に深く侵入することがあたり前となり、補給線が長大とならざるを得ない。すなわち、直接戦闘兵力だけでなく、武器・兵糧などの補給物資を輸送する尨大な輜重（しちょう）部隊が必要となってきたのである。戦国期の主要戦役では十万単位の動員が珍しくない。たとえば、前二九三年の秦と韓・魏が激突した「伊闕（いけつ）の戦」（河南省洛陽市南郊）では、白起率いる秦軍が斬首一三万という大勝利を収めている。前二七三年の秦と魏との「華陽の戦」（河南省密県）でも、斬首一三万という秦軍の圧勝となった。規模の大きさで最大の例は、前二六〇年の「長平の戦」（山西省長子県）で、秦将白起は趙軍を殲滅して趙

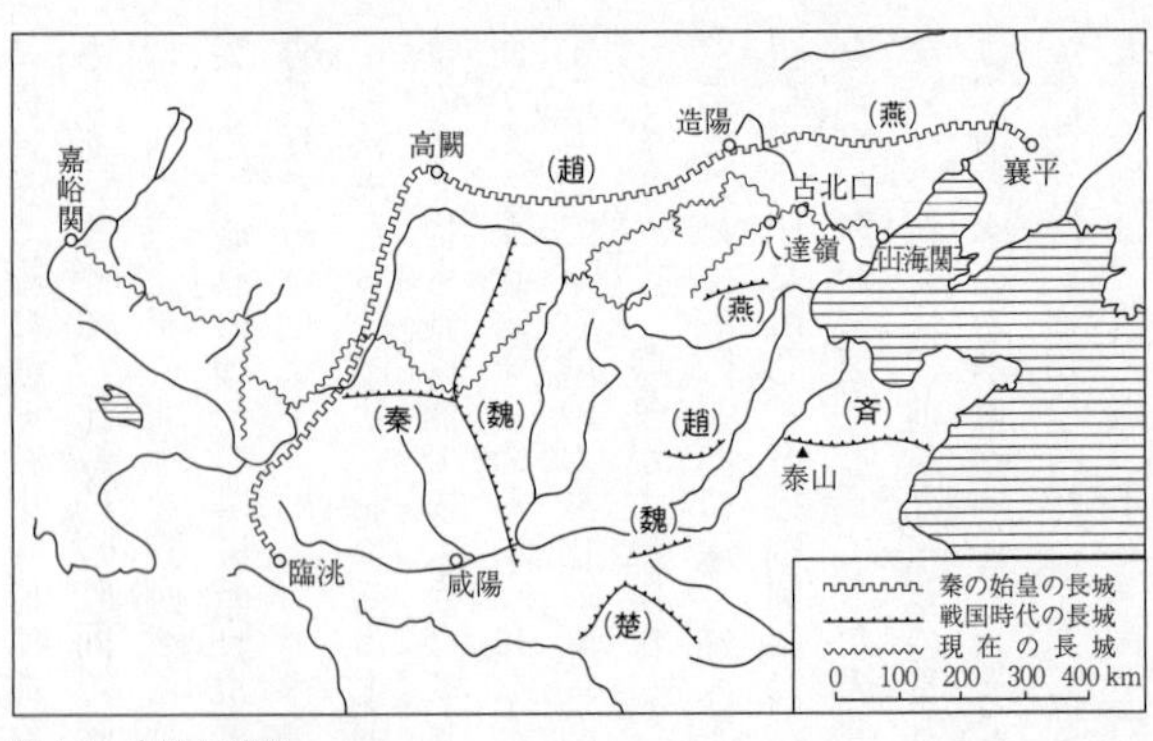

図 14　内地長城図

の降卒四〇万を坑殺した。数十万の斬首や坑殺といった数字にはやや誇張があるようであるが、ある程度割引いても大変な数である。これらの例から、戦国期における動員兵力の多さがわかろう。春秋期の最多動員例として先にふれた「城濮の戦」が五万程度であったから、その十倍、あるいはそれ以上ということになる。また、領土国家の成長は自ずと国境という人為的なラインを生み出す。全国制覇を視野に入れての戦国中期以降における七雄間の激しい抗争によって、各国は国境線に沿って長大な長城を築くようになった（図14）。楚と斉が築いた国境長城はともに約千里（四〇五キロ）、魏は千里の河西長城と六百里（二四三キロ）の河南長城を、燕と趙はそれぞれの南境にともに五百里と四百里の長城を築いている。のちに秦が全国を統一すると、これら内地長城は撤去されるが、その一方で、戦国期に燕・趙・秦がそれぞれ独自に築いた北辺長城は、統一秦の始皇帝によって接続延伸された。これが万里の長城である。

第二に、従前は戦車を主力とした野戦で勝敗が決することが多かったのに対し、敵国領内深く侵攻する戦国期の戦争では、要衝に置かれた敵の城塞を攻陥して後背の脅威を除くことが重要な戦術となる。このために攻城戦が多くなり、野戦での主役戦車に代って歩兵戦力が主力となってくる。その必然的な結果として、城壁防禦力が強化されることになり、外郭が著しく強固なものとされ、ここに内城と外郭の区別が事実上消滅することになる。戦国末における七雄の兵種別保有兵力と推定人口を掲げた。既述のように、戦国中期に趙によって最初に導入された騎馬兵力はまださほど大きな戦力とはなっていないが、歩兵と戦車との比率を見れば、歩兵が主戦力になっていることは一目瞭然である。また人口に対して占める兵力数のきわめて高い比率からわかるように、各国の成人男子のほぼ全てが兵士であったことがわかる。しかし、これは常備軍としての兵力ではなく、戦時における動員可能員数であって、平時における農業生産がおろそかにされていたのではない。近年、陝西省臨潼県にある秦始皇陵の東側で発見された兵馬俑坑(へいばようこう)は、七千近い歩兵、戦馬、戦車

戦国末七雄の兵力及び推定人口

国＼兵種	歩兵	戦車	騎馬	推定人口
秦	100万	1000乗	1万	500万未満
趙	100万	1000乗	1万	500万未満
楚	100万	1000乗	1万	500万未満
斉	70万	600乗	5000	200〜300万
魏	70万	600乗	5000	200〜300万
燕	70万	600乗	5000	200〜300万
韓	30万	—	—	200〜300万

をきわめてリアルな戦闘陣形に配置した等身大の陶俑群である。戦車は司令車などとしてごく少数が後方に配され、圧倒的多数は歩兵部隊で編成されている。戦国期における戦争の主力が、戦車から大量の歩兵へと移行していったことを明確に示す恰好の実物例と言えるであろう。

4 『墨子』に見える城郭構造

有名な兵法書『孫子』では、攻撃方法を上中下の三ランクに分類し、「其の下は城を攻む。攻城の法は已むを得ざるが為なり」（謀攻篇）として、攻城法に下策の評価を下しており、全篇を通じて攻城に関する記述はわずか数カ所で、しかもごく簡単なものである。『孫子』は春秋期の孫武の著作とされるから、当然なのである。それに対し、戦国期の諸子の著作には攻城に関する言及が頻見する。なかでももっとも詳細な記述があるのが『墨子』である。周知のように、墨家の思想は「兼愛交利」「非攻」などで知られるように、平和主義を標榜したものとされるが、攻撃をうけた場合には積極的な自衛手段を講じる、所謂専守防衛を強調する。そのため、『墨子』にはさまざまな攻城法とそれに対抗するための防禦法がきわめて具体的に記され、戦国期における攻城と守城とが戦術上で重要視されたことがわかるとともに、城郭のあり様をも知ることができるのである。『墨子』には一二種の攻城法とその防禦法を挙げる。第一は臨(りん)と言い、高所から低所への攻撃一般である。たとえば、城郭外に城壁と同じ高さ以上の土山を築いたり、臨車と呼ばれる櫓車を城郭外より接近させて城壁上から侵入する攻撃法である。第二は鉤(こう)で、鉤(かぎ)を先端に取付けたロープを城壁上にほうり投げてひっかけ、よじ登る方法である。第三は衝車(しょうしゃ)で、先端を尖らせ鉄甲で被った大木を台車に固定して城壁のどてっ腹を突き崩す方法である。第四は梯(てい)で、城壁に梯子をかけてよじ登る方法で、長大なものを雲梯と言い、迅速な移動のために台車が取付けられることもある。第五は堙(いん)で、外濠を埋めるように土山を築き、城内侵入をうかがう方法である。第六は水(すい)で、水攻めである。黄土を版築法で固めた城壁は確かに強固ではあるが、水に対して弱いという欠点をもつ。いかに厚く高い版築城壁でも長期間の水攻めによって基部が浸蝕されると、城壁そのものが倒壊してしまう。前二二五年、秦は魏の国都大梁(たいりょう)城を黄河の水を引いて水攻めにし、城壁を倒壊せしめて陥したのは代表的な例である。第七は穴(けつ)で、城外から地下道を掘って城内に侵入する方法である。この地下道攻撃に対しては、興味深い防禦法が記されている。城外からのトンネル掘削方向を察知して、城内からも同様にトンネルを掘る。小口径で腹の大きな陶瓶を用意し、その口部を極薄になめした皮革で被い、その微妙な鼓動によって敵側のトンネル掘削方向を察知するのである。古代における音波探知装置と言える。ついでトンネル内に土管を延伸させ、貫通すると同時に大量のもぐさ（よもぎを乾燥させたもの）を燃やしてフイゴでその煙を土管内に送り込んで敵侵入者をいぶし攻めにする。ここで用いられるフイゴは連続送風が可能なピストン方式で、先の音波探知装置とともに、高度の科学技術の実用化という点でも注目されるものである。第八が突（とつ）、第九が空洞（くうどう）で、ともに城壁に突破口を穿つ方法であるが、両者の具体的な方法上の違いは不詳である。第一〇が蟻傅（ぎふ）で、蟻の大群が押し寄せるように、歩兵の大軍が密集して城下に迫る攻撃法である。攻城側が数的に圧倒的優勢でなければならないが、それでも損耗率はきわめて高い。第一一が轒轀車（ふんおんしゃ）で、屋根を縄と牛皮で作った四輪車。城壁上から射撃される弓矢や投石から城下に肉迫する歩兵を掩護する攻城用兵車である。第一二が軒車（けんしゃ）で、城壁上へ乗り移るための高楼を備えた兵車である。

『墨子』ではこれら多彩な攻城法に対抗するための防禦法に力点が置かれて記述されていることは言うまでもない。城郭を攻め陥すためには、城壁を乗り越えるか、穴を穿つか（城門突破を含めて）、あるいは地下道を掘り抜くかの三方法が考えられるが、上記の一二種の攻城法はその可能な限りの応用である。つまり戦国時代には実際の戦争においてこれらの攻城戦術がすべて出揃っていたと言えよう。攻城戦がいかに激烈に繰り広げられていたかを物語っている。後章でもふれるが、後代に技術的進歩による攻城や守城のための戦具の改良は認められるものの、その基本的戦法は戦国期に出揃った方法をほぼそのまま踏襲したものに過ぎないと言って過言ではない。

5 春秋・戦国期の城郭址

次に春秋・戦国期における城郭について、その規模や構造を考古学の成果によって見ておこう。

魯国城

魯国は、西周初に周公旦が「少昊之墟(しょうこう)」曲阜(きょくふ)に封ぜられた同姓諸侯国の代表格で、春秋期を経て戦国後期の前二五六年に楚に滅ぼされるまで存続した。曲阜の阜とは丘と同じく黄土台地を意味する。魯都曲阜古城の規模は、東壁二五三一メートル、南壁三二五〇メートル、西壁二四三〇メートル、北壁三五六〇メートル、周一万一七七一メートル（里数換算約二九里）におよぶ。各面は正しい直線ではないが、全体としては横長のほぼ長方形を呈している（図15）。これだけの大規模なものは、初封された前一〇五〇年頃とされる西周初のものとはとうてい考えられず、春秋期以降に築かれた外郭であることは間違いない。では当初の魯国城、つまり内城はどうか。城址内ほぼ中央にかなり広い宮殿址のある夯土台基が確認されており、上層に漢代の魯国層、下層に東周期層という二層から成っている。ただ、周囲で城壁の痕跡はいまだ発見されておらず、内城区に相当するかどうかは断定できない。東壁に接したやや南よりの位置に故城と呼ばれる方形の地があり、外郭東壁の推定線とその東壁を一にしていることからして、この地が内城であった可能性も考えられる。というのは、考古学調査によって外郭東壁南部の残存下層が西周期の版築と見なされるからである。

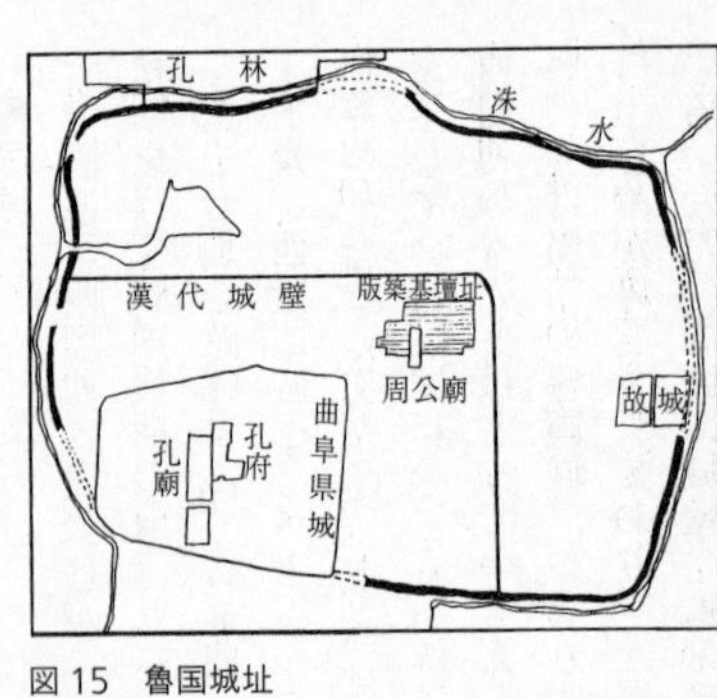

図15　魯国城址

臨淄城

斉国は、殷周革命時に大活躍した周武王の軍師太公望呂尚（りょしょう）が封ぜられた異姓諸侯国の代表格である。この姜斉（きょうせい）は戦国初（前四世紀初）に田氏に取って代られ、田斉は前二二一年に秦に滅ぼされる。臨淄（りんし）城は春秋期までの姜斉、戦国期の田斉を通じて国都であった。臨淄古城は、大城とその西南に接する小城から成る複郭構造である。規模は、大城東壁が五二〇九メートル、南壁が二八二一メートル、西壁が二八一二メートル、北壁が三三一六メートル、西壁基厚が三二～四三メートル、周一四・一六キロである。小城は東壁が二一九五メートル、南壁が一四〇二メートル、西壁が二二七四メートル、北壁が一四〇四メートル、周七・二八キロである。小城の中央北寄りに桓公台と呼ばれる高さ一四メートル、南北八六メートルの楕円形基壇址があり、姜斉の桓公（前六八五～四三）が築いたとされるが、あくまで伝承に過ぎない。恐らくは台榭建築（土を高く築いた上に建てた大型の木造建築）址であろう。大城、小城ともに細部では各面とも必ずしも直線ではないが、全体として見ればともに長方形と言ってよい。また大城の西南に小城が付属するという構造はやや変則的ではあるが、小城を内城、大城を外郭に対応させて「内城外郭式」のヴァリエーションと見ることができよう。城内から一一の城門址に通じる一〇条の幅四～二〇メートルある街路、二条の幅二〇～三〇メートルある排水路が発見されている（図16）。注目されるのは、排水路が大城西北隅で城外に出る所では巨石を積み上げた暗渠とされて城壁下を貫通しているという構造である。この時代の激しい攻城戦を考慮した防御施設と言うべきであろう。

戦国後期の臨淄の城内人口は七万戸（『戦国策』蘇秦の言）、一戸五口とすれば三五万人となる。

鄭韓古城

鄭は西周末に桓公が鄭の地（陝西省華県西北）に初封された周の同姓諸侯国で、次の武公は周平王の東遷（前七七〇）に従って新鄭（河南省新鄭県）に移った。すなわち、春秋期の鄭国の本拠が鄭古城である。戦国初期の前三七五年、晋を三分して自立した韓が鄭を滅

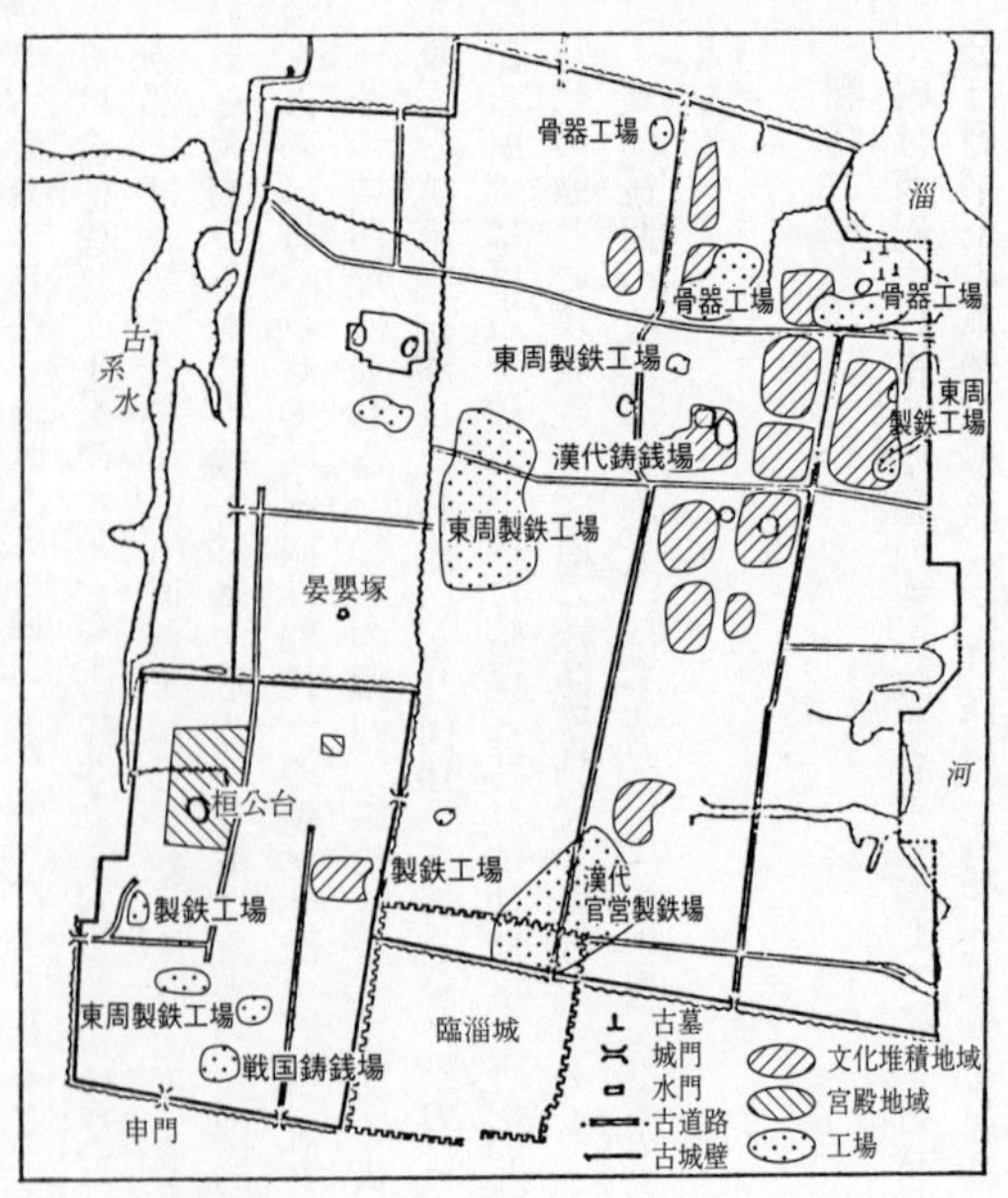
骨器工場
淄
骨器工場
骨器工場
古
系
水
東周製鉄工場
東周
製鉄工場
漢代鋳銭場
東周製鉄工場
晏嬰塚
河
桓公台
製鉄工場
漢代
官営製鉄場
製鉄工場
東周製鉄工場
臨淄城
古墓
城門
水門
古道路
古城壁
文化堆積地域
宮殿地域
工場
戦国鋳銭場
申門

図 16　斉臨淄城址

ぼしてこの地に本拠を移し、前二三〇年に秦に滅ぼされるまでの一四六年間、戦国領土国家韓の国都とされた。西周から春秋期までの比較的大きな都市国家の城郭が、戦国領土国家の国都として継承された点で、先の臨淄古城とまったく同じケースがこの鄭韓古城である。鄭韓古城は東西二城が接した複郭構造で、黄水と双洎河（洧水）に東西南を囲繞され、両河の合流するやや高みに立地している。西城北壁は二四〇〇メートル、南壁は約三〇〇〇メートルあり、東城北壁は一八〇〇メートル、東壁は屈曲するが五一〇〇メートル、南壁は二九〇〇メートル、東西両城のそれぞれ東壁西壁を共有し、さらに南伸して東城西壁の全長は五一〇〇メートルある（図17）。地表上での残存は良好で、残高は一五〜一八メートル、基厚は四〇〜六〇メートルと、現在でも巨大な版築城壁を見ることができる。これほどの残高があるため、版築層を詳細に観察すると外見からでも明らかな差違が識別できる。下層では一〇センチ、上層では一〇〜一九センチの夯土層から成り、下層は春秋期の鄭城址、上層は戦国期に増築された韓城址である。西城の城周は約一〇キロ、東城の城周は約一五キロあ

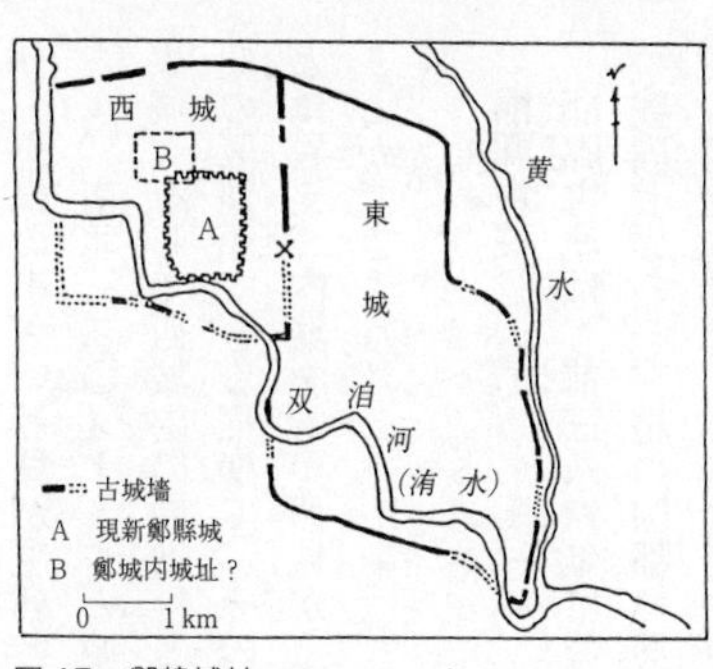

図17　鄭韓城址

り、規模の小さい西城が主郭と考えられる。というのは、西城ほぼ中央に東西五〇〇メートル、南北三二〇メートルの城基が発見され、これが内城址と見られるからである。西城、東城、そして西城内の内城址と目される城壁ないし城基の築年は、せいぜい春秋期か戦国期の区別ができる程度で、その前後関係は細かくは不詳である。東西両城という複郭構造とは言え、内城をもつ西城が主郭と見なせるから、やはり「内城外郭式」の部類に入れることができよう。

邯鄲古城

邯鄲(かんたん)古城は、前三八六年に晋陽からこの地に遷都し、前二二二年に秦に滅ぼされるまでの戦国七雄の一、趙の国都である。のち、漢代にも臨淄と並ぶ大都市として繁栄した。現在の河北省邯鄲市の南約四キロに趙王城と呼ばれる城郭址が残っている。王城址は東城、西城、北城の三城が品字形に接した複郭構造を呈している。それぞれの規模は、西城が東西一三九二メートル、南北一四一六メートル、東城が東西九三五メートル、南北一四三四メートル、北城が東西一三二六メートル、南北一五五七メートルある。西城のほぼ中央に竜台と呼ばれる高さ一九メートル、東西二六五メートル、南北二八五メートルの巨大な版築基壇があり、宮殿建築の基壇と見られる。ところが、近年になって王城の東北至近の、現在の邯鄲市を取り囲むように地表下に戦国期の城壁基部が発掘された。ごく一部の地表

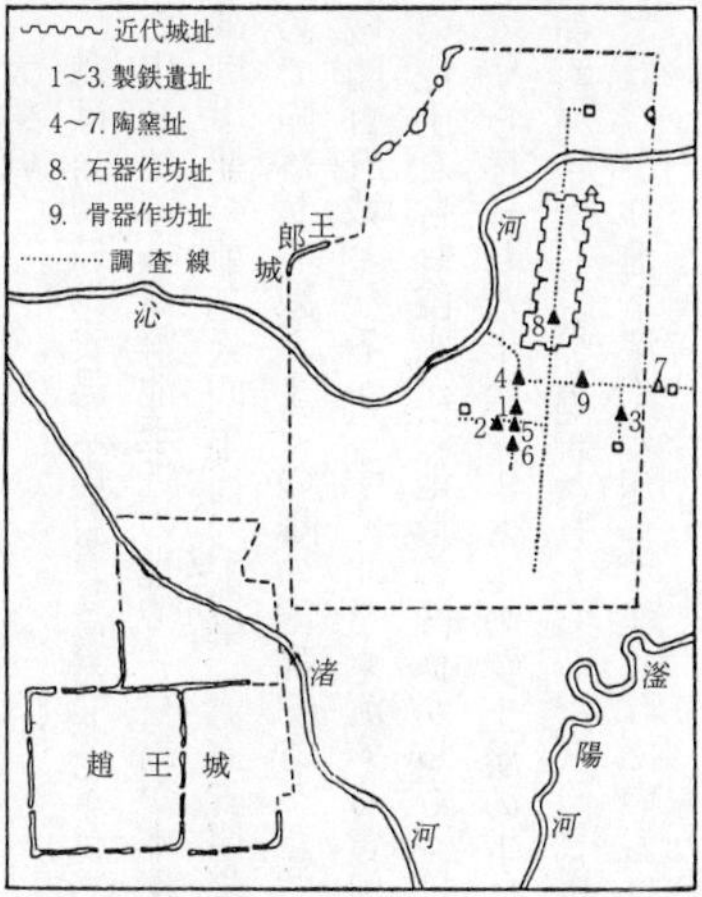

に残る高さ三〜一二メートル、基厚一〇〜三二メートルの版築土壁がちょうどこの地表下の城基部と重なり、かつての名残りであることが明らかになった。その規模は、東西三〇〇〇メートル、南北四八〇〇メートルで、西壁に少し屈曲があるが、ほぼ長方形に近い平面プランを呈している（図18）。趙王城と近年発見の北大城との関係については、前者が標高七〇〜一〇〇メートルの丘陵上にあるのに対し、後者はその東北の沁河（しんが）扇状地の標高六〇メートル以下に立地していることなどから、築城時期は趙王城が春秋期以前にまでさかのぼり、ここが宮殿区であったと考えられる。北大城はやや遅れて春秋末から戦国初の築城で、一般民居区と作坊区であったと考えられる。このように、邯鄲古城の城郭構造は複合的でやや特異であり、「内城外郭式」にあてはまらないように見うけられるが、王城区と民居区を異にする点ではこれまで見てきた諸例と共通していると言える。

図18　趙邯鄲城址

大梁城

魏は当初には安邑（山西省夏県西北七キロ）に国都を置いていた。中国内地最大で最良質の塩産地である解池至近の地で、夏禹が本拠としたと伝承される「夏墟」の一つでもある。戦国中期の前三六四年に、大梁（河南省開封市）に遷都し、前二二五年に秦軍による水攻めで陥落して滅ぶまでの魏の国都であった。大梁の地は、その後千年以上を経て北宋の都城開封府城となるが、すぐ北を東流する黄河が幾度となく大氾濫を繰り返し、尨大な黄土の泥土を含む溢水が、地形の関係からもっぱら南側に流出することが多く、北宋開封府城ですら堆積した十数メートルの黄土層の下に埋没していてほとんど明らかでない（最近、開封府城址の一部が発掘されたらしいが、詳細は不詳）。いわんや、戦国魏の大梁城址に至っては、より地下深く人知れず埋もれているはずで、今のところ知ることはできない。

燕下都武陽城

燕の上都薊城は、現在の北京市と重複する地に比定されるが、戦国城址は未確認である。一方、下都武陽城址は北京市の西南約一〇〇キロの地に残っており（河北省易県東南）、東西両城が接する複郭構造である。全周は約二四キロ（約五九里）という大規模なもので、東城が宮殿区等を含む内城、西城が外城に相当すると考えられる（図19）。

郢都紀南城

郢都紀南城は、春秋中期の前六八九年から戦国後期の前二七八年に秦将白起に攻陥されるまでの約四百年間にわたる楚の国都である。東西四・五キロ、南北三・五キロ、周一六キロ（約四〇里）で長方形を呈する。城内中央やや南よりの夯土台基が集中している地区が内城であろう。外郭の築年は春秋末ないし戦国早期と考えられる（図20）。

その他の城址

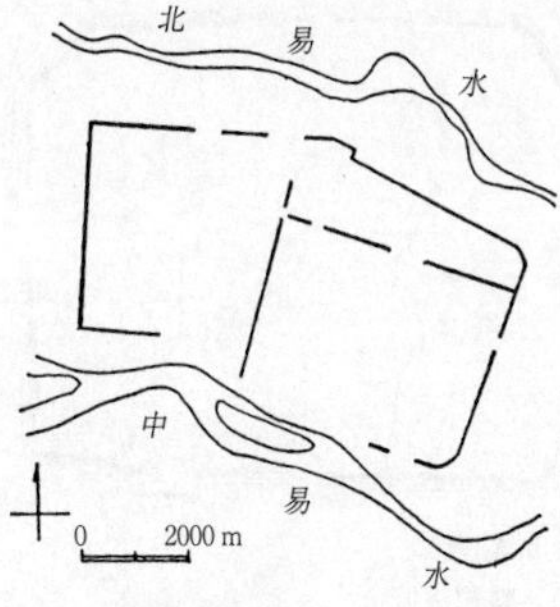

図19　燕下都城址

戦国時代には、各国が競って実施した富国策によって商工業の飛躍的発展が見られ、経済的要因が大城郭都市出現の一因であることは間違いない。しかしながら、戦国諸国の国都のような大城郭の発展は、むしろ政治的、軍事的要因によるところが大である。宮崎市定博士は「戦国時代に中国の都市と商業は著しい発展を遂げたが、それは一面甚だ人為的かつ不自然な、またアンバランスなものであった。それは主として政治的な中央集権政策の強行によって生じたもので、首都もしくは一、二の重要な軍事都市に限られており、大多数の地方都市は依然として、むしろ微力な農業都市にとどまっていた」と、歴史的ダイナミズムの過程で明確な位置づけをされているように、周数十里というような大きな規模をもつ戦国期の国都クラスの城郭都市は、むしろ特異な存在であったと見るべきである。

国都クラスの他、春秋・戦国期における中小クラスの城郭址は、山東・河北・河南・山西・陝西等の省で四〇前後が確認されている。周九二〇〇メートルの邾城、周一万六〇〇メートルの薛城（ともに山東省鄒県）は比較的大規模である。畢万城（山西省芮城県）、清源城や洪洞古城（ともに同聞喜県）、東不羹城（河南省舞陽県）、鄢陵

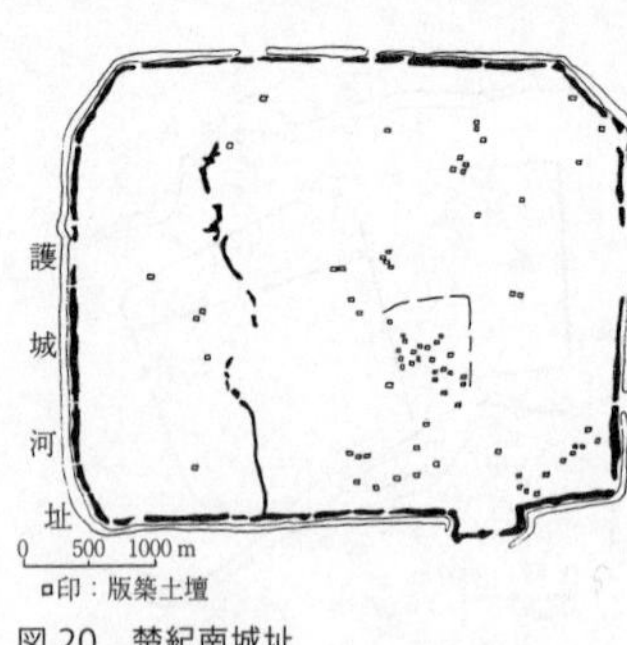

図20　楚紀南城址

城（同鄢陵県）、滑城（同偃師県）、陰晋城（陝西省華陰県）、講武城（河北省磁県）などは周四・五キロ、あるいはそれ以下で、すべて方形ないし長方形と見なしうる平面プランばかりである。『墨子』備城門篇では、一辺百五十歩（二〇二・五メートル）の城郭を小城、三百歩（四〇五メートル）を中城、五百歩（六七五メートル）を大城と分類している。城周にすると、小城で八一〇メートル、中城で一六二〇メートル、大城で二七〇〇メートルとなる。考古学的に確認されているものはこの分類からするとすべて大城ないしそれ以上のも

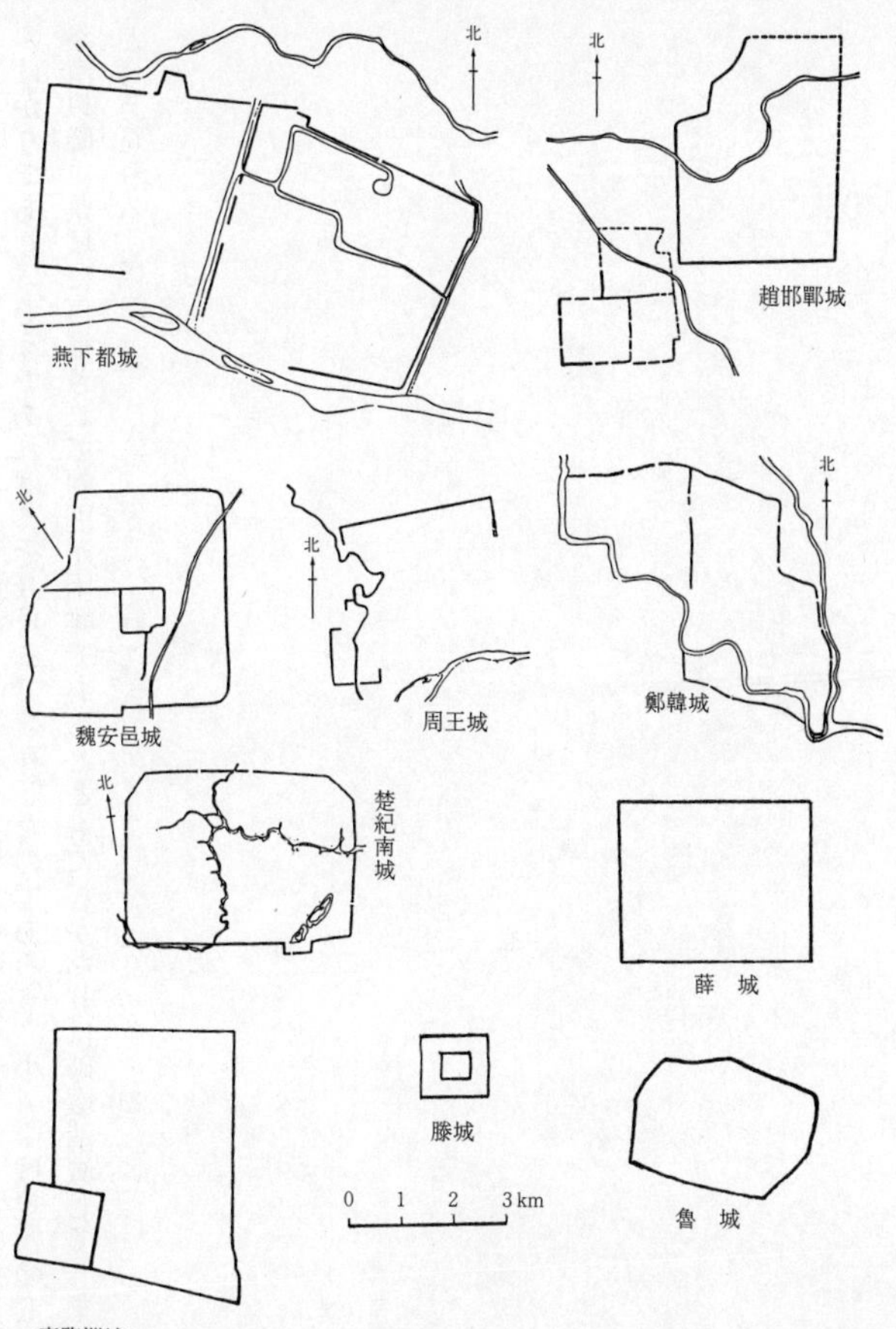

図 21　戦国期の城郭スケール（同一縮尺）

のばかりであり、そうであればこそ今日まで残存したのであろう。小・中城規模のものは、秦漢以降に県城に再編されて判別が困難であるとともに、かなりは破壊消滅してしまったと考えられる（図21）。

第四章　秦漢時代の城郭都市

1　統一以前の秦

戦国末の強力な領土諸国家を巧みな外交戦略を駆使して対抗同盟を切り崩し、圧倒的な軍事力によって次々に各個撃破して併合していった秦は、前二二一年、河北の燕を滅ぼすと、そのまま大軍を南下させ、七雄で最後に残った山東の斉領に破竹の勢いでなだれ込み、その併合に成功した。ここに秦は領土国家としての最初の中国統一を達成したのである。

ここで統一以前の秦について簡略にその都市国家から領土国家への成長過程をみておこう。秦が周王から正式に諸侯に列せられるのは、前七七〇年における周室東遷に功績があったからである。この時、岐山（きざん）（陝西省鳳翔県）以西の西戎（せいじゅう）の地を封土として与えられるが、事実はそれ以前にすでに秦の地（甘粛省天水市付近）を本拠としてかなりの勢力をもつ存在であった。岐山以西を得た初代襄公は汧（陝西省隴県南）に拠点を移し、二代文公は汧水と渭水の合流点「汧渭の会」（同眉県西北）に新邑を築いて移り、三代寧公は平陽（同眉県・宝鶏県界）に本拠を移した。ついで春秋中期の六代徳公は雍城（同鳳翔県南）へ、戦国期の二〇代霊公は涇陽（同涇陽県）へ、二四代献公は櫟陽（同臨潼県）へと拠点を移した。春秋期から戦国期にかけて、秦が順次その拠点を東へ移動させているのは、西戎の地にあって中原諸国からは西戎視されてきた秦が、東方へ進出することによって中原諸国と肩を並べる存在として自らを主張するためであった。戦国以降においてはさらに東方進出を強め、軍事大国として東方諸国にとって大きな脅威となる。秦の強国への成長の一大転機となったのが、二五代孝公の時に秦国内で実施に移された商鞅の変法である。前三六一年と前三五〇年の二度にわたって実施された商鞅の変法は、戦国各国が富国強兵のために競って行なった変法の代表であり、かつもっとも顕著な成果をあげたものであった。この商鞅の変法の一環として咸陽への遷都があり、以後、統一秦に至るまでの国都であり続けた。以上のような秦の東方進出策に沿って次第に拠点が東へと移されていくのであるが、そのいくつかは考古学調査によってかなりの具体像を知ることができる。

2　雍城

前六七七年から前三八三年までの二九五年間、秦の国都であった雍城遺址が近年の数次にわたるボーリング調査で、規模や城内諸施設に関してかなりのことが知られるようになった。まず城壁であるが、もっとも残存のよい西壁は長さ三二〇〇メートル、基厚四・三〜一五メートル、残高一・六五〜二・〇五メートルであり、この外側に残長一〇〇〇メートル、幅一二・六〜二五メートル、深さ五・二メートルの城濠址が認められる。南壁は残長一八〇〇メートルあるが、全長は約三三〇〇メートルと推定され、基厚四〜四・七五メートル、残高二〜七・三五メートルである。東壁は破壊が激しく残長は四二〇メートルにすぎず、基厚八・二五メートル、残高三・七五メートルである。北壁は後世に鳳翔県城が築かれた際に大きく破壊され、残長は四五〇メートル、基厚二・七五〜四・五メートル、残高一〜一・八五メートルである（図22）。残欠部分ではあるが、北壁推定線上にちょうど立地する六〇メートル四方の大きな土盛りが残っており、穆公塚、つまり第九代穆公（前六六〇〜二一）の墓だと伝承されていたが、墳墓ではなく城壁上の防御施設の跡であることもほぼ明らかになった。おおよそのところ、東西三三〇〇メートル、南北三二〇〇メートルのかなり不規則ではあるが長方形に近い平面プランをもち、城周は約一三キロ（三

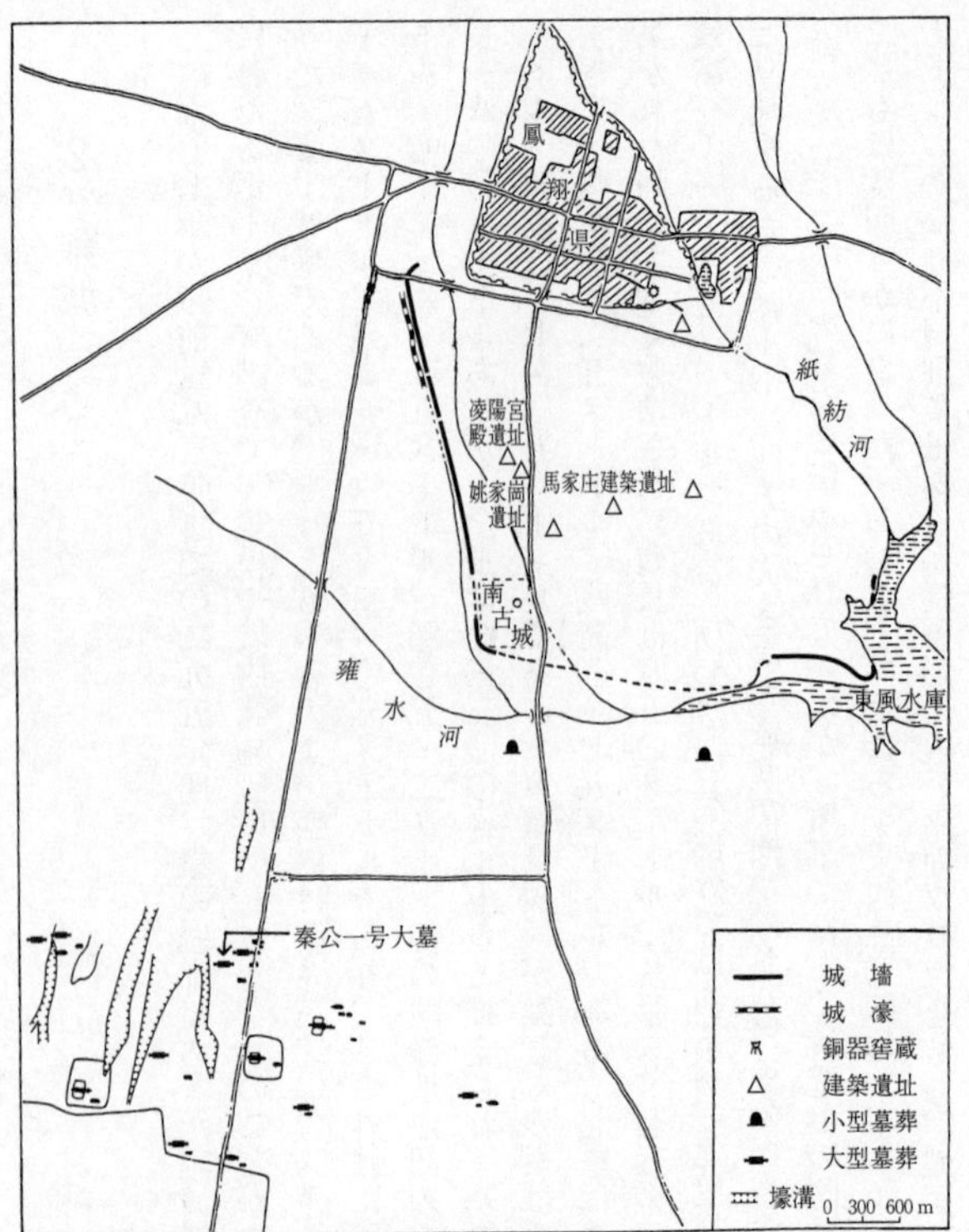

鳳
翔
県
紙
紡
河
凌陽宮
殿遺址
姚家崗
遺址
馬家庄建築遺址
南
古
城
雍
水
河
東風水庫
秦公一号大墓
城　墻
城　濠
銅器窖蔵
建築遺址
小型墓葬
大型墓葬
壕溝
0 300 600 m

図 22　秦雍城址

二里）前後という大規模な城郭である。築城の時期は正確にはわからないが、前六七七年に徳公がここ雍城に遷徙（せんし）した当時にはこれ程の規模ではなかったはずで、やはり春秋末から戦国期になってから拡張されたと見るべきであろう。雍城西南角に約二五〇メートル四方の城壁が城内側に接して存在している。南古城と呼ばれるこの城址と雍城とは、一見すると斉の臨淄城と同じく、雍城が外郭、南古城が内城の一ヴァリエーションのようであるが、南古城が戦国秦を上限として、もっぱら前漢期のものという結果が出ているから、南古城の築年が後ということになる。したがって「内城外郭式」の部類には入れることはできない。城内からは春秋期及び戦国期の複数の大規模建築址が見つかっている。これらは宗廟や寝宮といった祭祀建築址と考えられ、先秦時代の祭祀建築のあり様、ひいては王権の強さを考える上で貴重な現物資料である。また凌陰址と目される遺址が城内西側で発見されている。約一七メートル四方の土壇に囲まれた中に、一〇メートル四方、深さ一・八四メートルの逆台形に穿たれた穴蔵で、板を渡して二層になるように穴の側壁に切り込みがつけられ、穴の底面から傾斜をもつ明らかに排水溝と見られる設備が外側へと設けられている。これらのことから、『詩経』豳風（ひんぷう）・七月条に見える凌陰、すなわち氷室（ひむろ）と見なされるもので、実物遺址としては今のところ最古の例である。雍城の城内からの出土遺址としてより注目されるのは、市の遺址と数条の大街址である。市址は北壁に近く、東西一八〇メートル、南北一六〇メートル、基厚一・五～二メートルの版築土墻に囲まれた長方形で、各面中央に市門が開かれている。市内からは各種の動物文様瓦当とともに、秦半両銭と「咸陽□里」の文字のある陶片が出土した。半両銭は始皇帝が鋳造した円形方孔の統一貨幣であり、文字陶片はのち咸陽が国都として新たに築城されて以後に咸陽城内某里の陶坊で製造され雍城にもたらされた陶器製品である。したがって、雍城の市が戦国期から統一秦にかけて機能していたことがわかる。市としての規模の点では、たとえば唐長安城の東西両市がほぼ一キロ四方であったのとくらべるとはるかに小さい。時代の差や都城スケールの差などに因るであろう。城内の大街は、東西四条、南北四条がそれぞれ平行に走り、長さは約三〇〇〇メートルで各城門に通じ、幅は一五～二〇メートル、踏み固められた路面の厚さは一～一・五メートルあり、かなりよく整った都市計画に基づいたものであることをうかがわせる。城内ほぼ中央に高密度に分布する宮殿址や宗廟等の祭祀建築址、北部の市、平行する街路など、『周礼』考工記の「面朝後市云々」という王城のプランとの類似性を指摘するむきもある。城壁の築年が不詳であること、城内遺址が春秋から戦国へとかなり大きな時代差があることなどからすると、春秋前期の創築当初の姿ではなく、以後、とくに戦国期に拡張、整備されたと見るべきであろう。

ところで、雍城南郊でここを国都とした間の歴代秦公の陵墓区である陵園が発見されている。東西三キロ、南北七キロの広がりをもつ陵園内には四基以上の大墓と多数の陪葬坑や車馬坑が確認されているが、一九八九年には秦公一号墓が発掘され、地下二四メートルの巨大な墓室とそこに安置された前室・後室・側室からなる木槨が姿を現わした。副葬されていた石磬等に刻されていた文字から、春秋中期から後期にかけての第一三代景公（前五七六〜三七）の陵墓と推定されている。これまで知られていた最大の地下墓室は殷墟武官村大墓であり、今回発掘された秦公大墓の規模はそれよりひとまわり大きく、言うまでもなく、最大規模の発掘例となったのである。

3 櫟陽城

秦の国都は、前三八三年に雍城から櫟陽に移されたが、櫟陽が国都であったのはわずか三三年という短期間で、すぐに咸陽に移されることになる。櫟陽は咸陽より約五〇キロも東方に位置し、これまでの秦の東進策からすると雍城→櫟陽→咸陽という遷移にはやや不自然さが見られる。なぜ櫟陽に国都が定められたのか、またごく短期間で西方の咸陽に移されたのか、その事情はよくはわからない。ただこの時期、東隣魏と河西の地（黄河と魏長城間の地）をめぐって激しい争奪戦を展開しており、櫟陽は魏長城までせいぜい五〇キロ、対魏最前線といってよい位置にある。したがって、実質的には雍城が依然として国都としてあり、櫟陽はもっぱら秦側の戦略拠点として造営されたのではないかという推測が可能ではある。櫟陽城に関しては、ごく簡単な調査がなされただけであるが、おおよその規模は明らかになった。それによると、東西一八〇一メートル、南北二二三二メートル、周八キロ強（約二〇里）の長方形である。周一三キロの雍城にくらべてかなり小さい。城内には東西に平行する二条、南北に一条の街路が認められ、秦国特有の雲文（蕨手文）の瓦当や磚片が多数出土した。街路の走向からみて、かなり計画的な築城と城内整備をうかがわせる。

4 咸陽城

秦の孝公（前三六一～三三八）は衛国の公子商鞅を重用し、彼に大胆な富国強兵策を実施させた。商鞅の変法である。前三六一年と前三五〇年の二次にわたる商鞅による抜本的な政治改革によって、西方辺境の後進国秦が中原及び華中の東方六国に比肩する強力な領土国家としての基盤が確立された。もっとも、東方諸国にくらべてあらゆる点で後進国であったがために、思い切って強権的な上からの政治変革が可能であったという側面もある。変法の内容は、領内全域を王の直轄支配下に置く郡県制の実施、什伍（じゅうご）制・連坐（れんざ）制・罪人隠匿は斬という厳しい私的恩義関係（戦国期に広汎に存在した游俠集団、またはそのような人間関係）に対する処罰規定、一家に成人男子が二人以上いながら分家しなければ三倍の軍賦（常備軍維持のための税金）を課すこと、戦争で敵兵を何人殺したかでその功賞として土地支給をはじめとする軍功の過激な奨励、領内での度量衡統一などなど、君主権を強化し軍国主義体制による強国化を意図するものであり、事実、この商鞅の変法の成功によって、秦は他の六国に対し少なくとも軍事大国として一挙に突出することになる。商鞅の変法の一つが、咸陽への遷都である。秦王政(せい)(後の始皇帝)は、前二三〇年に韓を併合するや、次々に東方諸国を併せて全国の統一事業を強力に推進していく。各国を併合するたびに、それらの国都の主要宮殿を模した大建築群を咸陽北阪に造営し、咸陽は壮大さを増していく。恐らくは六国国都を陥すごとにその宮殿を解体して咸陽に移築したものであろう。現在ほどではないにしても、木材資源の乏しい華北の地では、後世にもしばしば大建造物が解体移築される例が見いだせる。秦王政は統一を完成すると、王号に代って皇帝号を創始し、万世まで継承せしめんと豪語して自らは始皇帝と称し、統一国家の都城にふさわしく咸陽の大拡張を行なった。多数の宮殿が増改築され、また阿房(あぼう)宮などの壮麗な大宮殿が新建された。始皇帝時の咸陽の宮殿群は二七〇、あるいは三〇〇を数え、互いに上下二層の回廊である複道で結ばれ、始皇帝は人目に触れることなくこれら宮殿間を潜幸したと言われる。渭水をはさんで北の咸陽宮と南の阿房宮も閣道で連結された。阿房宮を天極、渭水を天漢(銀河)、咸陽を営室(星座二八宿の一)に見たて、当時の宇宙観を地上に再現したものである。これら宮殿群の遺址と見られる版築基壇が多数確認されており、主宮殿である咸陽宮があったとされる渭北では、東西六キロ、南北二キロの広がりに分布し、阿房宮を含む渭南ではより広域に分布する。ところが奇妙なことに、現在まで城壁址がまったく見付かっていないのである。しかも文献資料では咸陽の宮殿群に関してはかなりの記述が残されているのに対し、咸陽の城郭に言及したものはきわめて少ない。その一例に始皇帝を継いだ二世皇帝胡亥の次のようなエピソードがある。

　二世皇帝は外敵や盗賊が咸陽城内に侵入することを防止するために、咸陽城の城壁表面を漆塗りにすることを思いついた。頓智者優旃が言うには、「まことにもって結構ですな。大変な経費と労力が必要で、人民どもは大いに苦しみましょうが、かまうことはありません。城壁を漆塗りにすればつるつる、外敵が攻めて来ようがよじ登れません。すぐにとりかかりましょう。ただ陰干しするのに城全体を被うのが何ともむつかしいですな」（『史記』巻一二六滑稽列伝）

馬と鹿を取り違えたほどの二世皇帝もさすがにあきらめたと言う。ここには咸陽に城郭があったことを示唆しているが、幾度にもわたる調査でも城壁址が発見されないことをどう解すべきであろうか。既述のように、安陽の殷墟でもいまだ城壁址が確認されていないのは、その地が殷の都市国家城郭址ではなく、陵園区であったと考えられるとの宮崎説を紹介した。咸陽の場合には、この地が戦国期から統一秦の国都であったことは動かしようのない事実であるにもかかわらず、城壁がなぜ存在しないのか。阿房宮を含む渭南の宮殿群はかなり広範囲に点在しており、主として始皇帝以後に新たに造営された一種の離宮的

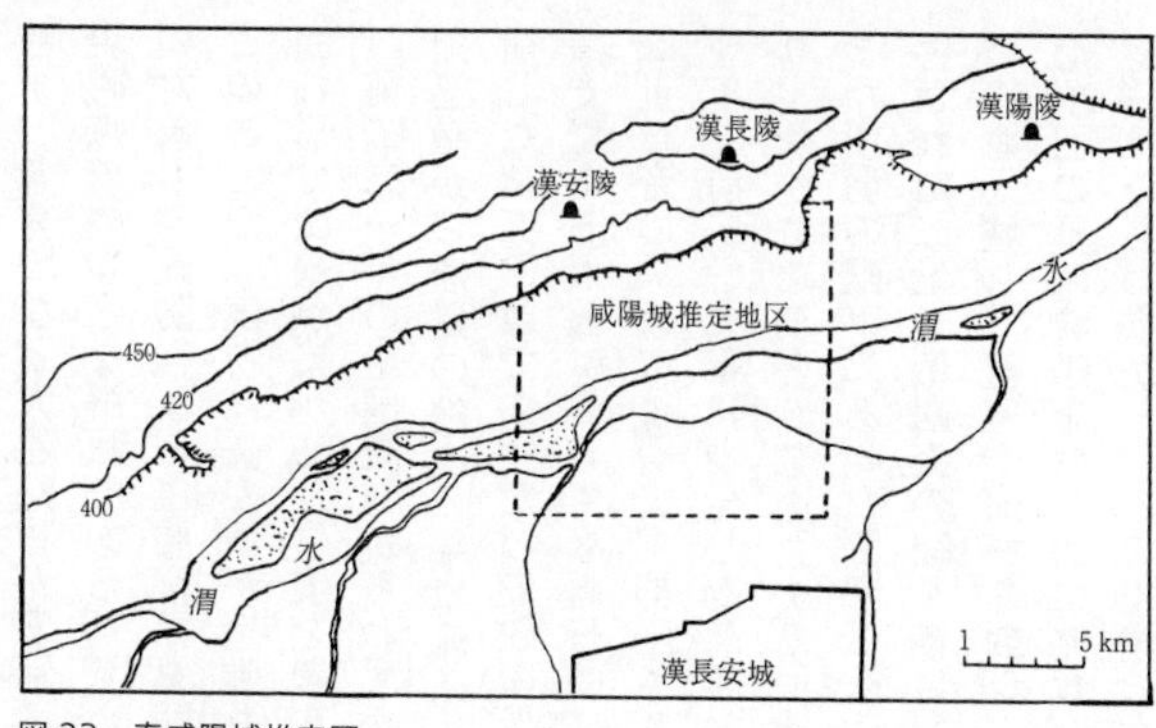

図23　秦咸陽城推定図

宮殿群であって、城壁で囲繞されていなかったことは十分にありうる。しかし、渭北の咸陽宮を中心とする宮殿地区は、前三五〇年以来の戦国秦の国都中枢地区であって、それ以前の雍城や櫟陽では城壁の存在が確認されているのであるから、咸陽の渭北地区に城壁の存在が想定されるのは当然である。その後の二千年以上にわたる渭水の北への大幅な河道移動によって、咸陽城の城壁基層まで浸蝕され消滅してしまったためで、今後のボーリング調査などによって破壊をまぬがれた城壁址が発見される可能性は少なくないという見方もある。宮殿址の発掘状況から、東西一二里（または一五里）、南北一五里という都城域を想定する中国の研究者もいるが、城壁が未発見の現時点ではあくまでも推定の域を出ない（図23）。大規模な宮殿基壇址があまりにも広範囲に点在していることから、所謂外郭に相当する城壁はもともと築かれず、各宮殿など大建造物が個別に土墻で囲まれていただけではなかったかというのが、現時点での妥当な解釈である。したがって、二世皇帝の漆塗りにするという非常識な発想の対象も、咸陽宮など主要宮殿を囲繞する土墻の類ではなかったかと考えられるのである。このことは、漢初に長安城が造営される際に、まず宮殿建築が先行し、その後に宮殿群を囲む形で城壁が築かれた事実を考えあわせると、十分にあり得るのである。

前二二一年の全国統一からわずか一二年後の前二一〇年、始皇帝は第五次の南方への全国巡幸から帰還の途次、平原津（山東省平原県付近）で病に陥り、沙丘（河北省平郷県）で崩じた。五〇歳であった。商鞅の変法以来、秦国で踏襲されてきた法家主義に立脚した強権支配を旧六国においても画一的に実施したのが始皇帝の統一諸策であったが、彼の死と二世皇帝の失政によって、抑圧されてきた不満は爆発寸前の状態であった。始皇帝の死の翌年、前二〇九年に勃発した陳勝・呉広の反乱を契機に、全国各地で反乱の火の手があがり、やがて項羽と劉邦の二大勢力に統合されていく。「楚漢の争」である。これより先、まだ項羽の配下にあった劉邦は一〇万の兵力を率いて南から関中に進撃し、宦官趙高に弑害された二世皇帝胡亥の後を継いだ公子嬰の降服を受け、ここに秦は滅びた。劉邦は咸陽に無血入城し、宮室や府庫を封印して項羽本隊の到着を待った。約一カ月後に咸陽に至った項羽の軍は咸陽を徹底的に略奪した後、火を放った。諸宮殿をこがす火は三カ月間も燃え続けたというから、その規模の大きさ、数の多さは推して知るべしである。かくて秦の都咸陽は灰燼に帰したが、近年の発掘調査で阿房宮をはじめとするいくつかの宮殿基壇址を中心に総計一〇〇〇キログラムを越える青銅器が高熱によっていずれもほとんど原型をとどめない塊状となって出土した。猛火に焼き尽くされた咸陽の姿を今に伝える証拠品である。

5　驪山陵と兵馬俑坑

始皇帝が行なった大土木工事は、万里の長城、阿房宮、そして驪山陵がもっとも悪名高い。万里の長城は既にふれたように、始皇帝が創建したものではない。すでに戦国期に秦、趙、燕がそれぞれ独自に築いた北辺長城を接続延伸したものである。驪山陵は咸陽の東四〇キロ、渭水の南、驪山北麓（陝西省臨潼県）に、始皇帝が秦王即位と同時に造営を開始した寿陵であるが、やはり項羽の軍三〇万人が三〇日かかって徹底的に盗掘してしまった。陵の東一二〇〇メートル地点で近年発見された兵馬俑坑は幸い盗掘をまぬがれ、完全な形で二千年前の姿を現わした。出土した等身大の将兵、軍馬の陶俑は七千体を数え、今後さらにその数は増えるという。これら兵馬俑は兵種ごとに隊列を編成し、注目すべきはすべて東向している点である。東方六国を併せて全国統一を完成した始皇帝は、依然として旧六国を潜在的脅威と認識していたことを示している。そして彼の認識はまさしく正しかった。旧六国勢力を糾合した項羽は東から関中に殺到し、咸陽を廃墟とし、驪山陵をも暴き尽した。無言の兵馬俑のみが地下からこの悲劇をながめていたのである。

6 郡県制

始皇帝の統一策で、後世への影響がもっとも大なるものは、全国を皇帝の直轄支配の下に置いた郡県制の実施であろう。周以来の「封建制」を廃止し、皇帝の代理として官吏が中央から派遣されて地方統治に当るシステムは、その後ずっと踏襲され、現代中国にまで至っている。始皇帝は六国併合の過程で全国を三六郡（のち四八郡）に分け、長官として守、次官として丞、郡内の軍隊指揮官として尉、監察官として御史（ぎょし）（監）などを中央から各郡に派遣して地方統治を担当させた。郡の下級行政単位として県が置かれた。県はすでに戦国期において、領土国家へと変貌する各国が置き始めていた。中小の都市国家が滅国絶祀されて併合されると、その地は征服国の中央から王の代理の官吏が派遣され直轄支配し、これを懸と言った。懸とは「よりかかる」、「依存する」、「中心に繋ぐ」の意で、つまりは中央の直轄地ということである。その略体が縣で、我々の使用する県字の本字である。字義から明らかなように、戦国領土国家が領域を拡大する過程で設置していった直轄支配の地方拠点が県であり、県の多くは既存の都市国家城郭を県の治所、すなわち県城として再利用したのである。後世に至るまで、県城として県の治所の多くが城郭をもつのは、ここに由来する。始皇帝は、戦国時代にもなお各国に残存していた「封建」地を全廃して、このような県制を全国に及ぼし、全国を皇帝の直轄支配下に置いたのである。つまりあらゆる人民を皇帝の直接支配に組み入れたもので、特に国家財政の基盤となる租税や力役などが中央のコントロールのもとで機能することを可能とした。県の上級行政単位である郡は、元来の字義は群と同義で、人が群れ集まる場所を意味する。群がもとは羊の群がる様から形声されたのに対し、郡はその字義を借りて羊に代って邑（おおざと、むら）と合して字形が構成されているのに注意してほしい。人の集住する比較的大きな邑が郡なのである。郡も県の上級行政単位として、すでに戦国期に登場しており、直轄支配地たる県の増加に伴って、複数の県を統轄するものとして置かれるようになった。郡、県ともに旧来の都市国家の城郭が直轄支配の行政単位の拠点として再編されたがために、郡城・県城として城郭をもつ政治的色彩の濃い地方都市とされて、秦漢以降、存続することになる。このような都市国家から領土国家の地方行政拠点となる郡城や県城の具体例は、後章であらためてふれるはずである。

7 漢の長安城

秦末の「楚漢の争」で最終的に項羽を打倒して漢王朝を創始したのが高祖劉邦である。彼は当初、洛陽に都城を定めるつもりであった。しかし、関中の要害としての地の利から、結局は長安に新たに都城を築くことになった。前漢の都城である長安城は、秦都咸陽のほぼ真南、渭水南岸に近い地に造営された。漢の長安城の平面プランは、方形ないし長方形を原則とする従前の城郭プランとは大きく様相を異にし、きわめて不規則な形状を呈している。秦の咸陽では城壁が未発見であることの解釈として言及したように、まず宮殿の造営が先行し、宮殿群が完成した後にそれら全体を城壁で囲繞したがためである。但し、秦都咸陽では城壁址が未確認であるのに対し、漢都長安の城壁址は大部分が残存しており、平面プランは明確に判明する。長安城の造営は、高祖の時に蕭何(しょうか)によって未央宮(びおう)、その東に長楽宮が造られた。未央宮は長安城の正殿で、その前殿基壇が現在も残り、瓦の破片が付近いたる所に散乱している。前殿址前面の緩斜面が今や麦畑となり、農民が耕土を起すたびに出土する瓦片をうねにほうり出してしまうからである。長楽宮は秦の宮殿址をそのまま利用し、高くつき固められた基壇上に造営された。城壁の築城は、二代恵帝(けいてい)元年から五年がかりで完成した。近年の調査で明らかとなった長安城の規模は、東壁が五九四〇メートル、南壁が六二五〇メートル、西壁が四五五〇メートル、北壁が五九五〇メートル、屈曲部を総計すると、総周二二・七キロ（漢里換算六三・五里）となり、文献の「城方六十三里」（『続漢書』郡国志所引『漢旧儀』）とうまく合致する。城門は各面に三門ずつの計一二門で、東面の宣平門と覇城門、南面の西安門、西面の直城門が発掘されている。城内の街路は、長楽宮、未央宮に直結する四門以外の八門と通じ、路幅は約四〇メートル、両側に〇・九メートル、深さ〇・四メートルの側溝がある。路面は三分され、中央の幅二〇メートル部分がやや高い馳道で皇帝専用道、両側の幅一二メートル部分が一般の通行道である。街路で最長なのは、南北中央に走る安門大街で五五〇〇メートルあるが、これとても城内を貫通しているのではない。他の街路もすべて同様である。これは城壁が不規則形であるのとまったく同じく、宮殿区の造営が先行した結果、宮墻に沿って街路が設定されねばならなかったからである。各宮殿を囲繞する宮墻の基厚は二〇メートル以上あり、城壁のそれが一二～一六メートルであるのを大きく上まわっている。ということは、高さも宮墻の方がより高かったと考えてよい。長楽宮を囲繞する宮墻は周一万メートル、未央宮は周八八〇〇メートルもある。その他、桂宮、北宮、明光宮を合せた宮殿域、そして官府や官僚邸宅域は城内の中・南部に集中し、城内面積のほぼ三分の二という広範囲を占める（図24）。以上のように、長安城の建設はまず宮殿等の公的建造物から始まり、それらがある程度整備された後に、全体を囲む城壁が構築されたために、明確な都城プラン、たとえ

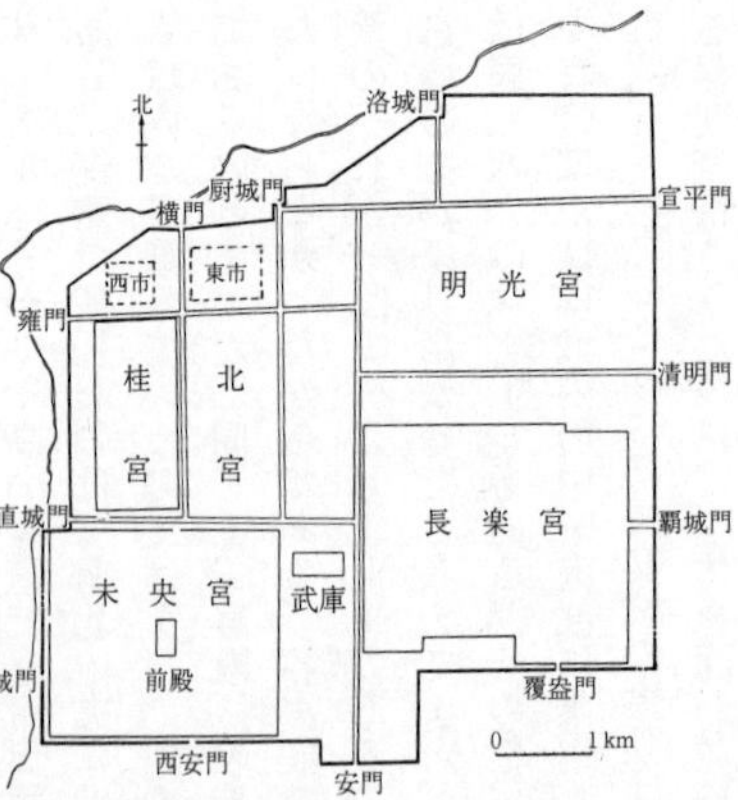

図24　漢長安城址

ば『周礼』考工記に見えるようなきわめて理念的、整合的な都市計画に基づくものではなかったように考えられる。しかし、全体としての平面プランをみると、まったくの無計画でもなさそうで、やはり方形プランが念頭に置かれてのものと言える。ただ実際の城壁建設に当っては、丘陵上に先に造営された長楽・未央両宮に南半分は規制され、また北の渭水、西の泬水の流れが北から西にかけての城壁線を不規則なものにしたのであろう。創業当初の前二〇一年、高祖劉邦は三二万の歩兵大軍を率いて匈奴に攻勢をかけたが、平城（山西省大同市）の白登山で逆に四〇万の匈奴騎兵に包囲され、屈辱的な和議を結んでほうほうのていで脱出し、翌二〇〇年に長安に帰還した。長安に戻った高祖が目にしたのは、蕭何によって着々と進められている宮殿建設であった。高祖は「天下がいまだ安寧ならざる時に、かような宮殿を造営するとは何ごとか」と蕭何を責めると、彼は「このような時なればこそ、壮麗な宮室を造って、四海を家とする天子の大いなる威光を知らさねばなりません」と説得し、工事を続行したという。このエピソードは、都城の造営がまさに皇帝の権威を象徴するものとして始められたことを示している。その後の恵帝期の城壁構築、武帝期の桂宮、明光宮、そして城西外の建章宮造営なども、同様の意図によるもので、きわめて政治色の強い都市造り、それが漢の都城長安城の造営である。城内の残り三分の一を占める民居区は、九市と一六〇里から成っていたとされるが、これら市里すべてが城内に包摂されていたとは考えにくく、かなりの市里は城外にあったと思われる。東西両市は城内に置かれていたようであるが、図に示した位置はあくまで推定で、広さももっと狭くなければならない。文献によれば、東西両市はともに四里の広さに相当し、二六六歩（三六〇メートル）四方である。秦雍城の市に比して、面積で約四倍となるが、唐長安城の東西市にくらべるとまだはるかに狭い。他の七市の位置については城内か城外かすら不詳である。一六〇里あったとされる里のかなりも城外にあったと見なければならないが、ほとんど具体的なことはわからず、唐代の長安・洛陽城内の坊名及び位置がすべて判明するのとは対照的である。漢代の最大人口は、前漢末元始二年（後二年）の統計で（『漢書』地理志）、この時の長安周辺の戸口数は表の通りである。京兆尹、左馮翊、右扶風を三輔と称し、漢代の首都圏である。地方行政レベルでは郡と同じながら、天子のお膝元ということで一般の郡より上位に位置づけられる。京兆尹管下一二県のなかで、長安城及びその周辺が長安県の管轄区域である。したがって、長安

	県数	県名	戸数	口数
京兆尹	12		195,702	682,468
		長安県	80,800	246,200
左馮翊	24		235,101	917,822
		長陵邑	50,057	179,469
右扶風	21		216,377	836,070
		茂陵邑	61,087	277,277

県の人口二四万六二〇〇は城外人口をも含めた数字である。では城内人口はどれほどかと言うと、推定で一〇万から一六万の間で、大まかな内訳は官僚と軍隊が約二割、残り八割ほどが一般都市住民といったところである。一六〇里のかなりが城外にあったはずであるから、城外の里の住民は農民が多数を占めたであろう。

8 陵邑

先に掲げた元始二年の全国戸口数は、戸数一二二三万三〇六二、口数五九五九万四九七八である。総人口六千万に対して、都城内人口がせいぜい十数万というのは、一見するとあまりに少ないように思える。しかしながら、首都圏たる三輔管下には漢代にだけ存在した特殊な県が含まれており、長安城の人口の少なさを補完していた。それは帝陵の側に次々と新設されていく陵邑（りょうゆう）である。

前漢諸帝の帝陵は、渭水の北岸に沿って東西に並ぶ九陵と、渭南の長安城東南郊二陵である。渭北の九陵は、西から七代武帝茂陵、八代昭帝平陵、一二代成帝延陵、一四代平帝康陵、一一代元帝渭陵、一三代哀帝義陵、二代恵帝安陵、初代高祖長陵、六代景帝陽陵の順に並び、城外東南郊の二陵は五代文帝灞陵と一〇代宣帝杜陵である。これらのほとんどは寿陵として各皇帝の生前から造営が開始された。高祖長陵から一〇代宣帝杜陵までの七陵では、巨大な台形封土の帝陵や付属建造物が築かれると同時に、帝陵に隣接して新たな城郭都市が建設され、旧戦国の名家、各地の富豪、そして高級官僚などがこの新建都市に半ば強制的に移住せしめられた。これが陵邑で、帝陵に奉仕するというのが名目であるが、真のねらいは「強幹弱枝」であって、長安城と同じく、皇帝権を強化するという政治的な目的から生まれた城郭都市なのである。陵邑が次々と新設されることによって、長安近辺に衛星都市群が形成され、人為的な陵邑人口の充実が行なわれて、首都圏三輔の人口稠密化が図られていった。先掲の表に戸口数の判明する二陵邑を示した。長陵邑が一八万人弱、茂陵邑では二八万人弱という大人口を擁している。この数字は前漢末のものであるから、陵邑新建以後のさまざまな要因による人口増を見込まねばならないし、また言うまでもなく城外の農村人口をも含んでいる。官僚・軍隊が一割、都市人口が三割、農村人口が六割として、長陵邑の城内人口は約五万四〇〇〇人、茂陵邑では約八万三〇〇〇人となる。武帝の茂陵は諸陵中でずば抜けて巨大であり、茂陵邑も上記推定人口数が示すように、長安城内人口に匹敵するほどの最大の陵邑であったはずであるが、発掘調査は現在までのところなされておらず、その城郭規模はまったく不詳である。規模の明らかとなった陵邑を二つばかり紹介しよう。

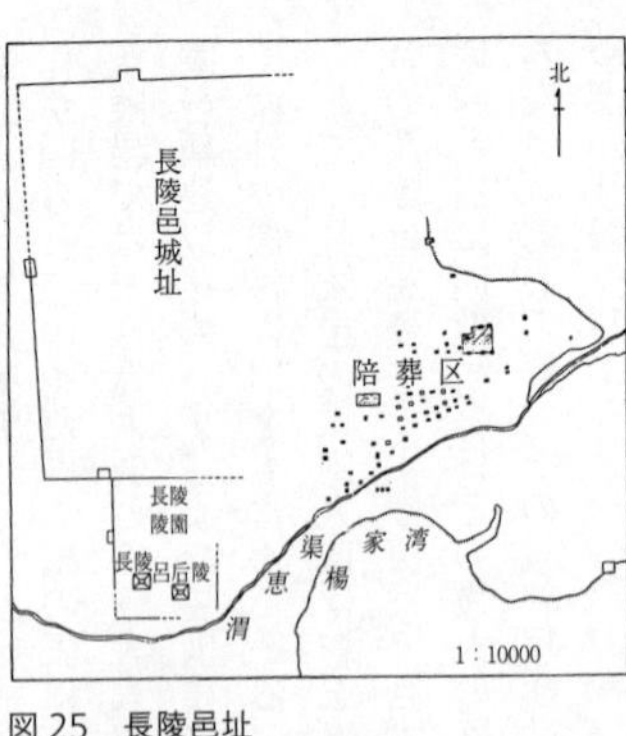

図 25　長陵邑址

初代高祖の長陵に付設された長陵邑は、長陵およびその東の呂后陵陵園の真北に接して築かれている。北壁は一三〇〇メートル、西壁は二〇四〇メートル、南壁は一一九四メートルあり、長陵陵園の北墻と重複している。ともに基厚は約一〇メートル。残高は二〜六メートル、残高上幅は二〜三メートルあり、深さ二メートルの基礎槽版築層も確認されている。東壁はまったく痕跡がなく、東側には数十の陪葬墓が密集して営まれている（図25）。文献（『関中記』）に「長陵城に南・北・西三面の城有り、東面に城無し。随葬者は皆、東に在り。関東の大族万家を徙し、以て陵邑と為す」と見えるのと合致する。すなわち、長陵邑の東壁はもともと築かれなかったと見るべきである。この事実はきわめて示唆的である。完結しない城郭というのは、前代からの城郭都市のあり様からみてきわめて異質で、防御を度外視したものと言わざるをえない。陵邑の特異性を示す事例と言えるかも知れない。

恵帝安陵は長陵の西約四キロにあり、安陵邑もやはり安陵陵園の北に接する形で築かれている。地表に残る城壁址は少ないが、西北角や東北角に版築址が断片的に存在するので、北半分の形態はわかる。それによると、北壁は一六四三メートル、東壁は南へ五〇五メートルで西に屈曲して二七五メートル、再び南へ屈曲して二〇〇メートルが残る。西壁は地表の残存が悪くて長さは不詳ながら直線であることは間違いない。基厚はともに九メートル前後である（図26）。やはり東郊に一六基の陪葬墓が見つかっているが、長陵邑とは異なり東壁は存在している。南壁は未確認であるが、陵園区との間に城墻があったことはまず間違いなく、完結した城郭であったと見られる。長陵邑と安陵邑の城郭構造上の差異をどのように解すべきか、他の陵邑の形状が不明である現時点では保留する他ない。

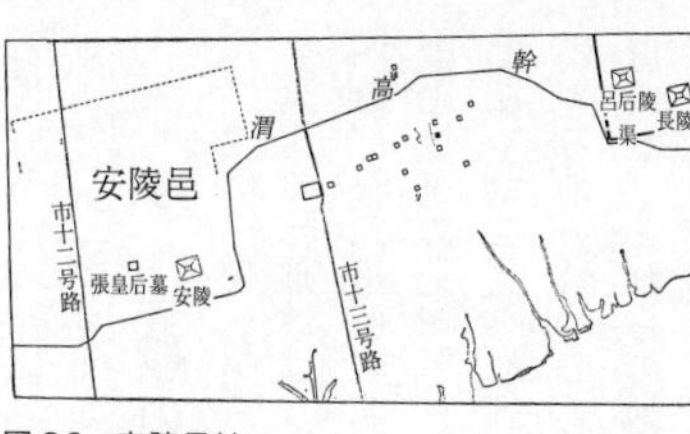

図26　安陵邑址

長陵と安陵との距離は先述のようにせいぜい四キロである。長陵邑西壁と安陵邑東壁とはさらに近く、二キロ強といった互いに目視できる至近の距離である。大方の県域は百里（約四〇キロ）四方が目安で、仮りに県城が県域内中心に位置するとすれば、県城間の距離もほぼ四〇キロとなる。現実にはより多様であるが、ともかく数十キロは離れている。一定の農業生産空間の中心点として県城が点在するから、これだけの相互距離が自ずと生じることになる。ここに見た長陵邑と安陵邑との邑城相互間のあまりにも近い事実も、政治的、人為的な都市造りであることを明確に示している。

9　一般の郡城・県城

漢代の郡県数は、最大戸口数を示す平帝元始二年の統計によれば、一〇三郡国、一三一四県、三二道、二四一侯国である。秦のあまりにも強権的な中央集権的郡県支配体制が、戦国以来の地域差を無視した画一的なものであったために反撥を招き、ひいては亡国の因となったことを教訓として、高祖劉邦は秦以前の「封建」制と郡県制とを折衷した郡国制による地方統治の方法を採用した。長安周辺一五郡には郡県制を布き皇帝の直轄支配下に置いた。これらの地は戦国以来の秦地がほとんどで、直轄支配に対する抵抗が少ないと見なされたからである。長安から距離のある旧六国域の三〇余郡には「封建」制が実施され、宗室劉氏や建国の功臣達が諸侯王として領域支配を委ねられた。のち武帝期になると、諸侯王国は分割され、かつ支配権を大幅に削られて、事実上は中央集権下の郡県制とほとんど異ならなくなる。郡国の国は諸侯王国であるが、もはや郡と同義と見なしてよい。秦代の郡域があまりに広域であったので、漢代には順次分割されて倍増の一〇三郡国となったものである。道というのは辺境の非漢族居住区における県と同レベルの行政単位で、現在の少数民族自治県や自治旗に相当しよう。侯国は県レベルの封建地で、やはり武帝期以降には県と同義と見てよい。したがって、県・道・侯国の合計一五八七が事実上の県数である。これら郡県の中心は、そのほとんどが城郭都市たる郡城・県城であった。以下、漢代の県城を中心に見ていこう。

漢代の郡国制は一部を改変しながらも、秦代の郡県制をほぼそのまま踏襲したもので、県城もまた秦代のものを承け継いでいる。既述のように、秦代の県城の多くは春秋・戦国以来の中小邑を直轄支配の地方拠点として組み変えたもので、それを継承した漢代にもなお都市国家の遺制が色濃く残っていた。県以下の農村レベルでも事情はほぼ同じである。

10　県城と郷・亭・里

漢代の農村社会は郷・亭・里と呼ばれる聚落（しゅうらく）の複合から成っていた。郡が複数の県から成るように、県もまた郷・亭・里に立脚したものであった。ではその実態はいかなるものであったか。まず文献に挙げる郷亭数を示そう。前漢期の郷数は六六二二、亭数は二万九六三五（『漢書』百官公卿表）である。郷・亭・里の組織上の関係には相矛盾するような記述があって研究者を悩ませてきたのであるが、ともかく文献にいうところは次の通りである。

十里一亭（『漢書』百官公卿表、『続漢書』百官志補注、『宋書』百官志）

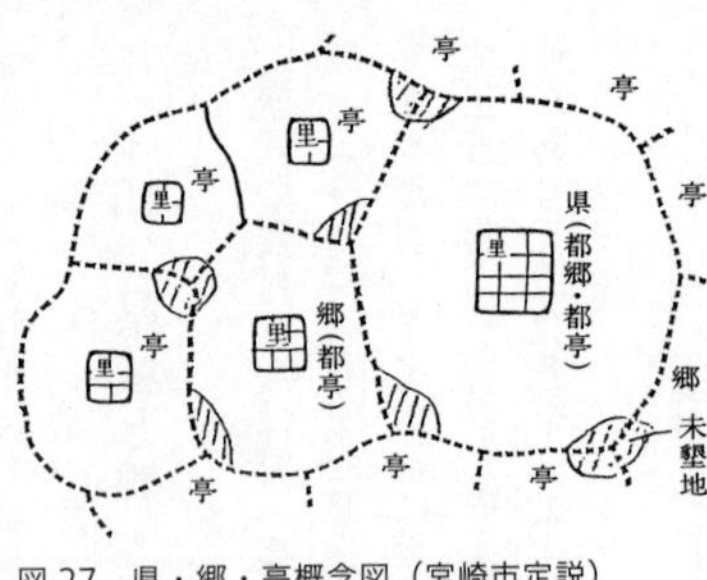

図27　県・郷・亭概念図（宮崎市定説）

十里一郷（『続漢書』百官志補注所引『風俗通』）
十亭一郷（『漢書』百官公卿表、『宋書』百官志）

三者の相互関係については諸説紛々で、いちいち紹介する余裕はない。しかしながら、右の三系列の資料から、郷が亭より上位の、あるいは規模の大なる聚落であることは容易にわかるであろう。県の総数が一五八七であるから、一県当り平均で四・二郷、一郷当り四・八亭となる。そしてこれら郷・亭がさらに複数の里から成るのである。要するに、百戸程度の農民聚落である里を一つのまとまりとして、いくつかの里が集まった聚落が郷・亭なのである。郷・亭・里は、農耕地のここかしこに個々の農家が点在するという散村ではなく、一所に集住した形態をとり、そのほとんどが版築土墻で囲まれていたと考えられる。県城はこれら聚落中の大なるもので、城内はブロック化され、その一ブロックが里である。宮崎市定博士による概念図を参照されたい（図27）。このように、県城といえども農民聚落たる里の集合体で、城内住民は工商を一部含むものの、過半は農民であった。彼等は朝に城門を出て自らの耕地で農耕に従事し、夕暮れとともに城門を入って自宅のある里に戻るのである。都市国家時代に「負郭之田」「帯郭之田」が良田・美田の代名詞であったことは既に述べたが、漢代でも城と郭の区別こそもはや存在しないが、県城や城壁をもつ郷・亭内に居住する農民にとっては基本的には同じであった。すなわち、漢代の一般的な県レベルでの城郭都市県城は、県庁所在地として政治的性格がまず第一であるものの、後世のような商業都市、消費都市といったイメージとは程遠い、農民を主たる城内住民とするものであった。

11 漢代の城郭遺址

近年の考古学調査で明らかになった漢代の県城クラスの実例を示そう。

一九五七年、河北省武安県午汲鎮の北で、午汲古城と呼ばれていた漢代の農村都市が発掘調査された。北・南壁が八八九メートル、東・西壁が七六八メートル、基厚は八〜一三メートル、残高は三〜六メートルの版築工法による長方形の城郭である。城内はほぼ中央を幅六メートルの街路が東西に貫通し、東西門に通じる。南北には幅二・五メートルの街路が四本走り、北門と南門とは相対していない。城壁と街路で区切られた一〇個のブロックが里である。街路は地下二メートルで見つかっており、里を囲む土墻は確認されていないが、存在したはずである(図28)。むろん、城壁にくらべればはるかに貧弱であったろう。城内一〇里のサイズを同一と仮定し、街路幅、城厚、里墻の厚さなどを勘案すると、

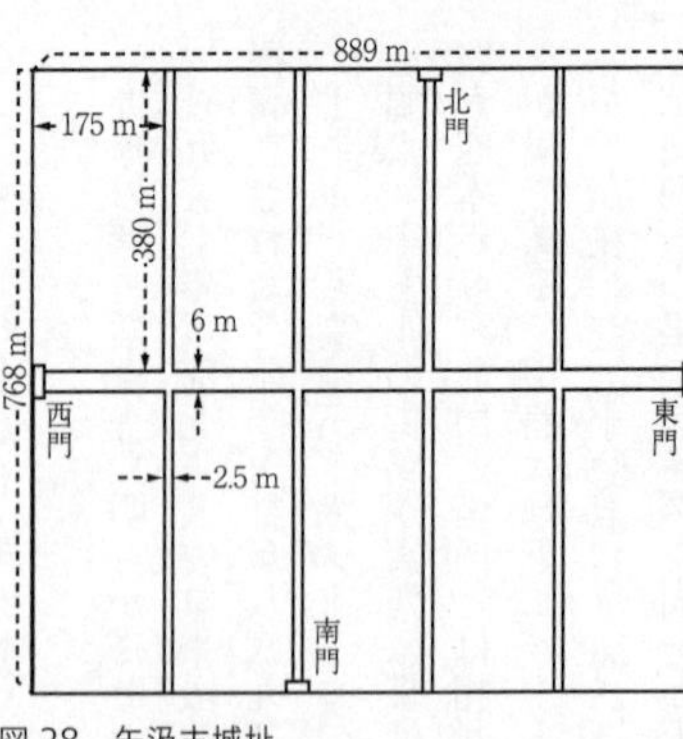

図28　午汲古城址

東西一七五メートル、南北三八〇メートルほどの長方形となる。城内からは井戸、窖穴（こうけつ）、陶窯（とうよう）が発見された。陶窯址は春秋期から前漢期に及ぶ二一カ所である。また前漢期の鉄製農具や鉄製歯車などの手工業製品が多数出土したが、これらは城内居住の農民の所有物で、ここで作られたものではなさそうである。陶窯址の時代分布からもわかるように、少なくとも春秋期にまでさかのぼる「都市」遺址で、戦国趙の武安邑、そして漢代の魏郡武安県城に比定される。都市国家の城郭が直轄支配での県城へと継承された具体例である。

漢代の県城クラス（一部に郡城、郷・亭城を含む）の城址は二〇〇前後見つかっている。いくつかを省別に紹介しよう。括弧内は比定した漢代県名である。

河北省

保定市西南三〇キロの東壁陽城村古城。北壁残長二〇〇メートル、東壁残長一〇〇メートル。

易県戦国燕下都東城南の東貫城村古城。（涿郡故安県城、戦国城郭を縮小再利用）

石家荘市北郊の東垣古城。

趙県各子村古城。城壁が断続的に残存。

邯鄲市の趙王城北大城。（漢の趙王国城、郡城クラス）

磁県講武城。東西一一〇〇メートル、南北一一五〇メートル。（出土文物より戦国から漢代に比定）

懐来県大古城村古城。（同右。現在はダム湖に水没）

豊潤県銀城鋪古城。（右北平郡土垠県城？）

滄州市東の黄驊県城址。（渤海郡章武県城？　前代聚落基礎上に重層）

北京市房山県周口店蔡庄古城。一辺三〇〇メートルの方形、残高三・五メートル、西門址、南門址。（戦国～漢代、郷・亭城クラス）

北京市房山県竇店鎮古城。東西一一〇〇メートル、南北八六〇メートル、基厚は一七メートル、残高は八メートルの版築城壁址で、その約二〇メートル外側を土塁がめぐる。城内西側の高所に東西四〇〇メートル、南北三〇〇メートルの内城が認められる。（涿郡良郷県城。規模からみて、漢代県城の典型）（図29）

北京市房山県長溝鎮古城。（涿郡西郷県城）

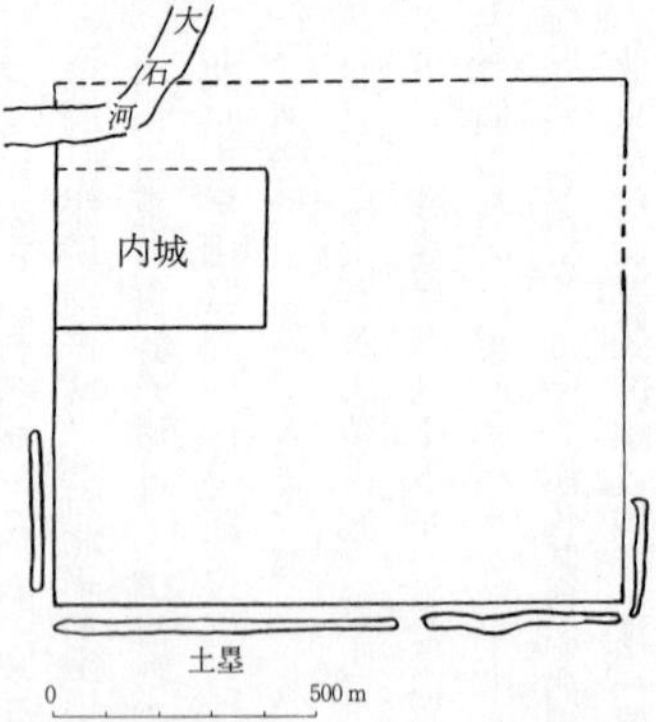

北京市昌平県古城。（上谷郡軍都県城）

天津市武清県の城上村古城。東西五〇〇メートル、南北六〇〇メートル。（漁陽郡泉州県城）

天津市静海県の西釣台古城。（渤海郡東平舒県城）

図29　良郷県城址

山西省

夏県禹王城。大城と小城は戦国魏の国都安邑城で大城の基厚一〇～一二メートル、小城の基厚五～六メートル。中城は秦漢期の河東郡城で基厚五～八メートル。総周は一五・五キロ（図30）。

聞喜県の大馬古城。

曲沃県の東韓村古城。

襄汾県の趙康村古城。

芮城県古城。周四・五キロのほぼ方形。（戦国魏城と推定される。漢代にその一部を継承利用。河東郡河北県城？）

楡次県東北郊の古城址。東西三二〇メートル、南北四〇〇メートル。（太原郡楡次県城？）

渾源県西の畢村古城。大部分は砂石に埋没。（雁門郡崞県城）

遼寧省

寧城県の黒城子古城。（右北平郡城）

丹東市鴨緑江北岸の靉河尖村古城。東西五〇〇メートル、南北六〇〇メートル。（遼東郡安平県城）

山東省

昌丘県東の平陵城古城。（済南郡城）

臨淄古城。（戦国斉国都の一部を利用、斉郡城）

萊陽古城。（膠東国挺県城？）

曲阜古城。（魯国城）

滕（とう）県西南八キロの滕城。外郭は東西一五〇〇メートル、南北一〇〇〇メートル。内城は東西八〇〇メートル、南北六〇〇メー

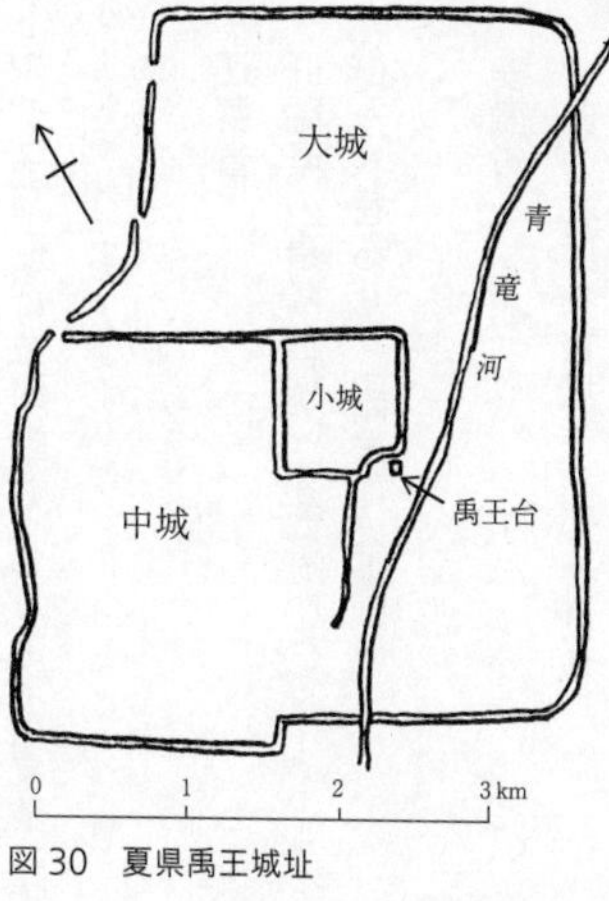

図30　夏県禹王城址

トル。（戦国期に滅国絶祀された都市国家滕の故城。漢代の魯国公丘県城であるが、内城が県城として利用されたらしい）

江蘇省

盱眙県の東陽古城。東西五〇〇メートル、南北四〇〇メートル。城内に古井址一〇余所、九街一八巷あり。（臨淮郡東陽県城）

安徽省

宿県の蘄県集古城。（沛郡蘄県城）

濉渓県の臨渙集古城。（沛郡銍県城）

亳県古城。（沛郡下城父県城）

江西省

都昌県古城。（予省郡鄡陽県城。現在は鄱陽湖底に水没）

福建省

崇安県の城村古城。丘陵上に立地し、不規則な菱形を呈す。東壁八〇〇メートル、西壁七五〇メートル、北壁五〇五メートル、南壁五〇〇メートルで、周二五五五メートル（約六・三里）。基厚八〜一〇メートル、幅五メートルの濠が囲繞。（漢代、この地は閩越（びんえつ）の地の西界に当り、郡県化されておらず、武帝がこの地に軍事介入した前一一〇年以後に新築された軍事要塞の城郭と見られる）

河南省

洛陽市の漢河南県城。東西一四六〇メートル、南北一四〇〇メートル、周五七二〇メートルでほぼ方形。（既述のように、周代洛邑の内城址が利用されたと考えられる）

鄭州の古滎陽鎮古城。周七一〇〇メートル、西壁外に製鉄遺址。（河南郡滎陽県城）

滎陽県広武山の漢王城・楚王城。前者は東西五三〇メートル、南北一九〇メートル。後者は東西四〇〇メートル、南北三四〇メートル。（項羽・劉邦対陣の要塞で郡県城址ではない）

南陽市古城。北壁残長一〇〇〇メートル、東北角で接する東壁残長二〇〇〇メートル、基厚一五メートル、残高一〇メートル。文献によると、漢代宛県城の城周は三六里（一万四六〇〇メートル）あったから、残存部分は北壁で四分の一弱、東壁で半分弱となる。東北角から南西二〇〇〇メートル地点の城内域に製鉄遺址。（南陽郡宛県城。戦国楚の城郭を継承。他にくらべてかなり大規模であるが、宛県城は南陽郡郭下県であり、宛県城は南陽郡城でも

あるからである）

登封県陽城址。東西七〇〇メートル、南北二〇〇〇メートル。（潁川郡陽城県城。春秋以来の城郭を継承）

清豊県の旧城村古城。周三〇〇〇余メートル。（東郡頓丘県城。唐・五代まで継承）

清豊県の古城村古城。（郷・亭城か。宋代文化層まで重層）

焦作市東南六キロの墻南村古城。周約五〇〇〇メートル。（河内郡山陽県城）

新郷市西五キロの唐庄村古城。周二〇〇〇メートル。（河南郡獲嘉県城、あるいは郷・亭城？）

沁陽県西南一七キロの賀村古城。周一三〇〇メートル。（郷・亭城？）

済源県南六キロの軹城古城。周八〇〇〇メートル、残高二～九メートル。（河内郡軹城県城）

襄城県東一二キロの堯城岡古城。周一五〇〇メートル。（潁川郡西不羹城。春秋以来の城郭）

襄城県北二二・五キロの小河村古城。周三〇〇〇メートル。（潁川郡潁陽県城）

舞陽県北二五キロの古城村古城。周五五〇〇メートル。（潁川郡東不羹城。春秋楚以来の城郭）

舞陽県城関鎮の合伯古城。周六五〇〇メートル。（春秋以来の城郭）

鄢陵県北偏西一〇キロの前歩村古城。周五八九二メートル。（潁川郡鄢陵県城。春秋以来の城郭）

確山県西南二〇キロの任店村古城。周二八〇〇メートル。（汝南郡朗陽県城）

遂平県城関古城。周三七七五メートル。（汝南郡呉房県城。春秋以来の城郭）

遂平県西北二〇キロの小砦村斗城古城。周二〇八六メートル。（郷・亭城？　戦国以来の城郭）

汝南県南二八キロの和孝集宜春古城。周四九〇〇メートル、一五〇万平方メートル。（汝南郡宜春県城？）

汝南県西一八キロの水屯東楽昌古城。周二二八〇メートル、三三万平方メートル。（郷・亭城？）

光山県西北三〇キロの仙居郷古城。周三〇〇〇メートル。（郷・亭城？）

南陽市北二四キロの石橋鎮城址。周一三〇〇メートル。（南陽郡西鄂県城。県城としてはかなり小規模）

内郷県北五キロの趙店古城。周三〇〇〇メートル。（南陽郡酈県城）

鄧県西南二五キロの冠軍村古城。周二〇〇〇メートル。（南郡中廬県城？）

桐柏県東北五〇キロの光武城村古城。周三〇〇メートル。（後漢光武帝の郷里である南陽郡蔡陽県白水郷東北至近の地であるが、むしろ厳密には彼の母樊氏の郷里南陽郡湖陽県に近い。

光武城村という村名は後世の付会の可能性がある。周三〇〇メートルであれば方形として一辺七五メートルであり、平均的な里の規模より小さい。後述するように、荘園を経営する南陽豪族の邸宅か、あるいは塢（とりで）のような自衛集団の居住址であろうか）

方城県西南三〇キロの博望村古城。周二一〇〇メートル。（南陽郡博望県城）

湖北省

宜城県東南七・五キロの楚皇城址。東壁二〇〇〇メートル、南壁一五〇〇メートル、西壁一八四〇メートル、北壁一〇八〇メートル、基厚二四〜三〇メートル、残高二〜四メートル。（春秋の鄢邑、戦国楚の郡城、漢の南郡宜城県城）（図31）

鄂城市東の古城。周三〇〇〇メートル、基厚一〇メートル、残高約四メートル。（江夏郡鄂県城。三国時代初めの二二一年、劉備より荊州を奪回した孫権は、一時的にこの城郭を国都としたため、呉王城とも呼ばれる）

湖南省

寧遠県の柏家坪古城。東西二〇〇メートル、南北一六〇メートル。（零陵郡冷道県春陵郷城？）

広西壮族自治区
全県梅浤村古城。東西三〇〇メートル、南北一〇〇メートル。（零陵郡洮陽県城。一種の山城で、馬王堆出土の帛書地形図にも見えている）

寧夏回族自治区
塩池県張家場古城。

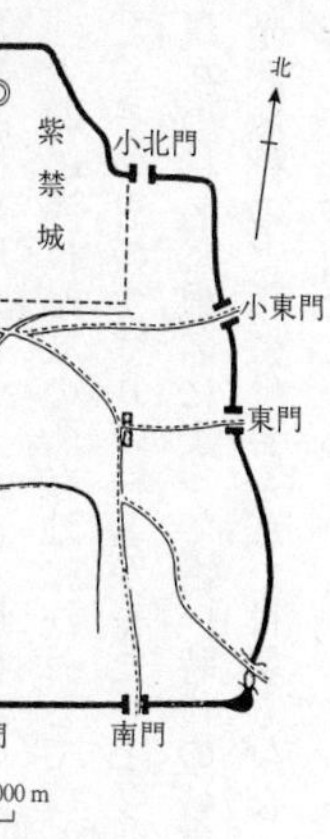

図31　楚皇城（漢宜城県城）址

固原県古城。

青海省
海晏県三角城。東西六五〇メートル、南北六〇〇メートル、残高四メートル、城内三ブロック。（後漢末建安年間に新置された西海郡城）

漢代の県城クラスの城郭規模はほぼ周二〇〇〇メートルから四〇〇〇メートルであることがわかる。辺境や南方はともかく、その多くが春秋・戦国期以来の邑城を継承していることも、城内遺物の重層から知られる。さらにかなりの数の漢代県城が修復を経つつ、後世の県城として利用され続ける。つまり後世の県城もほぼ同じサイズで、城内人口も同程度と考えてよい。但し、後世では城内の人口構成が大きく変ることは言うまでもない。城内の農民人口は大幅に減少し、城外に多数の散村が形成され、都市と農村との違いが次第に明確になっていく。

上記の漢代県城の所在地に注目してほしい。古城村、旧城村、城上村、城村、墻南村など、そのものずばりの村名がやたらと多いことに気付かれよう。後世の城址でも同様で、現在の村名、地名によって古い時代の城郭遺址を見つける有力な手掛りとなる。しかし、光武城村のように付会された村名も少なくないから、鵜呑みにするととんでもない間違いをしでかすことになる。

第五章　魏晋南北朝時代の城郭都市

三世紀初に前後四〇〇年続いた漢が滅び、六世紀末に隋によって統一されるまでの分裂の時代、それが魏晋南北朝時代である。魏・呉・蜀漢の三国期、晋によるうたかたの統一を経て五胡十六国の展開と晋の南渡、それに続く南北朝期と、数多くの政権が興亡したために、国都も各地に置かれた。それらの主要なものだけをまず見ておこう。

1　洛陽城

後漢光武帝が洛陽(らくよう)に都を定めて以来、魏・晋、そして北魏がここに都を置いた。ちなみに、洛陽という地名は、洛水の北に位置する地という意味である。中国では古来、地名の付け方として、山を基点にすると、日の当る南側が陽で、日陰になる北側が陰となる。たとえば西岳華北北麓の地は華陰県であり、日本の山陽・山陰地方とおなじである。一方、河川をはさんでの南北地名は山の場合の逆で、北側が陽で、南側が陰となる。これは黄土台地をえぐって深い河岸段丘を形成する上・中流の黄河、湖北省までの長江上・中流にもっとも顕著に見られるように、広大な中国を流れる大河川はその尨大な流水量による長年の浸蝕作用によって河床が概して低い。そのために南岸部にくらべて、むしろ北岸部が日当りがよいのである。洛陽という地名はその一例にすぎない。

城郭としての洛陽は、既述のように古くは西周初に東方経営の拠点として洛邑（成周）が築かれて以来の古都であり、周の東遷以後、春秋戦国期を経て秦に滅ぼされるまで、周（東周）の都城であった。内城外郭式の洛邑内城が漢代の河南県城として利用されたのではないかということは先に述べた通りである。秦、前漢期の洛陽城については、この程度がわかるだけである。

後漢の都城洛陽は、光武帝が正殿である南宮を、次いで明帝が北宮その他の諸宮府を造営し、主要建造物がほぼ整備し終る。これと相前後して、南北両宮を囲む内城が築かれたと思われるが、外郭の築年とともに正確なことはわかっていない。後漢末、董卓（とうたく）が献帝（けんてい）に強いて長安に遷都させた際、洛陽は略奪放火されて大きな被害をうけた。漢魏革命で鄴（ぎょう）から洛陽に進駐した魏の文帝曹丕（そうひ）は洛陽を再建整備し、再び都とした。魏の洛陽城は漢の洛陽城郭を踏襲したものであるが、西北隅に突出した金墉（きんよう）城が新たに増築された。金墉城は

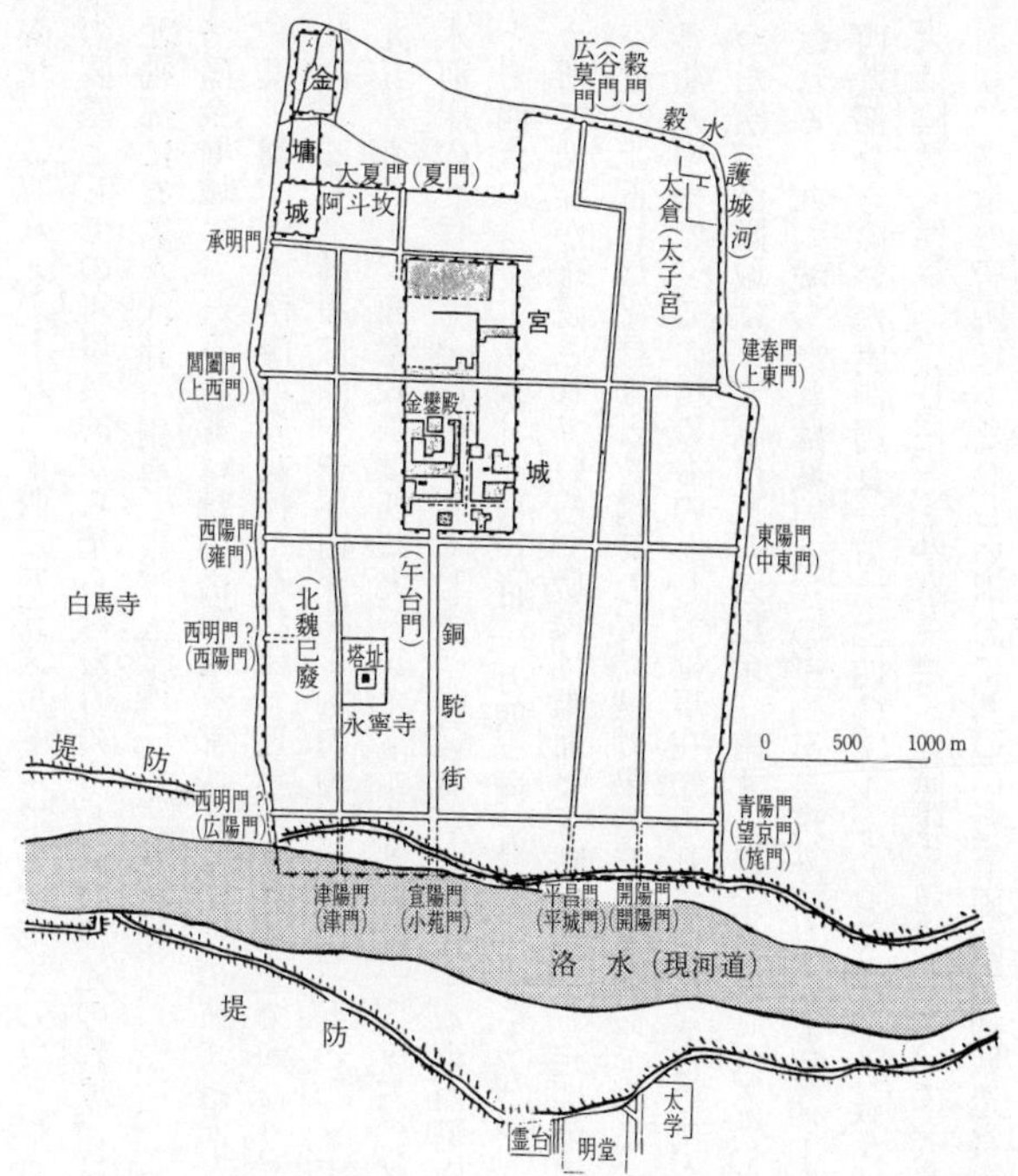
金
墉
城
広莫門
（穀門）
（谷門）
穀水
（護城河）
大夏門（夏門）
阿斗坆
太倉（太子宮）
承明門
宮
建春門
（上東門）
閶闔門
（上西門）
金鑾殿
城
西陽門
（雍門）
東陽門
（中東門）
白馬寺
（午台門）
（北魏已廢）
西明門？
（西陽門）
塔址
銅
駝
街
永寧寺
0
500
1000 m
堤
防
西明門？
（広陽門）
青陽門
（望京門）
（旄門）
津陽門
（津門）
宣陽門
（小苑門）
平昌門
（平城門）
開陽門
（開陽門）
洛 水（現河道）
堤
防
太
学
霊台
明堂

図 32　漢魏洛陽城址

南北一〇四八メートル、東西二五五メートルで目字形をした三ブロックから成り、非常時の要塞としての軍事目的から造られたものらしい。後述の鄴城には、曹操によって西壁上北端部に有名な氷井・銅爵（雀）・金虎三台が築かれているが、この三台を模倣したのが洛陽金墉城とされる。晋は魏の洛陽城を都城としてそのまま継承している。

漢・魏・晋の洛陽城の規模や形状は、近年の発掘調査でかなり詳しく判明している。それによると、各面にはやや屈曲があるものの、北壁は三七〇〇メートル、東壁残長は三八九五メートル、西壁残長は四二九〇メートル、基厚は一四～三〇メートルある。南壁は洛水河床の北移で完全に失われてしまっているが、残存する東西壁南端部の間隔を計測すると二四六〇メートルあり、城周は一万四三四五メートルとなる（図32）。また城壁側面七カ所で城垜が確認されている。城垜は馬面とも呼ばれ、一定間隔ごとに城壁を外側に突出させ、上部には敵楼などを構築して防城効果を高める施設である。発掘報告によれば、魏晋期の増築で、この種のものとしては現在知られている最古の例だという。金墉城がなかった漢の洛陽城は、文献に東西六里余、南北九里余と記されることから、俗に九六城と呼ばれる。九六城であれば城周は三〇里（漢里換算一万二二五〇メートル）であり、金墉城東西壁部分を除いた実測周長一万二二四〇メートルとうまく合致する。九は陽数（奇数）の、六は陰数（偶数）の代表で、九六と言えば陰陽を包摂した全てを意味する象徴的な数字であり、皇帝の居所にふさわしい理念に基づいた計画的な都城造営をうかがわせる。もっとも、規模の点からすれば、周六〇里（実測二五キロ）という前漢の都城長安にくらべてはるかに小さい。前漢と後漢の皇帝権ないし国力の強弱を反映しているかのようである。

西晋末の永嘉の乱で、洛陽は匈奴族劉曜に攻陥され、ここに西晋は事実上滅び、華北では五胡十六国の時代に突入する。洛陽が再び都城とされるのは、約一八〇年後の北魏孝文帝まで待たねばならない。五胡の一、鮮卑族拓跋部がたてた北魏は、従前の五胡諸政権が採用した胡漢二重体制の弱点を克服すべく、部族制を解体し、漢人知識人を積極的に登用するなど、中国一元化策をおし進め、四三九年、三代太武帝の時に華北の統一に成功した。そして六代孝文帝が即位すると、均田制の実施、胡語・胡服の禁止など、より徹底した中国一元化策が矢継早に実施された。所謂孝文帝の華化政策である。この華化政策の柱とも言うべきものが、平城（山西省大同）から洛陽への遷都である。中原の支配者、中華の正統王朝をもって自認する孝文帝にとって、平城はあまりにも北に偏した地で、古来、中国の中心と見なされてきた洛陽こそが都城としてふさわしい地であったからである。南朝の南斉への南伐を名目に大軍及び百官を率いて平城を出発した孝文帝は、四九三年に洛陽に到着すると、そのままこの地に居を定めた。ステップに近い平城から離れることに対し胡族系重臣たちの強い反対があったからである。漢魏以来の洛陽城の中心である南北二宮の荒廃が著しいため、まず金墉城を修復して宮殿等が再建された。五〇一年、孝文帝を継いだ七代宣武帝は洛陽城の大拡張を行なった。九六城を内城とし、その外側に東西二〇里

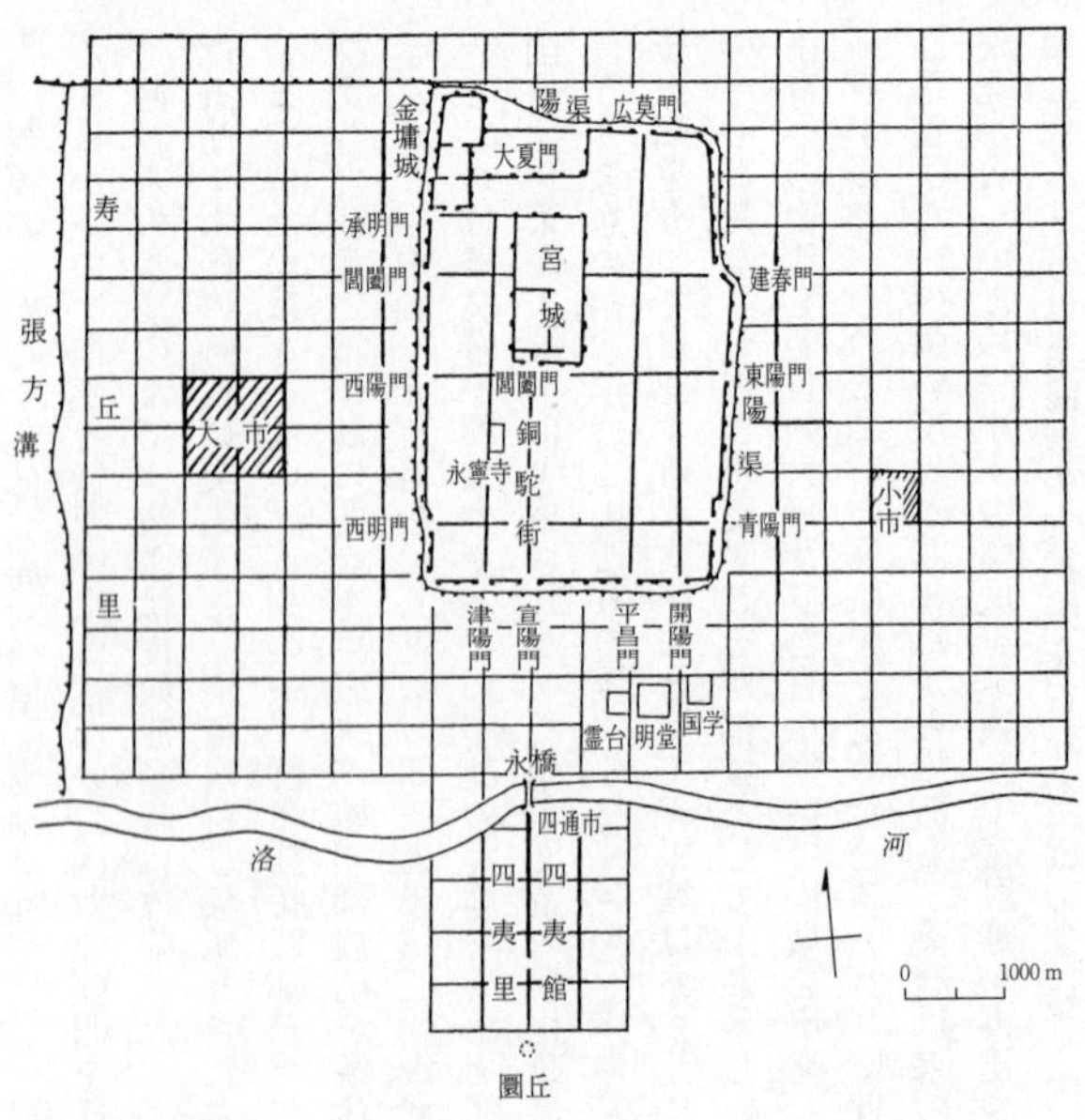

図33　北魏洛陽城

（八六八〇メートル）、南北一五里（六五一〇メートル）の外郭城、そして南郭外の洛水対岸に東西四里、南北五里の突出した城郭が築かれた（図33）。外郭城内は一里四方にブロック化され、これを坊と呼ぶ。漢代では城郭内のブロックが里と呼ばれたが、ここに至って坊と呼称が変り、碁盤の目状の都城のあり方とともに、隋唐時代の都城へと引き継がれていく。外郭城内は南北一九条、東西一五条の街路によって三〇〇坊にブロック化されたことになるが、内城、つまり漢魏洛陽城内は必ずしも坊に分割されたとは考えられず、実際の坊数は三〇〇よりかなり少なかったはずである。また洛南の突出城郭内も同様に二〇坊に分割された。洛北の外郭城だけでも城周は七〇里（三万三八〇メートル）ときわめて大規模であり、漢の長安城は言うまでもなく、隋唐洛陽城をも上まわり、隋唐長安城に匹敵するスケールである。しかしながら、五万五〇〇〇人を動員して四〇日で完成したというから、さほど高厚な城壁ではなかったであろう。基厚が一四〜三〇メートルもある内城城壁にくらべて、はなはだ見劣りのするものであったはずである。内城城壁はかなりの部分が地表に残っているのに対して、外郭城の痕跡は今のところまったく見付かってはいないことが、この推測を裏付ける。

北魏洛陽城の城内の様子は、六世紀半ばの楊衒之（ようげんし）が著わした『洛陽伽藍記（らくようがらんき）』に詳しく見える。その一端を紹介しよう。内城西門の西陽門外四里の地、中国最初の仏寺とされる白馬寺（はくばじ）の西隣に大市があった。二里四方の広さで四坊分を占める。大市の東隣には工芸品店や肉屋が集まる通商里（坊）と達貨里（坊）、南隣は楽器店やミュージシャン事務所が並ぶ調音里（坊）と楽律里（坊）、西隣は醸造業者と飲屋街である退酤里（坊）と治觴里（坊）、北隣は葬儀屋街の慈孝里（坊）と奉終里（坊）があり、大市を取りまいて各種の専門店街を形成していた。もう一つの市は外郭と洛南部とを連結する洛水に架かる永橋の南たもとにあり、四通市または永橋市と呼ばれた。ここは洛水や伊水でとれる鮮魚を扱う魚市場が有名であった。洛南の城郭内は、御道を挟んで東に四夷館、西に四夷里があった。南朝からの亡命者や諸外国から帰化した者の居住区である。南朝からの亡命者はまず金陵館に居所を与えられ、三年後に帰正里内に居宅をかまえることが許される。三年間はマンション住いで、その間はおそらくはスパイ行為等の有無がチェックされたのであろう。そして何ら問題がなければ、三年後に道西の帰正里内に宅地を与えられて一軒家に住むことが許されるのである。一定の保護監察期間を置いて、しかる後に北魏の国人、洛陽の市民としての資格を獲得するわけである。金陵というのは南朝の都建康の古名である。北夷出身者は燕然館で三年過した後、帰徳里に居宅を与えられ、東夷出身者は扶桑館を経て慕化里に、西夷出身者は崦嵫館を経て慕義里に居宅を与えられる。燕然とは遊牧民族の信仰厚いモンゴリア・ステップの山名、扶桑とは東海中の神仙が住む島にあるという両樹同根の神木名、崦嵫とは日没する西方の山名である。それぞれ三年後に居宅を与えられる里（坊）名に注意していただきたい。正義や徳に帰化し、文化や大義を慕うという名称は、北魏こそが中華の正統王朝、そして世界の文化の中心であるとする強い自負を示すものである。城内には最盛期で一三六七寺があった。もっとも壮麗であったのが永寧寺である。その仏塔は九層、方九間の台基、高さ九〇余丈（二一七メートル）という大きなもので、一〇〇里（四三キロ）離れた所からも望見できたという。やや誇張があるようではあるが、近年の発掘調査によると、台基は高さ八メートルで三層から成り、下層は東西一〇一メートル、南北九八メートル、高さ二・一メートル、中層は方五〇メートル、高さ三・六メートル、上層は方一〇メートル、高さ二・二メートルあり、きわめて巨大な塔であることが実証された。

後漢以来の洛陽城は、北魏末の動乱で大きく破壊され、以後は再び都城とされることはなかった。隋唐の東都洛陽城は、この地から約一五キロ西に新たに造営されたものである。

2 鄴城

後漢末、「官渡の戦」で袁紹を破った曹操は、ほぼ華北の覇権を手に入れ、許昌から袁紹がそれまで拠っていた鄴へと進駐した。曹操は宮殿や官衙を新建し、北壁上には三台を築くなど、鄴城の大幅な整備を行なった。二二〇年、漢献帝より禅譲されて帝位に即いた魏の文帝曹丕が洛陽に遷都するまで、鄴城は事実上の都城であったと言ってよい。その後、五胡期の後趙石勒、後燕慕容儁が鄴を都城としている。ついで北魏が東西に分裂すると、東魏・北斉もまた鄴を都城とした。

曹操期の鄴城は東西七里、南北五里（$\sqrt{2}:1$）の規模で、後漢洛陽城（九六城）より一まわり小さい。魏公、ついで魏王であった曹操が、王都として帝都を凌駕しないようにと配慮したからである。城内は東西の大街でほぼ南北に二分され、北部中央に宮殿区が置かれ、ここが宮城ないし内城に相当する。その西側は銅雀（爵）苑と呼ばれる御苑、東側は貴族高官の邸宅区で戚里と称された。銅雀苑の西北端、すなわち西壁の北端近くに冰井・銅雀・金虎の三台が六〇歩（八七メートル）の間隔で南北一列に築かれた。ともに西壁上にあって、軍事的な防御機能を兼ねたもののようである。曹操の孫、魏の明帝が洛陽城西北隅に付設した金墉城との関連は既述した通りである。三台中で最大なのは銅雀台で、台高一〇丈（二四メートル）あり、台上に一〇〇余間の屋宇があった。のち、後趙石勒が鄴に拠った際、台高を二丈かさ上げし、高さ一五丈ある五層の楼閣を建てたので、地上から最高所までは二七丈（四五メートル）という壮大なものとなった（図34）。

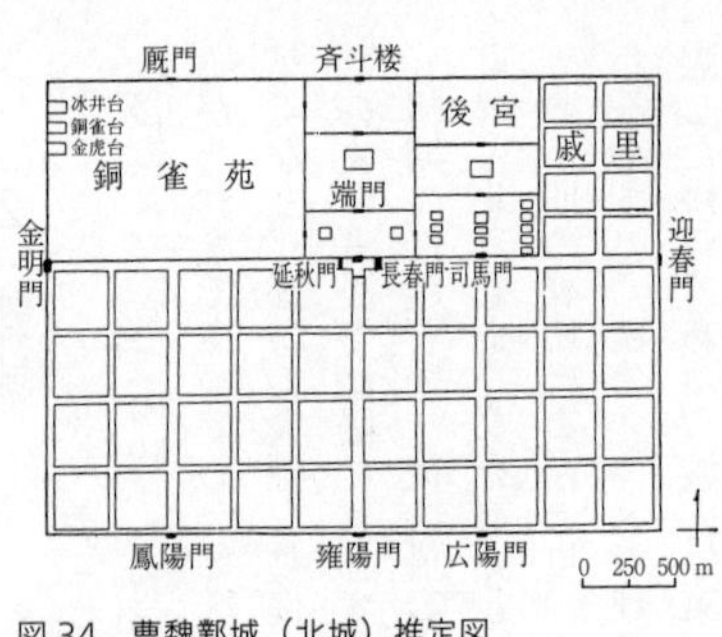

図34　曹魏鄴城（北城）推定図

東魏・北斉の鄴城では、曹魏城に南接して周二五里の城郭が新築された。そのため、曹魏城を北城、東魏・北斉城を南城という。南城の北部中央に東西四六〇歩（一里半余）、南北九〇〇歩（三里）の宮城（南宮）が位置し、南宮北半分は後園で北城南壁に接していた。北城の宮城配置や南城での宮城の位置は、隋唐長安城のプランとの関連を予想させる。

以上はもっぱら文献に拠った鄴城の復元であるが、考古学調査ではどうであろうか。一九六〇年代の簡単な調査報告が公表されており、それによると、地表に残るのは伝銅雀台と八カ所の台基だけで、伝銅雀台の基部は東西七〇余メートル、南北一二二メートル、残高は八〜九・五メートルあるが、銅雀台址ではなく金虎台址であるらしい。この北八五メートルにある東西六〇メートル、南北二〇メートル、残高五メートルの台基が銅雀台址である。二台址の間八五メートルには最大基厚五〇メートル、残高一・五メートルの城壁址が残存する。一方、南城の地表痕跡はほとんど皆無に近い。元来は北城の北側を東流していた漳河が大きく南移して、現在の河床は南北両城が接していたと想定される所を流れている。南にやや低い地形のため、たびかさなる漳河の氾濫で大量の泥土はもっぱら南側に溢出堆積したため、南城址は地下五メートル以下に埋没してしまっているからである。近年、本格的な発掘調査が行なわれているようであるが、その報告はまだ公表されていない。漏れ聞くところでは、北城北壁の位置は三台よりかなり北にあり、全体として方三〇〇〇メートルの方形に近い形状(約七里四方)であること、南城は東西二六〇〇メートル、南北三四五〇メートルで、東南角と西南角が隅丸造りの特異な形状を呈していること、また南城には馬面構造が認められるなどが明らかになったようであるが、詳細は不明である(図35)。

東魏鄴城は拓跋氏皇帝の居する都城とは言え、実権者高歓(こうかん)は軍主力を掌握して晋陽(しんよう)(山

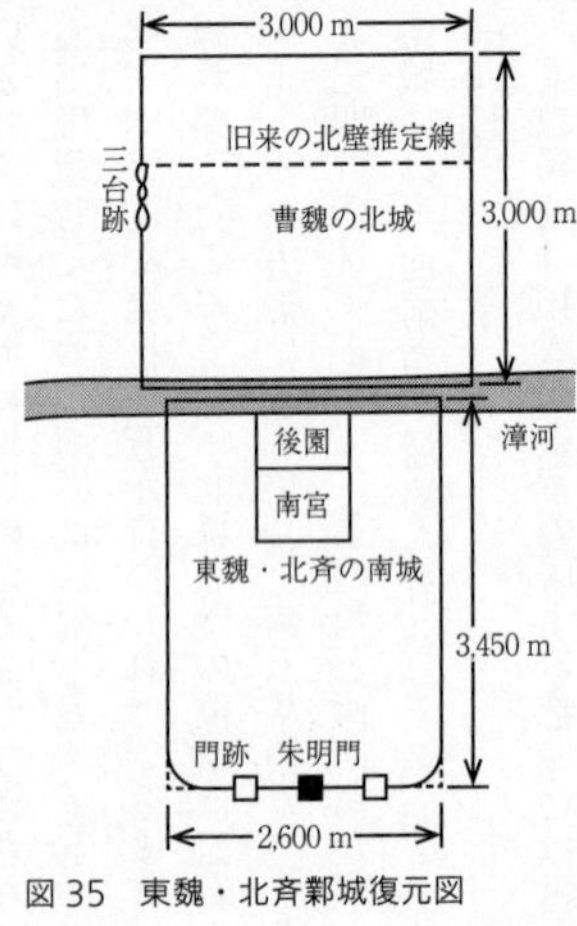

図35　東魏・北斉鄴城復元図

西省太原）に大丞相府をかまえて鎮し、晋陽の地から鄴都をリモート・コントロールしていた。北斉になっても、晋陽は陪都的な重要な城郭都市であった。これは西魏・北周でもまったく同様で、都城長安に対して実権者宇文泰は華州に鎮して内外に目をひからせていた。名目と実体という政権の二重構造の背景には、華北における両国の厳しい対立抗争という歴史的情勢があるが、隋唐期における長安と洛陽という両都制と関連づけられそうである。また日本での鎌倉時代以降の幕府体制のルーツと言えなくもない。

3　建康城

三国呉の孫権は長江南岸の要地である秣陵に国都を定めて建業と名付けた。以後、東晋・宋・南斉・梁・陳といった南朝諸政権はいずれもこの地を国都としたので、この時代を六朝時代とも言う。西晋最後の愍帝の諱が業であるため、東晋になると業字を避けて建康と改称された。その後、一〇世紀の五代十国期に南唐の国都金陵城として修築され、一四世紀の明初に再び国都とされて大拡張される。永楽帝が北京へ遷都すると、副都南京と呼ばれるようになった。南京の呼称はこれ以来のもので、一部現存する城壁も明城である。では六朝期の建康城はどのようであったか。実はよくわからないのである。中央部に周八里の宮城(台城)があり、内城に相当する。この宮城はかなりの高厚のある城壁で囲まれていたようである。ところが周二〇里あったとされる孫呉以来の外城は竹籬(竹垣)に過ぎず、南斉初めの四八〇年にようやく土城を築き磚で被う磚築構造とされた。しかし、これとても防城機能を果すには程遠い低い薄いものであったらしいことは、その後のたびかさなる建康城の攻防戦で攻撃側が常に直ちに宮城下にまで至っていることから推測できるのである。外城の外側に石頭城、西州城、東府城という城塞が配置されているのは、おそらく外城の脆弱さを補強するためであろうが、都城建康のかなりの特異性が見てとれよう。ただ、造営の最初より以来、漢魏洛陽城(九六城)が都城プランとしてかなり意識され続けたことはほぼ疑いない。掲げた復元図は、A図がもっともポピュラーな朱偰氏によるもの(図36)、B図は最近の中村圭爾氏の研究によるものである(図37)。華北黄土地帯と異なり、江南の地は大小無数の水系が交錯しており、建康の地も長江支流の中小河川がかなり複雑な流れを示している。築城に際しては、これら水系に規制されるとともに、護城河

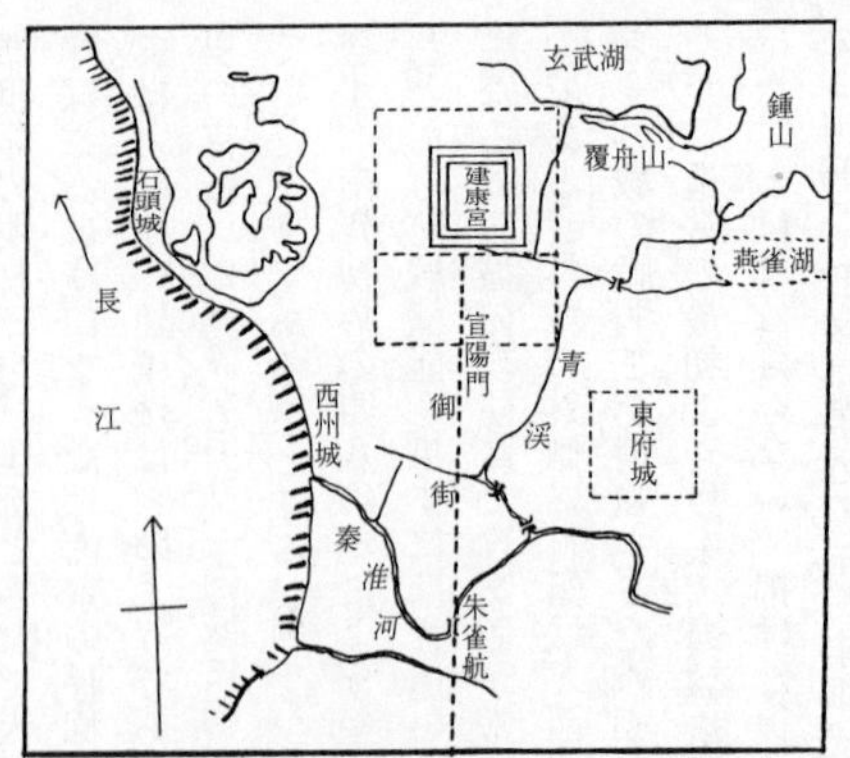

図36　朱偰氏による建康復元図（A図）

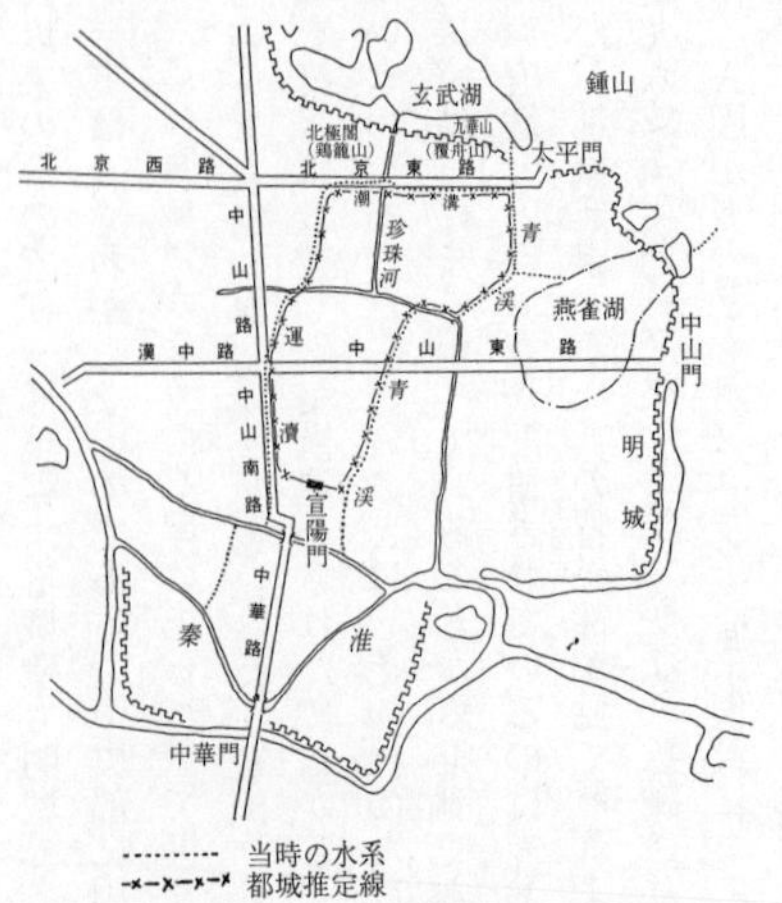

図37　中村圭爾氏による建康復元図（B図）

として有効に利用できるのであって、この地の水系を重視して建康外城の平面プランを想定したB図には説得力がある。唐代の章で言及するが、江南の州県城郭の立地は山川等の自然環境をうまく利用したものが少なくなく、それ故にまた平面プランも方形を呈さないことがしばしばである。

魏晋南北朝期の城郭について、考古学調査がなされたものを次にいくつか紹介しよう。

4　晋陵郡城

現在の南京市から少し長江を下ると鎮江市に至る。大運河はここで長江に出、江北の揚州に通じる古来からの交通上の要衝である。早くは三国呉の孫権がこの地に周六三〇歩(八七〇メートル)の強固な城塞を築き、鉄甕(てつおう)城と名付けた。東晋期には京口(けいこう)と呼ばれ、晋陵(しんりょう)郡治が置かれ、城郭が増強された。永嘉の乱によって南渡を余儀なくされた東晋政権は、都城建康に至近の要衝の地である京口に最精鋭の部隊からなる北府軍団を鎮せしめて対北防衛の拠点とするとともに、北から避難移動してきた尨大な流民集団に対する首都圏の治安対策にも当てたのである。今回発掘されたのは東晋期に築かれた京口の晋陵郡城である。長江南岸の標高三〇メートルの丘陵上に城壁址が断続して残り、ボーリング調査で地表下の基部も確認され、ほぼ城郭の全体像が明らかとなった。城壁が等高線に沿って築

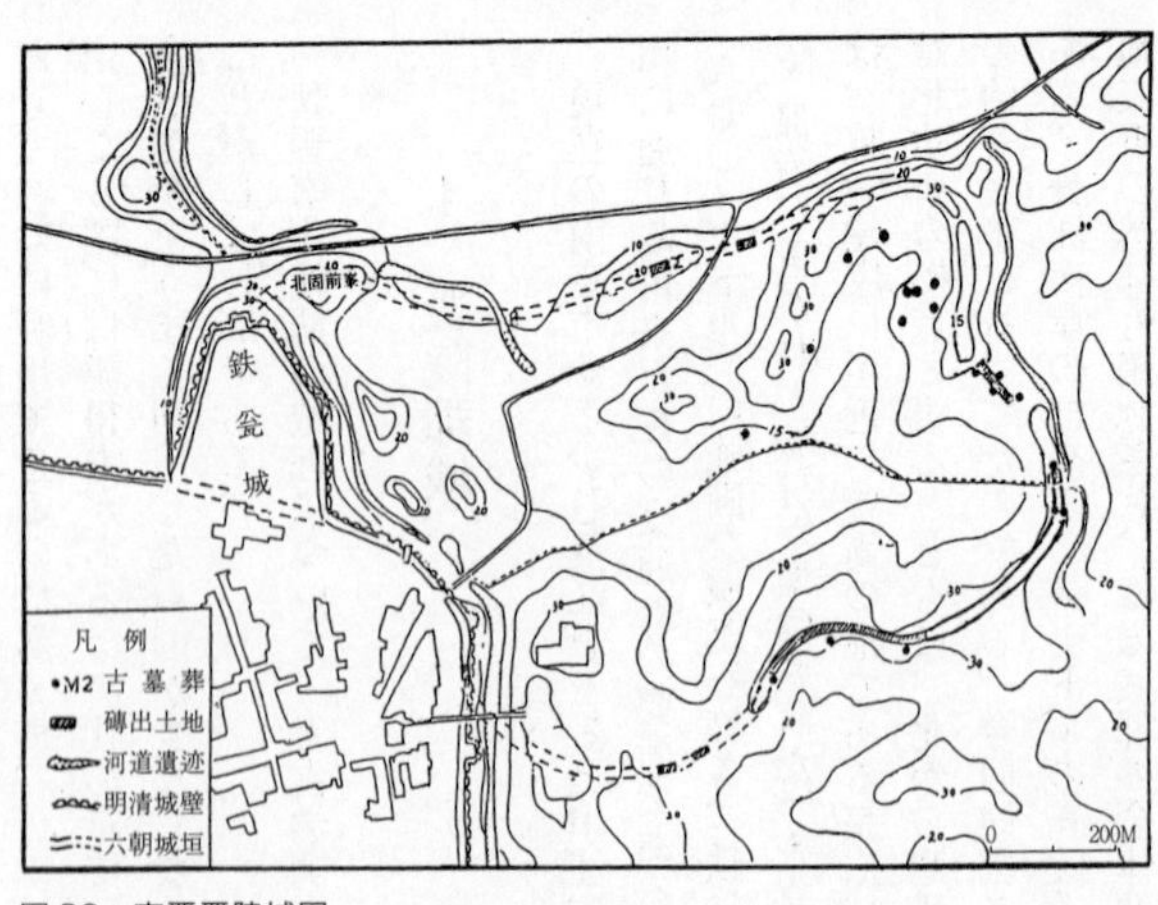

図38　東晋晋陵城図

かれているためにかなり不規則な長方形となっている。東壁は七〇〇メートル、西壁は一四〇〇メートル、北壁は一四〇〇メートル、南壁は一二〇〇メートルあり、城周は四七〇〇メートル（一一里弱）となる（図38）。地表に残存する城壁の基厚は三〇～七〇メートル、残高は最高所で二五メートルときわめて高く厚い強固な版築城壁で、数万点の磚（せん）が出土したことから版築土城を磚で被ったものであることが判明した。北府軍団の鎮所にふさわしい軍事要塞色の強い城郭で、都城建康外城とは対照的である。注目すべきは西壁部分である。孫呉の鉄瓮城址と伝えられる西北隅がそのまま取り込まれており、また出土した城磚の中に複数の「晋陵羅城」の文字が入ったものが見付かり、鉄瓮城を子城として利用した外城造りがなされたことがわかったのである。また唐代潤州城がこの東側にあったらしいことは従来から予測されていたが、出土城磚中にかなり唐宋期のものが含まれ、しかもそのほとんど全てが西壁址から集中して出土していることから、東晋晋陵郡城の西壁が唐代潤州城の東壁の一部としてそのまま再利用されたこともほぼ確実となった。この事実は唐城復元に重要な手掛りを与えてくれたと言えるのである。

5　統万城

この時期の城郭遺址で現存するものは少ないが、その少ない中で保存状態の良好なものとして五胡期に夏を建国した匈奴族赫連勃勃が築城した統万城がある。その位置は河套（オルドス）のほぼ中央、内蒙古自治区に接する陝西省最北端で、現在は半砂漠に近い土地柄となっている。その乾燥した自然環境、それにもましてその強固な版築工法のおかげで、地表上での城郭址の残存がきわめてよい。統万城は四一三年に夏国の都城として創築されたが、わずか一五年で北魏に攻陥されてしまう。北魏は当初、この城郭を軍鎮として軍隊を駐屯させて付近一帯を軍政支配下に置くが、四八七年に孝文帝は民政移管して夏州の治所とした。その後、西魏、北周、隋を経て、唐代まで夏州城として承け継がれる。一〇世紀の宋代になると、唐代後半以来、この地に移住してきた党項（タングート）族平夏

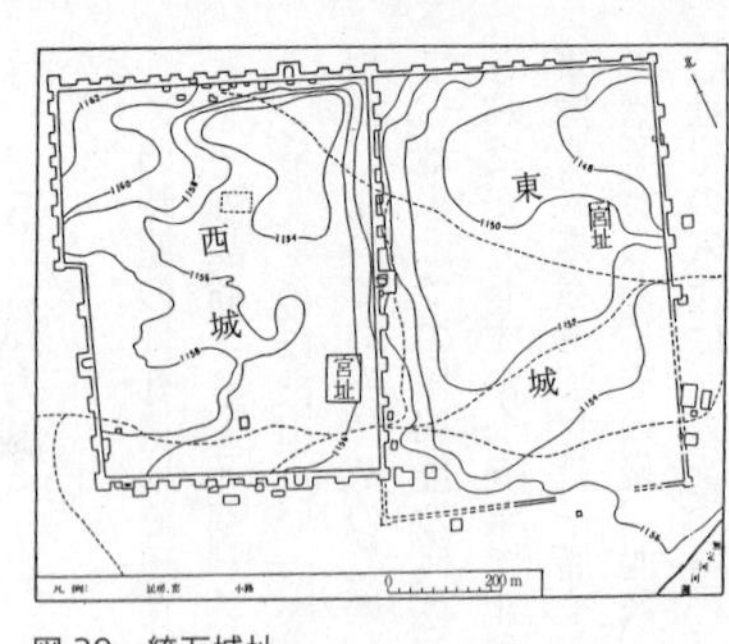

図39　統万城址

部が自立化の勢いを強めて宋朝の統制から離脱する。宋の西北辺に大きな圧力を加える西夏である。そのため、宋はこの地を放棄して西北国境を南に後退させ、専守防衛に戦術転換した。西夏がモンゴルに滅ぼされて以後、統万城、つまり夏州城は砂に埋もれるにまかされてきたのである。解放後の現地調査で統万城の規模や城郭構造が明らかとなった。その立地は無定河北岸の標高一一五〇メートル前後の西北に高い緩傾斜面にあり、外郭城と東西二つの内城から成る。外郭城はほとんど地表に痕跡を留めず、その平面プランも不明である。一方、内城の東西両城はきわめてよく残っている。東城の東壁は七三七メートル、西壁は七七四メートル、南壁は五五一メートル、北壁は五〇四メートルで周二五六六メートル、基厚は六〜一二メートルある。西城の東壁は六九二メートル、西壁は七二一メートル、南壁は五〇〇メートル、北壁は五五七メートルで周二四七〇メートル、基厚は一六メートルある。東西両城を合せた外周は三六五七メートル（魏里換算八・四里）となる（図39）。統万城址では城壁に設けられた各種の防城施設が重要である。まず城門であるが、東城では東壁北段に一門が認められるだけであるのに対し、西城では各面に一門ずつ設けられている（西城東門は東城西門でもある）。城門の配置と後にふれる馬面の分布を考え合せると、西城がまず築かれ、その後に東城が増築されたことは間違いない。調査報告には城門の構造に言及していないが、図を見る限りでは、小規模ながら甕城（月城）をもっていたことがわかる。城門外にさらにもう一重の城壁をめぐらすことで、城郭防禦上の最大の脆弱点である城門部分を補強する役割を果すのが甕城である。甕城址としてはおそらく最も古い例であろう。城郭四隅には長方形の突出部が設けられている。墩台と呼ばれる監視哨で、西城西南隅の墩台残高は三一・六メートルにも達し、本来はより高かったはずであるから、かなりの遠望がきいたであろう。城壁面外側に一定間隔ごとに張り出しが設けられている。これが馬面と呼ばれるもので、魏の洛陽城や東魏・北斉の鄴城でそれらしきものが見つかっているらしいことは先に述べたが、統万城の馬面は鄴城より百年以上早い時期の例である。馬面を設けることで、城下に迫る敵兵に対して城壁上から矢石等による攻撃に死角がなくなり、防城効果が数段に高められるのである。より具体的に言えば、城壁登攀を試みる敵兵を単に上方からのみならず、上方後背からも攻撃することが可能となり、殺傷確率が著しく向上することになる。さらには敵兵が城直下へ接近しにくくなれば、穴や突などの城壁面を破壊する戦法を著しく困難なものにする。つまり壁厚をさほど厚くしなくとも、馬面を設けることによって十分にその薄さをカバーできるという利点もある。築城時に要する労働力の面からすると、城厚を仮りに二分の一にして、余力を馬面構築に投入しても、なおおつりが出るという経済効果も無視できない。統万城西城には、馬面は北壁に一〇カ所、西壁に九カ所、東壁に一〇カ所、南壁に八カ所認められる。南壁では城門部を含めて馬面の平均間隔は五〇メートルで、弓矢の十分な射程圏内である。馬面のサイズは南壁のものが最大で、幅一八・八メートル、城壁面からの出張りが一六・四メートル、そして城高より一段と高くなっている。西城の城厚は基部で一六メートルであるから、馬面部では三〇メートルを越える厚さとなる。このように、統万城は防城施設を完備した堅固な城郭の代表的な実物例として貴重な遺址と言える。激しい戦乱が繰り広げられた五胡期という時代性が城郭構造にそのまま反映していることがわかるのであるが、同様の、かつより大規模な事例が唐末五代期に再び見いだせるであろう。赫連勃勃は統万城築城に際して、「土を蒸し城を築く。錐一寸入らば即ち作者を殺し、而して幷せて之を築く」と言われるように、鉄壁のごとき堅固な城壁の構築を過酷に強行した。鉄壁を可能にした蒸土とはいったいどのような工法なのか、従来は諸説紛々であった。壁土のサンプル分析により、黄土・粘土・石灰の混合物であることが判明した結果、石灰に水を加えて膨張させ、これを黄土と粘土に混ぜ合せてつき固めたのが統万城の城壁であることが明らかになった。通常の黄土のみによる版築より格段の強度をもたせることを実現したのである。大量の石灰に水を加える際に生じる熱と水蒸気、これが蒸土の実体であったのである。城址の保存状態がよいのは、このような特殊な版築工法によるところが大である。城内からは多数の文物が出土し、その中に「西部都尉」の銅印があった。西部都尉は漢代の上郡奢延県城に鎮した武官職であり、赫連氏の統万城は漢代奢延県城を基として再建された城郭であることが明らかとなった。既述したように、漢代の県城規模は周二〇〇〇～四〇〇〇メートルが通例である。統万城内城である東西両城を合せた外周は三六五七メートルで、漢代県城のスケール内に入るが、明らかに先に築城された西城の周が二四七〇メートルであり、この数値も漢代県城のスケール内におさまる。おそらくは漢においても対匈奴前線に近い辺境であった上郡奢延県城はこの西城基であろう。また唐宋期の瓦当なども城内から出土しており、唐代の夏州城、宋初に放棄され西夏領となった夏州城として継承され続け、このいずれかの時期に東城が増築されたと考えられよう。このように、一つの城郭址から長い歴史の流れをかなり詳しく跡付けることができるのは、当初の城郭の立地がさまざまな要件をある程度満たしていること、そして特殊な版築工法による強固な城壁が補修されつつ再利用されてきたからである。ちなみに、城郭の再利用という点では現在でもまさにそうである。もっとも城壁としてではなく、住居としての再利用であるが。もう一度図を見てほしい。城壁址に接していくつかの現在の民居が示されているが、これは城壁を穿って作られた窰洞なのである。華北黄土地帯でよく見かける夏は涼しく冬は暖かい住宅様式である。雨水の浸蝕で垂直の崖を形成する華北黄土地帯とはやや異なり、起伏の比較的乏しい陝北のこの地では、人工の城壁址は恰好の窖洞となるのであり、同様の例は、後述する新疆地区の唐代北庭都護府城址でも見られるはずである。

6 村と塢

漢代までの農村聚落は里と呼ばれる四周を土墻で囲まれた集村であった。この里の集合体が郷・亭であり、県城もまた基本的には里の集合体であった。このような土墻に囲繞された里（およびその集合体）は、魏晋南北朝期に次第に姿を消し、代って各所に農家が点在する散村が出現してくるが、それなりの歴史的な背景があるからである。

その背景として挙げられる第一は、後漢期以降に成長してくる豪族の荘園経営との関連である。従前のほぼ均斉な耕作経営規模に立脚した里共同体の構成員、すなわち自立小農民層の分解の過程で成長してくる大土地所有層が豪族である。彼等は血縁的集団たる宗族結合を基盤に、その大きな労働力をバネにして兼併や開発を通して次第に一円的土地所有を拡大していく。兼併によって土地を失った小農は、流亡して他地の豪族の下で佃作・傭作（小作）へと吸収されていく。彼等佃作達は広大な荘園内の各所に少数ずつまとめられて居所を与えられ、散村が形成されることになる。

第二には、後漢以降の徙民策と呼ばれる異民族政策によるものである。後漢政府は周辺諸民族に対して部族を個別分断して中国内地に強制移住せしめ、直接の監視下に置くという政策をとった。これが内徙策である。内地移住地に指定されたのは、陝西・山西・甘粛等の地で、しかもほとんど農耕不可能なような荒蕪地であった。徙民された匈奴・羯・羌・氐族ら遊牧系諸族は、これら荒地での劣悪な条件のもとで半農半牧の苛酷な生活に耐えねばならなかった。このような強制された新たな生活環境で彼等はあちこちに聚落を作って散住していくことになる。

第三には、曹操の民屯策が挙げられる。後漢末の群雄割拠の中でひときわ頭角をあらわすのが曹操である。袁紹、董卓、劉表、張魯、劉備、孫権らに対し、曹操が抜きん出た存在となり得たのは、彼が戦術家として秀でていただけでなく、大局を見極める戦略家としての才覚を持ち合せていたからである。彼の戦略上でもっとも重要で効果的であったものの一つに屯田策の実施がある。曹操の屯田策は兵士による軍屯と、より広域に実施した民屯とがあり、後者が重要なのである。うち続く戦乱で各地には広大な逃棄地が存在し、尨大な流民が生み出されていた。曹操は華北の平定過程でそれらの地を国有化し、流民を収容して傭作に従事させた。いわば国家による荘園経営である。民屯地内のそこかしこに傭作農民の居住区がつくられ、散村が形成される。民屯内の新しい散村が邨と呼ばれるようになる。屯田の邑だからである。

集村から散村へという聚落形態の大きな変化を数字で見てみよう。前漢末（前四八～三三頃）と後漢後期（一五三）における県・郷・亭の数の変遷を上表に示した。

地方行政の末端政治単位である県数の後漢期における減少は、前漢期にくらべてせいぜい三割弱であり、それも版図の縮小によるところが

	a 前漢末	b 後漢後期	b/a 減少率
県	一五八九	一一八〇	七四・三%
郷	六六二二	三六八一	五五・六%
亭	二九六三五	一二四四三	四二・〇%

大である。一方、郷と亭の数の減少が著しく大きいことに気付かれよう。後漢後期には里の集合体である郷・亭といった集村が大幅に減少している事実の背景には、散村が次第に取って代りつつあることを物語っている。魏晋期以降にはこの傾向はさらに加速し、農民聚落といえばもっぱら邨・村、つまり散村を意味するようになる。土墻をもつ聚落に代って、あちこちに点在する散村の出現は、中国社会の古代から中世へという時代の転換の一つの重要なメルクマールでもある。

三国の分裂抗争、五胡十六国期のめまぐるしい興亡、そして南北の分裂というこの時代には、散村とは対極にある、強固な土壁や土塁をもつ塢（う）と呼ばれる城塞的聚落が登場してくる。これより先、後漢期にチベット系羌（きょう）族との接触が西北辺で頻繁となり、yül（囲まれた地域の意）と呼ばれる彼等の城砦が漢語に伝わり転訛したものらしい。自衛聚落として登場してくる塢は、まさに戦乱のうち続く時代の産物であり、多くの場合、天然の要害の地に立地している。たとえば、洛水の北原上にある一合塢は、高さが二〇丈（四八メー

トル）あって南北東の三面は絶壁で、西面だけに土塁を設けたのでこの名があるという。塢の大なるものは四、五千家を収容し、少ないものでも千家、五百家に及んだ。指導者塢主を中心に強い結束をもち、いわば運命共同体とでも言うべき自治聚落であった。もちろん、常に孤立してばかりいたのではなく、近隣の塢と共同戦線を作ったり、あるいは五胡諸政権や東晋政権に組み込まれてその軍事力として利用されることもしばしばであった。戦乱によって生み出された流民のかなりがこのような塢に吸収され、自衛集団を組織して生活防衛を図ったのである。塢のなかには、漢代までの郷・亭・里の土墻址に拠って再建強化したものも一部には存在したが、やはりこの時代特有の軍事的な城砦聚落であり、堡・壁・塁などと呼ばれるものも同じジャンルに入る。

第六章　隋唐時代の城郭都市

二七〇年に及ぶ南北の大分裂は、五八九年に隋の文帝楊堅（ぶんていようけん）によって久かたぶりに統一された。文帝は矢継早に統一策を実施して統一の基礎固めを図るが、隋は実質的には二代三〇年弱の短命で滅びたために、これら統一策は唐に継承されて完成されることになる。

1　長安城

隋文帝は、建国の翌年である五八二年、漢長安城東南約一〇キロの地に新たな都城大興城（たいこうじょう）の造営に着手した。漢長安城が渭水河浜に近く低湿であるのを避け、南北の統一を視野に入れてより大規模な都城が構築された。まず宮城、そして皇城が整備され、二代煬帝（ようだい）の六一三年、一〇万人を動員して大興城が築かれた。この時の築城の具体的内容はよくわからない。隋末の六一五〜一七年の間は激しい動乱のため都城整備どころではなく造営工事は中断される。唐建国の初年、六一八年に工事は再開され、また大興城から長安城へと改称される。三代高宗の六五二〜五四年には、四万一〇〇〇人を三〇日間動員して、ここにようやく羅城（外郭城）と九門が完成した。しかし、この程度の労働力と工期から考えると、さほど立派な城郭ではなかったはずである。六六三年には、北郭外の西内苑東側に突出して大明宮が完成する。唐長安城は漢城より東南へと渭水からより離れた地にあるとは言え、その立地は東南から西北へとわずかながら緩傾斜となっており、北端の宮城域が低湿にならざるを得ない。そこで二代太宗の六三四年、高燥で眺望のよい竜首原上に避暑用の宮殿が建てられ、以後、それを中心に一帯の整備が進められてきたのが大明宮である。そして大明宮が事実上の宮城として用いられるようになる。さらに玄宗期にはもう一つの宮城に相当する興慶宮が長安城内に造営された。城内東端の北から第四坊の興慶坊（もと隆慶坊）を中心に、北の永嘉坊と西の勝業坊の一部をも占める地である。この結果、本来の宮城を西内、大明宮を東内、興慶宮を南内と呼ぶようになった。この三宮と東南端の芙蓉園を結んで東壁は夾城とされていた。東壁上層に設けられた両側に障壁をもつ皇帝潜幸のための専用通路である。

ここで長安城の規模と構造について、近年の発掘調査のデータを紹介しておこう。羅城の規模は、文献には城周六五里余、城高一丈八尺（隋尺換算五・三メートル、唐尺五・八メートル）と記す。実測値は東西（春明門と金光門間の距離）が九七二一メートル、南北（宮城北門の玄武門と羅城南門の明徳門間の距離）が八六五一・八メートルの東西にやや長い方形で、城周は三万六五四五・六メートルあり、文献記載とややずれがあるが誤差の範囲内である。基厚は九～一二メートルであるが、三～五メートルといった薄い部分も少なくない（図40）。六五〇年代の羅城築城工事に要した労働力からすれば、この実測値は妥当なものであろう。要するに、都城としての全体プランの大規模さとは裏腹に、羅城壁の厚さは大したものではなかったと言ってよい。もう一つ注意してほしいのは、羅城壁を側面から見れば、かなり上下にうねっていたと考えられることである。詳細な地形図上に羅城線を引いてみると、とくに東壁部では二〇～三〇メートルの高低差が認められる。現在の西安市東郊の唐長安城東壁址を筆者は数度訪れたが、事実かなり起伏に富んだ地形であることを実感した経験がある。

羅城北偏中央に位置する宮城と皇城は現在の西安市街、明清期の西安府城の直下に相当し、城内細部の発掘調査は事実上不可能な状態にあるが、ボーリング調査によってその規模はほぼ判明している。宮城はその主部が太極宮、東に皇太子宮である東宮、西に国倉の太倉と皇后宮及び後宮を含む掖庭宮の三区から成る。太極宮の実測値は東西一九六七・八メートル、南北一四九二・一メートル、東宮の東西は一五〇メートル、掖庭宮の東西は七〇二・五メートル、したがって宮城全体では東西二八二〇・三メートル、南北一四九二・

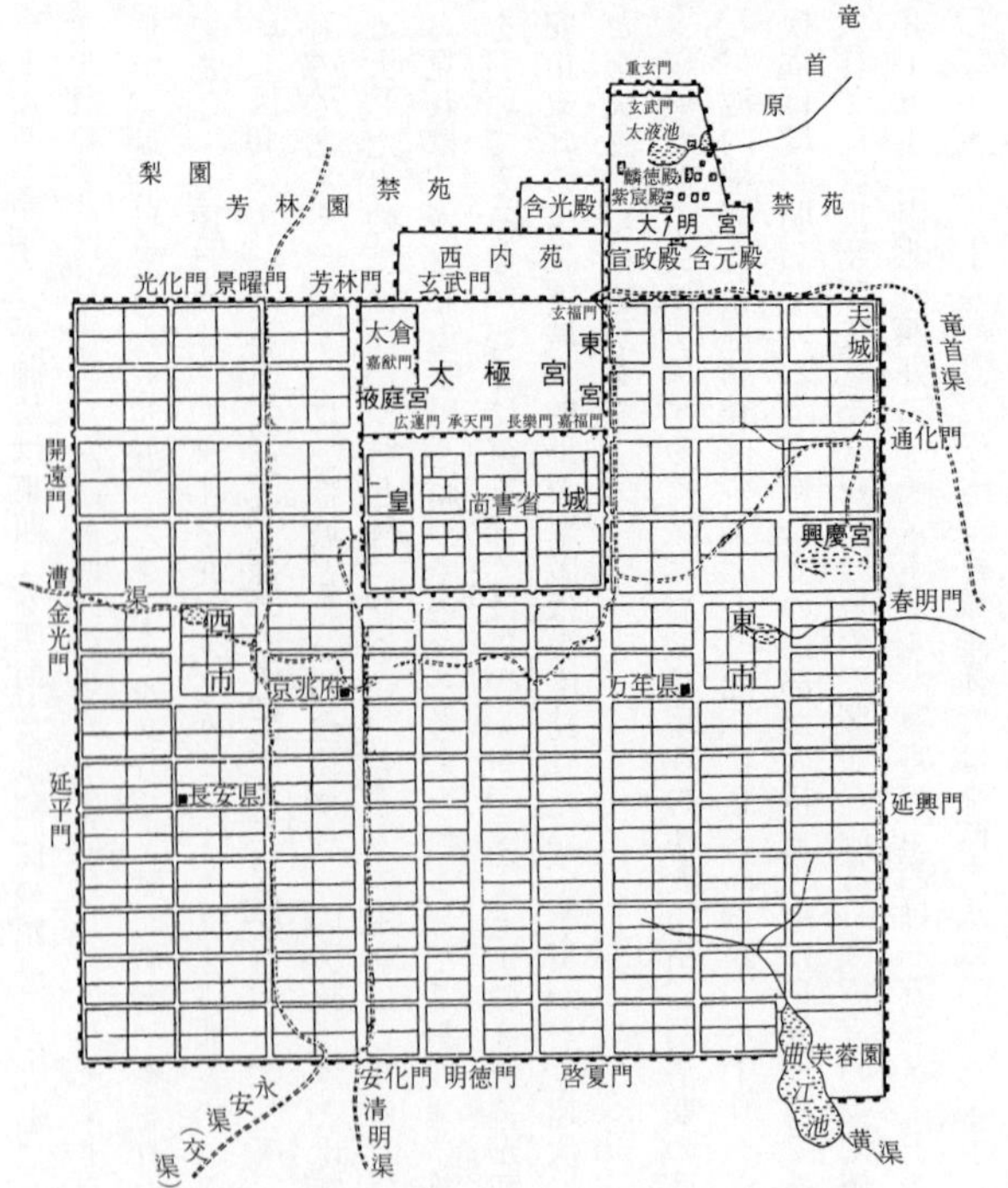
竜首原
重玄門
玄武門
太液池
麟徳殿
紫宸殿
大明宮
禁苑
含光殿
宣政殿
含元殿
梨園
芳林園
禁苑
西内苑
光化門
景曜門
芳林門
玄武門
玄福門
太倉
嘉猷門
太極宮
東宮
掖庭宮
広運門
承天門
長楽門
嘉福門
夾城
竜首渠
通化門
開遠門
皇城
尚書省
興慶宮
漕渠
金光門
西市
春明門
東市
京兆府
万年県
延平門
長安県
延興門
芙蓉園
曲江池
黄渠
安化門
明徳門
啓夏門
清明渠
永安渠
(交渠)

図 40　隋唐長安城図

一メートルで、周は八六二四・八メートルとなる。宮城基厚は一四〜一八メートルある。文献には城高を三丈五尺と伝えるから、羅城にくらべて、城厚、城高ともはるかに立派なものであったことが知れよう。宮城壁は現存する明清以来の西安府城の城壁にほぼ匹敵するものである。

皇城は官庁専区で、東西は宮城と同じく二八二〇・三メートル、南北は一八四三・八メートル、周は九三二八・二メートルとなる。南面中央の朱雀門は、北は宮城の承天門、南は羅城の明徳門と一直線上にある。最近、朱雀門西隣の含光門が発掘された。宮城・皇城を合せた周は一万二三二二・四メートル、唐里換算で二二里となり、これだけでも大型の州城規模に匹敵するが、長安城全体の面積からすると、宮城は五％強、皇城は六％強を占めるに過ぎず、漢長安城と比較すると、そのコンパクトさは特にきわだっている。行政機能の効率化だけでなく、民衆から隔離して支配するという発想がこの都城プランの基本なのである。皇城内の官庁配置では、太廟（宗廟）が東南隅、大社（社稷）が西南隅に置かれ、『周礼』にいう「左祖右社」に忠実にのっとっていることがわかる。また政治の中枢機構である三省（中書・門下・尚書省）と六部（尚書都省、吏・戸・礼・兵・刑・工部）が占める面積がきわめて小さいことに気付くが、これら官庁ではもっぱら文書行政を主管するために、さほど広い場所を必要としないからである（図41）。

宮城・皇城域が現西安市街と重層するために、発掘調査はほとんどなされていないのに

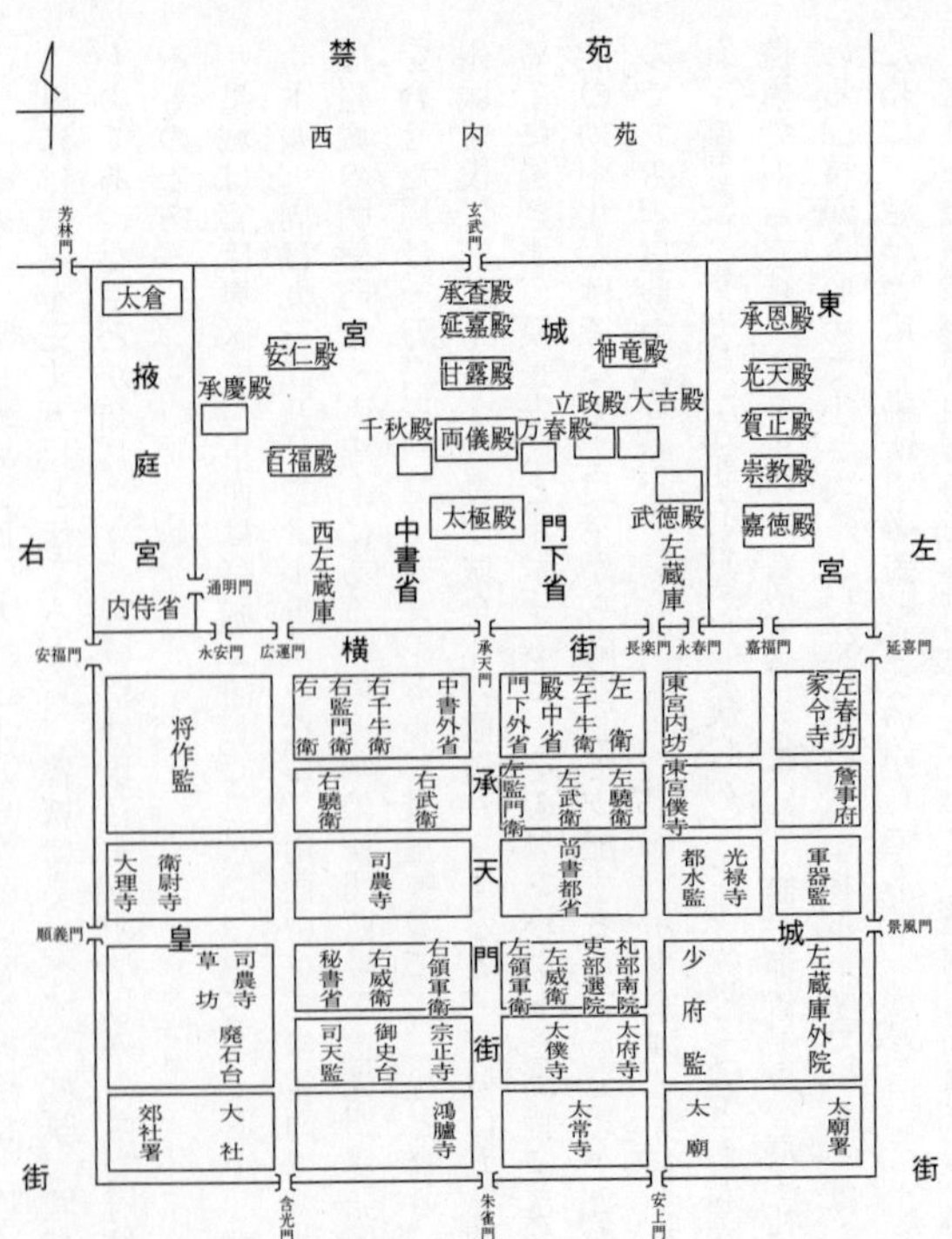

図41　長安城宮城・皇城図

対し、大明宮と興慶宮は市街地からややはずれており、かなりの調査が行なわれている。大明宮の規模は、実測値で東壁は屈曲していて二六一四メートル、西壁は二二五六メートル、北壁は一一三五メートル、南壁は羅城北壁と共有して一六七四メートル、周七・七キロとなる（図42）。大明宮での中心宮殿は含元殿で、その巨大な基壇が残っている。含元殿の両翼には鳳鸞が翼をひろげた様を形どった翔鸞閣・棲鳳閣が配され回廊で結ばれている（図43）。含元殿は宮城の太極殿に代って、事実上の正殿として用いられ、遣唐使たちもここで朝謁したはずである。スケールは比較にならぬほど小さくはあるが、京都宇治の平等院鳳凰堂と何とよく似ていることか。大明宮では麟徳殿や宣政殿なども発掘調査されている。

興慶宮の規模は、実測で東西一〇八〇メートル、南北一二五〇メートルで、四坊にまたがっている。興慶宮址でもいくつかの建築址が確認されたが、もっとも重要なのは玄宗がしばしば利用した勤政務本楼である。ここでは玄宗の誕生日である千秋節には盛大な宴会が催され、よく調教された舞馬がダンスをしながら口に酒杯を銜（くわ）えて玄宗に捧げ、祝宴をぐっと盛り上げたという。一九七〇年に西安市南郊の何家村という農村から窖蔵（こうぞう）された金銀器二七〇点を含む千点余の珍奇な文物が出土した。何家村の位置は、唐長安城内の興化坊十字街南西の地に当る。出土金銀器の中に「鍍金舞馬銜杯文倣皮嚢銀壺（ときんぶばかんぱいもんほうひのうぎんこ）」があり、かの調教舞馬の具体像をまのあたりにすることができるようになった（図44）。

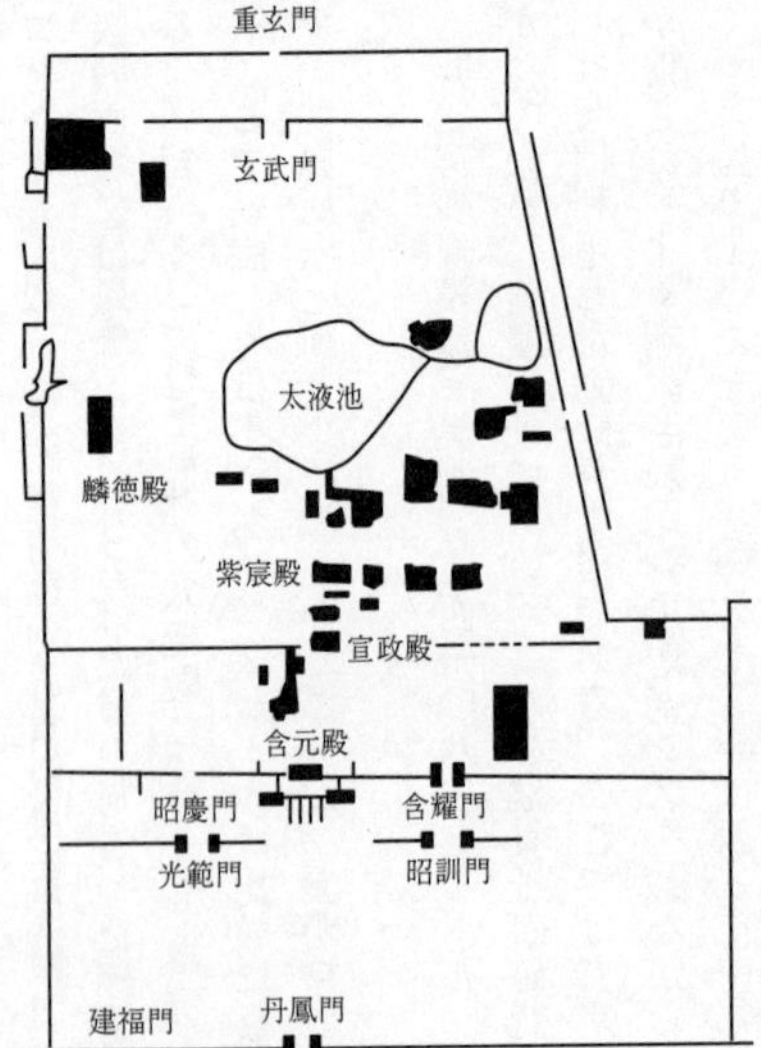

図 42　大明宮図

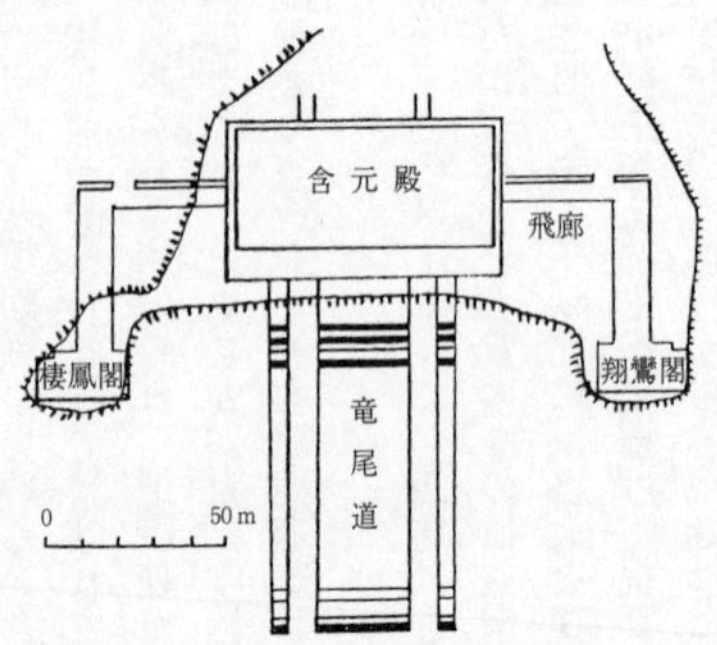

図 43　大明宮含元殿平面図

長安城内には南北大街が一一条、東西大街は皇城以北に四条、以南に一〇条走り、これらの大街によって碁盤目状に区切られた各ブロックが坊と市である。実測値で最大幅をもつのが朱雀門から明徳門に至る南北中心街の朱雀大街（天街）で一五五メートル、その他は三九～六八メートル、城郭に内接した街路はやや狭くて二〇～二五メートルである。朱雀大街以東の左街には五四坊一市、以西の右街にも五四坊一市、合せて一〇八坊と東西両市がシンメトリーに配置される。但し、左街での興慶宮の造営や宮城東側の諸坊が細分化されたりしたので、実際には当初プラン通りとはなっていない。ところで、坊数一〇八というのは、中国全土を意味する九州と、秩序正しい時間の繰り返しである一年一二月を掛け合せた数で、統一帝国の都城にふさわしいシンボリック・ナンバーなのである。各坊は厚さ三～四メートルの坊墻に四周を囲まれ、坊内を東西と南北に直交する街路が走る。これを十字街と言い、十字街が坊墻に突き当る所が坊門である。一部の中小坊では坊内

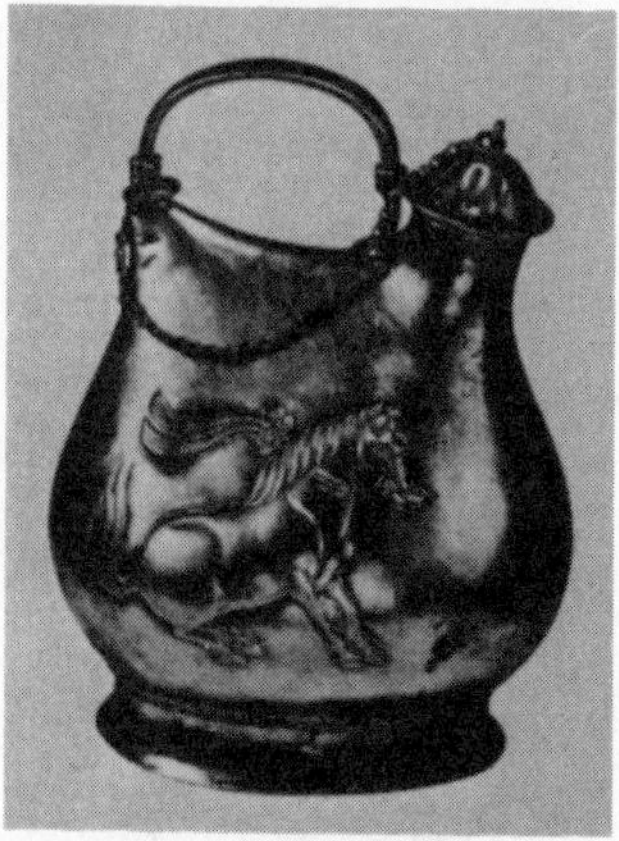

図44　鍍金舞馬銜杯文仿皮囊銀壺（何家村出土）

街路は東西一条で坊門も東西二門だけである。もちろん、一キロ平方ほどもある坊内には、その他に小巷があることは言うまでもない。坊墻を穿って大街に直接宅門を開くことが許されるのは高官だけで、一般の城内住民は坊門からのみ出入することができた。また坊門は日没とともに閉され、夜間の坊外への外出は特別の事情がある場合を除いて全面的に禁止された。これが夜禁の制である。市は商業活動が許される特定坊であり、市以外での商行為は原則として許されず、市での営業時間も正午から日没までの間に限られていた。このように城郭内での生活は種々の制約に縛られ、特に商業行為は場所と時間の二重の制約を受け、人・物ともその移動には厳しい統制が加えられていた。夜禁制と坊市制は、都城長安や洛陽だけでなく、全国の州県城郭でも一律に適用された。唐律に「州城を越える者は徒一年、県城を越える者は杖九十」（衛禁律・越州鎮戍等城垣条）と規定されているように、正規の城門を通らずに城壁をのり越えて出入した場合には、州城の場合では一年間の流罪、県城では九〇の笞打刑という厳しい罰則が科せられた。

唐長安城に関するその他の発掘調査は、羅城南正面の明徳門、二、三の坊址、空海ゆかりの青竜寺址、牡丹で有名な西明寺址、そして西市址などあまり多くはない。西市の実測値は東西九二九メートル、南北一〇三一メートルのほぼ正方形で、市内に井字形の四本の主要街路が確認された。民居区の坊では一般に十字街という二本の直交街路であるのに対し、市では人や物の往来が激しいこともあって、このような東西・南北各二本の街路とされるのである。今日、繁華な町の意で用いる市井の由来である。文献によると、西市近隣の普寧、義寧、醴泉、布政等の坊内にはゾロアスター教（祆(けん)教、拝火教）神殿である波斯(はし)寺や祆祠(けんし)、ネストリウス派キリスト教（景教）教会である大秦(たいしん)寺などがあることが知られる。西市近辺は西域系胡商達が集まり住む異国情緒のもっとも濃厚な場所であったことが、西方系諸宗教の神殿が集中していることからもわかるのである。開遠門あるいは金光門を入ってすぐの西市は、いわばシルク・ロードの起点であり終点であったから、国際色豊かな繁華なマーケットであったであろう。あまりにも有名な李白の詩「少年行」に次のようにある。

　五陵の年少、金市の東、
　銀鞍白馬、春風を度る。
　落花踏み尽して何処へか遊ぶ、
　笑いて入る胡姫酒肆の中。

五行(ごぎょう)思想では金は西に配当されるから、金市とは西市に他ならない。西市にある金髪・碧眼のペルシア人ホステスのいるクラブへ貴族の放蕩息子がかよってくる様を歌ったこの詩は、西市界隈の雰囲気を見事に伝えてくれている。

　長安城内には多数の寺院や道観があり、大興善寺は靖善坊全域を占めるなど、大規模なものが少なくない。ところが、現存する唐代寺院建築としては、晋昌坊東半を占めた大慈恩寺大雁塔、安仁坊の大薦福寺小雁塔だけというさびしさである。しかもそれぞれの伽藍は全て失われて磚塔(せんとう)のみが残り、これとても後世に幾度もの修復が加えられている。同時代の日本、平城京奈良に残る仏寺の数と較べると大変な違いである。八世紀中葉の会昌の廃仏を経たとは言え、その残存率の低さは驚くばかりである。戦乱時には大きな寺院が軍隊屯所に利用されることは日本とまったく同様で、戦火で焼失することが少なくない。そしてそれ以上に、華北の木材資源の乏しさが残存の悪さの一因である。大建造物の梁や棟など主要建材が遷都などに際して解体され、別所に移築再利用されることが多いという中国固有の事情があるのである。

2 洛陽城

隋の煬帝は、六〇五年に陪都として洛陽城の造営に着手した。荒廃した漢魏洛陽城の西約一〇キロの邙(ぼう)山南麓、洛水に浜した地である（図45）。南北を結合した大動脈である大運河がほぼ完成しつつあるこの時期に、旧南朝の江南から吸い上げた莫大な諸物資を集積する拠点作りというのが一つの動機である。中国の主要河川はおおむね西から東へと流れるため、東西間の河川交通は古くより盛んで、大量の物資輸送も比較的容易であったのに対し、南北間はもっぱら陸送に頼らざるをえないためにきわめて不便である。隋の統一は

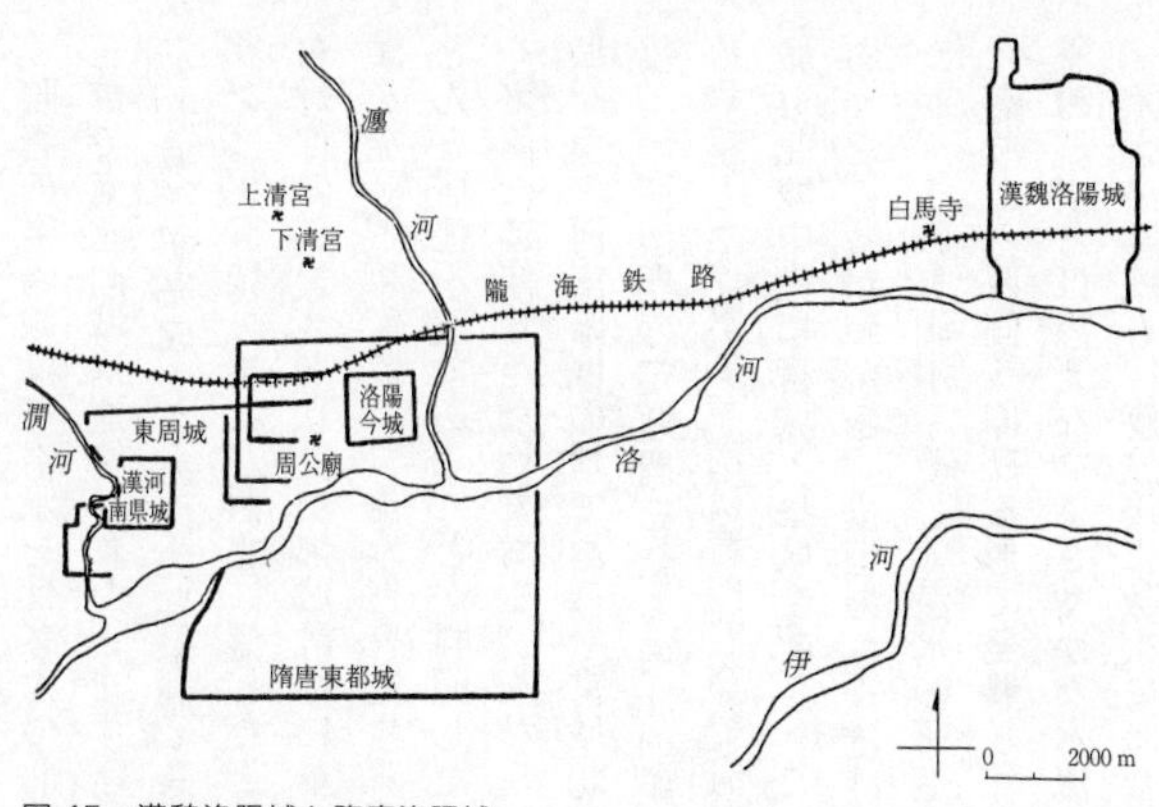

図45　漢魏洛陽城と隋唐洛陽城

北朝による南朝の併合であり、政治拠点大興城（長安）は中国全体からするとあまりにも北に偏している。江南の諸物資、とくに嵩張（かさば）る莫大な租米を北に吸い上げる効率的なパイプが必要とされたのは当然で、長江・淮水・黄河を南北に結びつけたのが大運河である。大運河は河陰で黄河と接続し、ここからは黄河を溯上して洛陽・長安に至るが、現在の三門峡ダムのある地点は三門底柱の険と呼ばれる巨大な暗礁のある難所のため水運は事実上不可能で、陸送に転換せねばならない。つまりは長安への輸送には効率は悪くリスクも大きい。そこで三門峡より下流で、しかも洛水を利用できる洛陽の地が、穀物等の安定供給の点でやや確実性に欠ける長安の代替地として陪都に選ばれたのである。事実、唐代には長安での穀物不足のため、しばしば皇帝が百官を伴って洛陽に行幸している。

隋唐の洛陽城は、洛水をはさんで北城と南城から成り、西から天津橋、新中橋、浮橋の三橋で南北両城は連絡された。まず宮城と皇城、そして穀倉の含嘉倉(がんかそう)城が建造され、羅城（外郭城）が完成するのは、長安城と同じく、唐代になってからである。洛陽城の平面プランは、宮城・皇城が西北に偏した奇妙な配置になっている。本来は長安城と同じく、左右対称のシンメトリーな都城計画に基づいて宮城・皇城から着手された。ところが邙山に源を発し、東南流して洛水と合流する澗水がしばしば氾濫して造営予定地の西側一帯がほとんど居住不適であることが判明した結果、宮城・皇城に西接すべき右街西半部をやむなく東側に延伸したためである。ちなみに城郭外にはずされた西側の地は、ちょうど周の王城、漢の河南県城の地である。宮城北門の玄武門、南門の応天門、皇城南門の端門、天津橋、南城南門の定鼎門を結ぶ南北の線を引いてみると、北は邙山のピーク（といっても台地状地形であるが）、南は竜門石窟で有名な伊闕(いけつ)がともにこの一直線上にあり、当初は洛陽城も北城中央に宮城・皇城を配し、これを中軸線とした長安とまったく同一の造営計画であったことがわかる。後世のちっぽけな明清洛陽県城（老城）が北城のほぼ中央に築かれたが、これも澗水、そして洛水の河道変化によるものである。ちなみに、現在の洛陽市街は老城から西側へ伸びる形で発展し、澗水はかなり深い河床となっているものの、大氾濫をおこすとは思えないささやかな水流にすぎない。

隋唐洛陽城も、解放後に数次にわたって発掘調査がなされ、現在も継続中である。その成果を簡単に紹介しておこう。外郭羅城址は、北城南壁と南城北壁部分は洛水の河道遷移のためほとんど残っていない。南北両城を合せた実測値は以下の通りである。東壁は七三一二メートル、西壁は南城部でやや屈曲しているが六七七六メートル、北壁は六一三八メートル、南壁は七二九〇メートルである。実際には、両城間の洛水部分を除かねばならないから、南北長はこの数値より幾分小さくなる。当時の洛水の河幅は河浜部を含めて一五〇〇〜一七五〇メートル程と推定されている。宮城東壁は一二七〇メートル、西壁は一二七五メートル、北壁は一四〇〇メートル、南壁は一七一〇メートルである。皇城は南北一六七〇メートルある。このように、洛陽城は長安城よりひとまわり小さいが、城周は唐里換算で約五〇里あり、一般の州城クラスでこれに匹敵する規模のものはない（図46）。唐代の州城の中で最大規模は蘇州城の周四七里（一説に四五里）である。

洛陽城の発掘でもっとも注目を集めたのは含嘉倉城（図47）の発見である。宮城の東北、円壁城・曜儀城に東接する地である。東西六〇〇メートル、南北七五〇メートルの城壁で囲まれ、内側で二八七窖が確認された。全体では四〇〇窖以上と推定される。窖というのは地面を掘り込んだ穴蔵で、最大では口径一八メートル、深さ一二メートル、最小でも口径八メートル、深さ六メートルという大きなもので、四〇〇窖の総貯蔵能力は四〇〇万石（一四万キロリットル）にもなり、四七万人の年間穀物消費量に相当する。先に述べたように、洛陽城新営の目的の一つは、この含嘉倉城に江南からの厖大な租米を備蓄することに

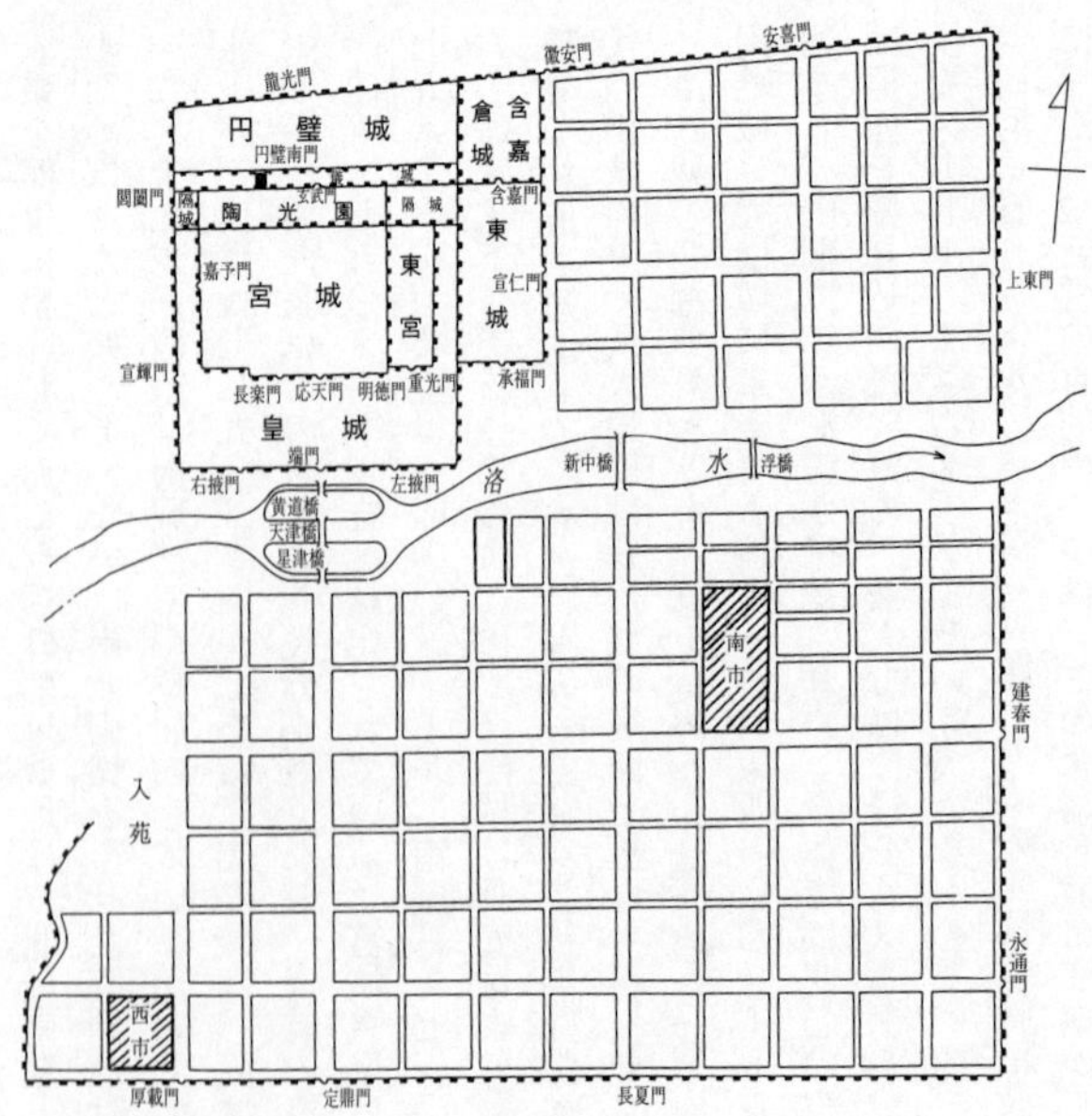

龍光門
円璧城
円璧南門
閶闔門
隔城
陶光園
玄武門
隔城
倉城
含嘉
含嘉門
東城
宣仁門
承福門
嘉予門
宮城
東宮
宣輝門
長楽門
応天門
明徳門
重光門
皇城
端門
右掖門
左掖門
黄道橋
天津橋
星津橋
洛水
新中橋
浮橋
徽安門
安喜門
上東門
南市
建春門
永通門
入苑
西市
厚載門
定鼎門
長夏門

図 46　隋唐洛陽城図

あった。長安城の太倉は宮城西側、掖庭宮の北にあったと推定されるが、西安市街地の直下にあって現在のところ未発見であり、含嘉倉城の発見は、都城の具体像の一端を知ることができるようになったという意味で重要である。当初のプランでは、長安城の太倉と同じく、宮城西側に予定されていたと思われるが、その地が低湿であるのを避けて洛陽城郭そのもののプランが大きく変更されたのに伴い、とくに湿気が大敵の窖蔵からなる含嘉倉城は宮城東北の高燥の地に設けられたのであろう。

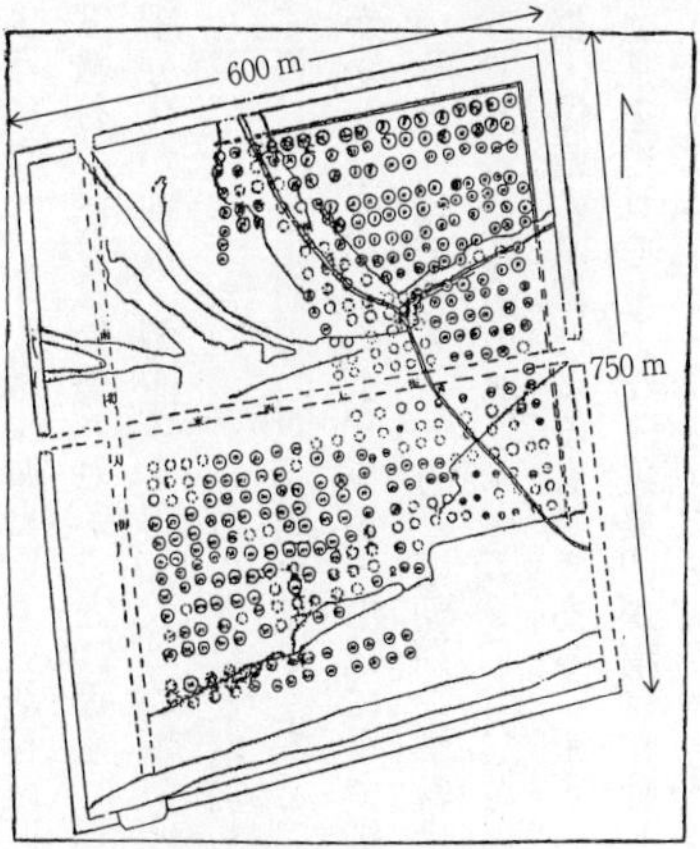

図 47　洛陽含嘉倉城図

3　州郡県制から州県制へ

隋文帝が実施した政策で、後世への影響の大なるものに科挙制と地方行政の一大改革がある。既に述べたように、秦漢以来、地方行政の単位は郡と県であった。前漢武帝期に広域監察権を付与された州刺史が置かれるが、郡県の行政にはタッチしなかった。後漢期になって州刺史が行政権をもつようになり、州―郡―県という三級行政区が成立する。そして魏晋南北朝期を通じてこの三級行政区分は踏襲されることになる。晋の南渡以後、とりわけ南朝下において州・郡の細分化が進み、所謂「十羊九牧」の情勢となった。北朝でも事情はさして変らない。次表を見ていただきたい。県数はさほど増加してはいないのに対し、州と郡との増加はきわめて著しい。北朝末の北周期を見てみると、その領域は華北および四川の地だけであるにもかかわらず、このような州・郡数にまで細分化され、一州当り二・四郡、一郡当り二県というあり様である。一方、南朝期の郡数は三国呉の時に比して五〜七倍という大変な増え方である。江南の開発が進んで人口が増加したことにもよるが、より直接的な原因は僑郡・僑県の設置によるものである。永嘉の乱によって晋政権が南渡するとともに、華北の混乱を逃れて尨大な流民集団が南に移動した。東晋以降の南朝諸政権は、これら流民集団の江南での新たな移住地に彼等の華北での本貫地と同じ郡県名を付して把握しようとした。たとえば山東の琅邪郡出身者の多い移住地であれば、南琅邪郡と名付けた僑郡が新置されたが、僑郡の治所のほとんどは既存の江南郡城内に置かれたに過ぎない。したがって、郡県数は数倍にふくれ上がっても、その実体としては郡県城郭が純増した訳ではない。とは言え、僑郡・僑県の新設数に見合っただけの郡県官吏の数は激増したことは言うまでもない。僑とは本貫地を離れて他所に仮住いする意味で、後世、中国人の海外居留者を華僑と呼ぶがごとくである。

隋文帝は建国早々に長年にわたって細分化され、煩瑣となっていた州・郡・県の統廃合を断行し、県の上級行政区としての郡を廃して州に一本化した。陳を併合して統一を達成すると、江南の旧陳領域でも統廃合を実施し、全国の州県二級行政体制化を完成した。同時に、従来には長官の裁量で自由に属僚として地元の人間を採用できた辟召権限を廃して、地方官人事権を全て中央に回収した。地元に大きな影響力をもち、かつ地元の事情に通じた在郷貴族が地方官庁に入り込むことで、彼らに地方行政を牛耳られていた弊を改めたのである。また長官の軍事権をも奪って中央が直轄し、中央集権の強化を図った。かくておおよそ三〇〇州一五〇〇県体制となり、煬帝の大業年間に一部の州県が統合されてやや州県総数は減少するが、文帝開皇の政治への復帰を標榜した唐代には、再び三〇〇州一五〇〇県体制に戻される。そし

州郡県数の推移（前漢末～魏晋南北朝～唐代）

		州	郡	県
前漢末			103	1587
後漢	霊献期		105	1180
魏		12	68	
蜀		2	22	
呉		5	43	
三国（計）		19	133	
西晋			156	1109
宋	南朝		238	1179
斉	南朝	23	395	1474
梁	南朝	23	350	1025
陳	南朝	42	109	438
北魏	北朝	111	519	1352
北斉	北朝	97	160	365
北周	北朝	211	508	1024
北斉・北周（計）		308	668	1389
隋	開皇		(300)	(1500)
	大業		190	1255
唐	天宝		328	1573

てこの州県二級行政区による地方統治体制は清代に至るまで大きくは変ることなく、ほぼ同数の州県数を維持して推移する。特に下級行政区である県は、以後の人口増、流通経済の発展と商品物資の流通ルートの変動、対外的な軍事上の要請などによって置廃はあるものの、その総数はほぼ一定である。辟召権が廃されて地方長官以下の全ての官吏が中央から派遣されるとなると、科挙制の実施によって貴族層以外にも広く官僚化の途を開いたとは言え（但し、家柄に関わりなく、本人の能力だけが評価される科挙制本来の制度理念が実現されるのは一〇世紀の宋代になってからである）、供給できる人材には限度がある。また訴訟受理や治安維持といった行政上のサービス、そしてもっとも重要な徴税業務を能率よく遂行するためには、小さくて効率的な地方行政府とならざるをえない。これらの事柄が以後においてもほぼ一定の県数として踏襲される一大背景である。しかしながら、無駄を省き、なおかつ効率的な地方統治の実を上げ、中央集権を図ることを目的とした隋文帝の地方行政面でのこの改革は、以後、制度として完全に定着することになった。隋代以後、近代に至るまでの城郭都市は、したがって州城・県城を指すことになる。

4 築城・防城のマニュアル

上古から唐代の玄宗天宝期（七四二〜五六）までの歴代諸制度をまとめた書が杜佑（とゆう）の

『通典（つてん）』である。その中の歴代の軍事制度、戦略、戦術、戦訓を記した部分が「兵典」で、その一節に「守拒の法」がある。ここには唐代における築城法や城郭防禦法に関してきわめて具体的な説明が見える。これによって当時の城郭の姿をかなり詳細に知ることができる。

まず築城の方法について見てみよう。城壁の高さと厚さの規準として、城高の半分を基厚とし、基厚の半分を上厚とする。城高五丈であれば、基厚は二丈五尺、上厚は一丈二尺五寸となる。この城高五丈の城壁を版築工法で造成するのに要する労働力を算出するために、まず城長一尺分に要する土の体積を求める。台形の断面積は、上辺一・二五丈プラス下辺二・五丈で三・七五丈、これを二分の一にして一・八七五丈、これに高さ五丈を掛けると九・三七五平方丈、即ち九三尺七寸五分の値を得る。

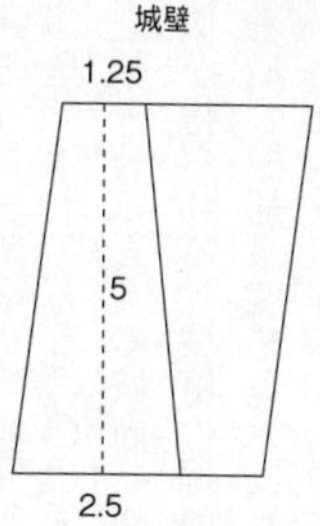

城壁

1.25

5

2.5

(1.25丈+2.5丈)÷2×5丈

=9.375平方丈

=93尺7寸5分(平方)

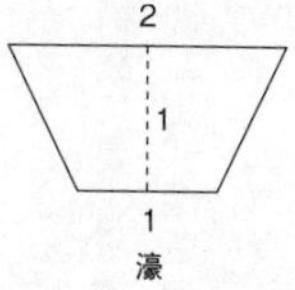

2

1

1

濠

長さ一尺であるから体積は九三・七五立方尺、これが城高五丈で長さ一尺に要する土の量である。土の掘り出しや運搬を含めて、一人一日の版築工程は二立方尺であるから、四七人（正確には四六・八七五人）を要する。長さ一歩（五尺）であれば二三五人、一〇〇歩であれば二万三五〇〇人、一里（三〇〇歩）であれば七万五〇〇人、一〇里では七〇万五〇〇〇人の労働力が必要となる。このように、城高五丈、基厚二・五丈、上厚一・二五丈で城周一〇里の城壁構築に要する労働力として七〇万五〇〇〇人という数値が得られる。城濠の掘削では、面闊二丈、深さ一丈、底闊一丈の断面規模と一人一日に三尺の掘削深度を規準にして、一歩の長さであれば二五人、三〇〇歩一里では七五〇〇人の労働力が算出される。土を丹念につき固めて積み上げる版築では一人一日に二尺であるのに対し、濠の掘削はより容易であるから、一人一日に三尺と見積られる。

さて、このようにして算出される必要労働量は決して机上の理論値ではなく、実際上でも有効性をもったものであることは、築城記録に照らして確かめられる。一例を示そう。しかし唐末の黄巣の乱時、黄巣軍が従前の流寇主義をやめ長安を占領して根拠地を定めた。しかし、それは逆に唐朝官軍の包囲を容易にし、次第に包囲網がせばめられるとともに、経済封鎖が強化された。黄巣側は極度の食料不足に苦しみ、長安の維持確保もあやうくなってきた。まさにこの時期に、包囲網の強化策の一環として、また黄巣軍が長安を放棄して再び流寇することを予測して、内陸最大の塩産地である河東の解池を管下にもつ解県の城郭が、官軍総司令官の命によって大規模に再建された。城高三丈、城周九・五里の城壁構築及び城濠の全面的な改浚に、九カ月の工期と五〇万の労働力が投入された。『通典』の基準によって、城高三丈、城周九・五里の城壁版築に要する労働力を求めると四〇万七七〇人、同様に城濠掘削には四万五〇〇〇人、合せて四四万五七七〇人という数値が得られる。五〇万人に五万人ほど足りないが、残存する城基などの構築労力は省くことができるから、ほぼ完全に合致すると言ってよい。解県城新建には九カ月の工期と五〇万人を要しているから、一日当りの平均動員数は一八五二人ということになる。

六五〇年にようやく完成した長安城外郭城の築城には、既述のように四万一〇〇〇人が三〇日動員された。総労働力にして一二三万人である。城高一丈八尺、城周六五里の城壁版築に要する労働力を『通典』の基準で算出すると一六四万九七〇〇人となる。約四二万人の不足となるが、隋の大業年間にある程度の基礎工事がなされているから、やはり矛盾なく説明できよう。長安城の発掘により、その外郭城基厚は大部分が三～五メートルと判明した。唐尺に換算して〇・九六～一・六丈である。長安城外郭の城高は文献には一・八丈とあるから、『通典』の基準からその基厚を求めると、城高の半分の〇・九丈となり、これまたうまく合致する。ただ都城ということで一般基準よりやや厚くされていたはずで、五メートル（一・六丈）の部分もあったのであろう。『通典』の同条にはさまざまな城郭防禦の方法が記されている。次にそのいくつかを紹介しよう。羊馬（ようば）城と呼ばれる臨戦時の付設城壁がある。城郭外一〇歩（一五・五メートル）の濠の内側に厚さ六尺、高さ五尺の土墻を築く。これが羊馬城の規格である。必ずしも城郭全体を囲繞する必要はなく、防禦上の弱点である城門付近を中心とした部分的な構築だけでも可である。人の身長にも足りない高さの土墻ながら、外郭城壁上からだけの防禦という制約を越えて、外郭と羊馬城の間に兵力を配し、その機動的運用によって敵兵の外郭城直下への進出を阻止したり、また外郭上から射出する弓矢の俯角を適度に保って的中率を向上させるなど、防城効率が著しく高められる。唐末五代の激しい戦乱期には多くの羊馬城の存在を確認できる。たとえば、太原府城、河陽三城、成都府城、濠州城などで、いずれも唐代盛期ではなく、唐末五代期のものであることが注目される。また発掘調査された具体的事例に、北庭都護府、ついで北庭節度使の鎮所が置かれた庭州城（新疆ウイグル自治区烏魯木斉の東一三〇キロ）の羊馬城がある。北門をL字形に包み込む形の羊馬城で実物例として貴重な遺址である。ただ、この羊馬城は臨時的に設けられたのではなく、常設されていたようである。遊牧勢力に対する北辺の第一線という庭州城の立地からすれば当然で、北門の防禦強化が図られている事実が興味深い（図48）。多くの羊馬城は非常時に急造されることが普通で、それであればこそ高厚ともに簡略なものとして『通典』に規格が示されている。庭州城では馬面の保存状態もよく、また城壁址は窰洞として現在利用されている点は、先述の統万城址の場合とまったく同じである。

外からの攻撃に対して防禦上の最大の弱点は城門部分である。羊馬城、あるいは甕城・月城を設けることでその弱点をカバーするとともに、門扉を二重にする重門、門扉に厚く泥を塗る防火対策、城門前に連拒・馬槍といったバリケードを鎖でつり下げる方法などが

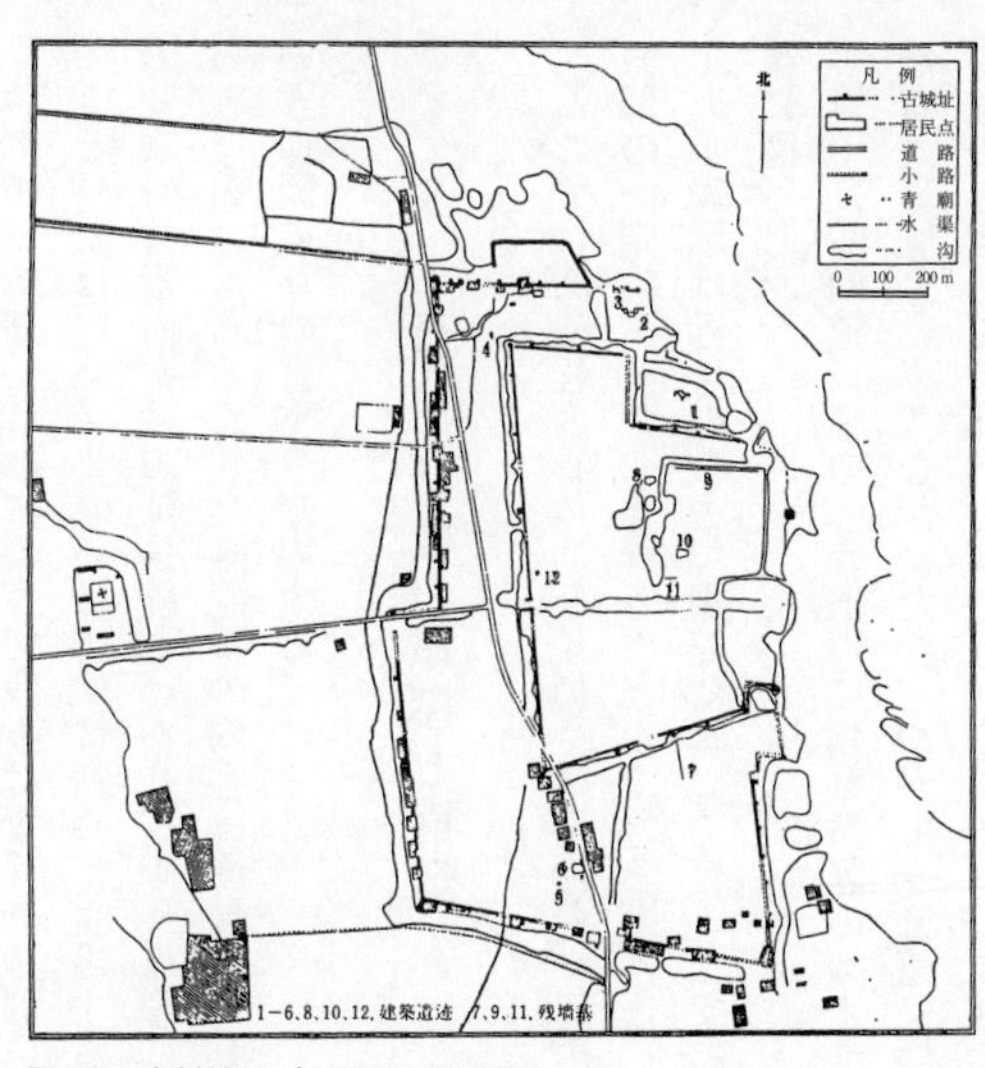

図 48　庭州城址（北門外に羊馬城）

ある。城内から奇襲攻撃をかける時に使われる闇門は城外からは所在が識別できないようにカムフラージュして作る。城壁上には一定間隔ごとに弩台を設け、五人の弩手を配置するように具体的な規模と仕様が記される。城濠には敵の人馬が渡ろうとすれば、ロープを引いて横転するよう細工した転関橋を架ける。地聴（音波探知装置）を用いて敵側の地下道掘削を察知し、城内からその地下道を貫通させて毒ガス攻撃をかける撃退法は、戦国期の『墨子』に言うところとほぼ同じである。その他さまざまな攻城兵器への対抗手段も『墨子』のヴァリエーションである。

このように、『通典』の記事は築城や城郭に付設する多様な構造物についての一種のマニュアルであり、これによって我々は唐代の城郭に関して多くの具体的様相を知ることができる。とはいえ、これらは唐代に初めて登場するものでは決してなく、古くは戦国以来の知識や技術の蓄積の延長線上にあり、宋代以降においても基本的には大きな変化は認められない。もちろん、文献記録の内容は後世ほど具体的となり、宋代には『武経総要』という挿図入りの書物も登場する。

5 唐代州県城の規模と構造

ここではある程度具体的な規模や構造がわかる唐代の州城・県城を列挙してみた。州県城郭の一定のイメージを得ることができるだろう。里・丈・尺数は文献に拠ったもの、メートル表示は近年の考古学調査に基づくデータである。平面プランの明らかなもの数例を後に図示した。

以下に関内道以下の一〇道別に州県城郭のデータを掲げた。唐代の一〇道は、当初は単なる地理区分に過ぎなかったが、やがて一五道に増やされて監察区分となる。関内道は長安を中心とした首都圏を含む地域であるが、現在の陝西省、寧夏回族自治区、甘粛省、および内蒙古自治区の一部にまたがる。河南道は当時の黄河以南の地、現在の河南省のほぼ

唐代州県城郭の規模と構造

道別	都市名	州県別	城郭構造	城周	城高	基厚	上厚	濠	築年 修築年	備考
関内道	長安	都城		六七里 三五五七〇M	一・八丈	三〜五M				
	咸陽	県		四里	一・五丈			深九尺 幅一・二丈		
	興平	〃		七里二〇〇歩	二丈					
	武功	〃		三里二三〇歩	〇・九八丈	四尺	一・五尺		七九九 移築	
	昭応	〃		二四六五M (四・四里)					七四七	図49参照
	鄠	〃		二里二四歩						
	藍田	〃		八里	一・六丈					
	醴泉	〃		二里一〇〇歩						
	櫟陽	〃		三里						
	高陵	〃		二里一二〇歩					六一一	
	渭南	〃		三里二〇歩	〇・九丈				六一三	
	奉先	〃		八里一八〇歩	〇・七丈			深四尺		
	盩厔	〃		五里一二五歩	二・二丈			深一・三尺		
	奉天	〃	子城	五里四〇歩	二・二丈	二・三丈	一丈			
			羅城	十一里	二・一丈	一・二丈	〇・五丈	深一・八丈 幅三丈	七八〇	
	好時	〃		三里二〇〇歩	一・二丈	一丈				

関内道									
華原	県	子城	二里二八四歩	二・一丈	一丈	〇・七丈	深二・五丈		
		羅城	七里四〇歩		三丈	〇・七丈	幅六丈		夾城あり
富平	〃		二里二歩	一・五丈			深八尺 幅八尺		
三原	〃		二里一二〇歩	一丈					
雲陽	〃		二里一一〇歩	〇・九丈			深二尺		
同官	〃		一里						無城壁
美原	〃		二里八〇歩	一・五丈					
華州	州	羅城 東西城	一二里以上					七八四 九〇三修	
同州	〃	大城・外城・東城						五一〇~三五	
岐州	〃	内城・大城 東西関城						八〇七	
延州	〃	東西城 三関城						九〇七~一三	
夏州	〃	東城 西城	二五六六M 二四七〇M		六~一二M 三M			四一三	五胡期 統万城
綏州	〃	外郭城	四里二〇〇歩					六二七	四面石崖
銀州	〃		一五八三・三M（二・八里）		九~一〇M			七八六	不整形 図50参照
勝州	〃	東西城 子城	四三八七M（七・八里）		二二~三 三M				甕城三 図53参照

河南道								
洛陽	都城	南北城	二七五一八M（四九里）					洛水河浜を含む
河陽	県	南北城 中潬城						月城・羊馬城あり
汴州	州	内城 外城	五里 二一里二五〇歩				七八〇～八三	
宋州	〃	南城 北二城						
潁州	〃	外郭 子城						
滑州	〃	都城 三重城	二〇里					
陳州	〃		三〇里					
徐州	〃	外城 子城					六三一	
宿州	〃	羅城 子城						
泗州 下邳	県	大城 中城 小城 西南有一小城	一二・五里 四里 二里 三七〇歩				魏晋期	三重城
蔡州	州	牙城 中城 南城						

	呉房	申州	鄆州	青州	北海	斉州章丘	密州莒	莱州	登州	蒲州	河中府	解	絳州	晋州	岳陽
										河東道					
	県	州	〃	〃	県	〃	〃	州	〃	府		県	州	〃	県
	外城 子城	外郭 子城	羅城 子城	南北東三城		東西二城	子城 内城 外郭	内城 外郭		子城 外郭	中潭城		牙城 羅城	東城 西城	
				二〇里	六里		一二里 二〇里 四〇里	六里 一二里	四里			九・五里	九・三里		二里
												三丈			
												唐末再築			
							三重城	城外に市有り							義倉城あり

	慈州	州		五里	二丈				五胡期	
	并州	府	東城・中城・西城	四二里	四丈				六三七・六九二・唐代拡張	図54参照
	太原府文水	県		三〇里	（甚だ寛し、百姓、城中に於て水田を種う）					
	潞州	州	子城・大城						隋代	城池高深
河北道	魏州	州	牙城・羅城						五胡期・唐末	
河北道	趙州賛皇	県		四里	一・五丈					
河北道	幽州	州	羅城	三二里						
河北道	瀛州東城	県	外城・県城	三〇里・五〜六里						三重城
山南道	荊州	府	羅城・子城	一八里					東晋期	
山南道	江陵府		南城・北城						唐末修	城内戸数三〇万
山南道	夔州	州		七里				江に因り池と為す		
山南道	澧州	〃		一里二〇〇歩〜一里二八〇歩					唐末修	
山南道	襄州	〃	羅城・中城							城堤四三里

	利州	州	大城							
			子城							
淮南道	揚州	州	羅城	四〇里 一八六〇〇M						複郭
			子城							図52参照
	楚州	〃	羅城							月城あり
			内城							
	寿州	〃	羅城							
			子城							
	廬州	〃	羅城	二六里一七〇歩	三丈			深八尺 幅七~八尺	唐末修	
江南道	潤州	州	子城	三里七〇歩	三・一丈				三国呉	東西夾城あり
			羅城	二六里	九・五尺					
	丹陽	県	東城 西城	三里	一・五丈			無濠		
	金壇	〃		二里	一・五丈				六九二	
	上元	〃	羅城	二五里	二・五丈	三・五丈	二・五丈		九二一~二六	十国呉の都城
			宮城						九三三	
	句容	〃		二里六〇歩		一丈	九尺		三国呉	
	常州	州	内子城	二里三一八歩	二・一丈				八九二	
			外子城	七里三〇歩	二・八丈	二丈余			九二一~二六	十国呉
			羅城	二七里三七歩	二丈	二丈			九三六	〃

江南道									
江陰	県		一三里					九一三	〃
無錫	〃	子城	二里一九歩	二・七丈					
		羅城	一一里二八歩	一・七丈					
宜興	〃		一里九〇歩	一・二丈			幅三・五丈	三国呉 隋代修	
蘇州	州	小城	八里二六〇歩 （一〇里）						
		外郭城	四七里						
華亭	県		三二〇丈 （〇・九里）	一・二丈	九・五尺			七五一	
杭州	州	中城							
		羅城	三六里九〇歩					隋代	
			七〇里					唐末	十国呉越
湖州	〃	子城	二・一里					六二一	
		羅城	二四里						
睦州	〃	羅城	一里四〇歩					六九七	
			一九里	二・五丈	二・五丈			唐末拡	
新安	県	外城	二里二二五歩					後漢末	
越州	州	子城	一〇里					隋代	
		外郭城							
諸暨	県		二里四八歩	一・六丈	一丈			七二三〜四一 唐末修	
余姚	〃		一里二五五歩	一丈	二丈			三国呉	
剡	〃		一二里	一丈	二丈			六一八〜二六	

江南道									
新昌	〃		一〇里	一丈	一・三丈			唐末新置県	
婺州浦陽	〃		一里二四〇歩	一・三丈	一・三丈			七五四	
温州	州	内城							
		外城	一八里一一歩	二・一〜二・四丈	一・五丈			唐末増修	
楽城	県		一里						
台州	州	内城	四里						
		外城	一八里						
天台	県		一里四〇歩					三国呉	
黄巌	〃		二・六里					六七四〜七六	
仙居	〃		一・七里					六七四〜七六	
寧海	〃		一・七里					六八九	
明州	州	子城	二里一二〇歩					唐末	図51参照
		羅城	一八里						
定海	県		二里一八〇歩				三〇〇〇余丈	唐末新置県	
鄂州	州	外郭	一・三里					八二五増修	磚甃
安州	〃	三重城							
蘄州	〃		五里四〇歩	三丈				八〇〇増修	
洪州建昌	県		一三里余	一・六丈					
饒州	州		四里六二歩	二丈				六三四	三城
袁州	〃	子城	一・三里	七丈				六二一	
		羅城	八里二三〇歩					八九五	

江南道									
撫州	〃	子城	一里一二三歩		二・五丈				
		羅城	一五里	一・二丈			幅二・五丈	八九〇	
南城	県	羅城	一三里	二丈	一・六丈			八九一	
宣州	州	旧城	共長一〇里一九三歩					晋代	
		新城					長五里弱 深三丈	九六三	十国南唐
寧国	県	子城						晋代	
		羅城	三〇里					隋代	
歙州	州	子城	一里四二歩	一・八丈	一・三五丈			八五五	
		羅城	四里二歩	一・二丈				八八三	
		〃	九里七歩					八八五	南北拡張
婺源	県		九里三〇歩	一・八丈				九三八	十国南唐
連州	州	旧城 三角						劉宋	
福州	州	子城	二三三歩						
		大城	二六里	二丈	一・七丈			九〇一	南北月城 夾城あり
		羅城	四〇里						
建州	〃	子城	四里	一・八丈	一丈		幅五丈		
		羅城	九里三四三歩	二丈	一・二丈			七八〇	
		南羅城	二〇里					九〇四～九〇七拡張	
汀州	〃	子城						八四七	
		羅城						七六九移築	

道	州	州・県	城	周	高	広	濠	年代	備考
剣南道	益州	府	南外城					隋代拡張	
	成都府		少城						
			羅城	二五里	二・六丈	一丈		八七六	
			羊馬城	四二里	一・七丈	二・二丈	一・七丈	九二八	十国後蜀
	剣州 西昌	県		六・七KM（一一・七里）					城址存
嶺南道	桂州	州	子城	三里	一・二丈			唐初	
			外城					八四七～六〇	
			夾城	六～七里				八九八～九〇一	外城東北
	邕州	〃		一〇〇〇丈（五・六里）	一・五丈	二丈	一・三丈	七一四	深一丈 幅一・五丈
	容州	〃	内城	二里二六〇歩					
			外城	一三里				八〇一	
	交州	〃	子城						
			羅城		二・二丈			八〇九	
			〃	三〇〇〇歩（八・三里）				八六六増修	
隴右道	芳州 丹嶺	県	無城郭						党項諸羌住
	涼州	州	小城	七箱（廂）					
			大城	二〇里				漢代匈奴築	不方

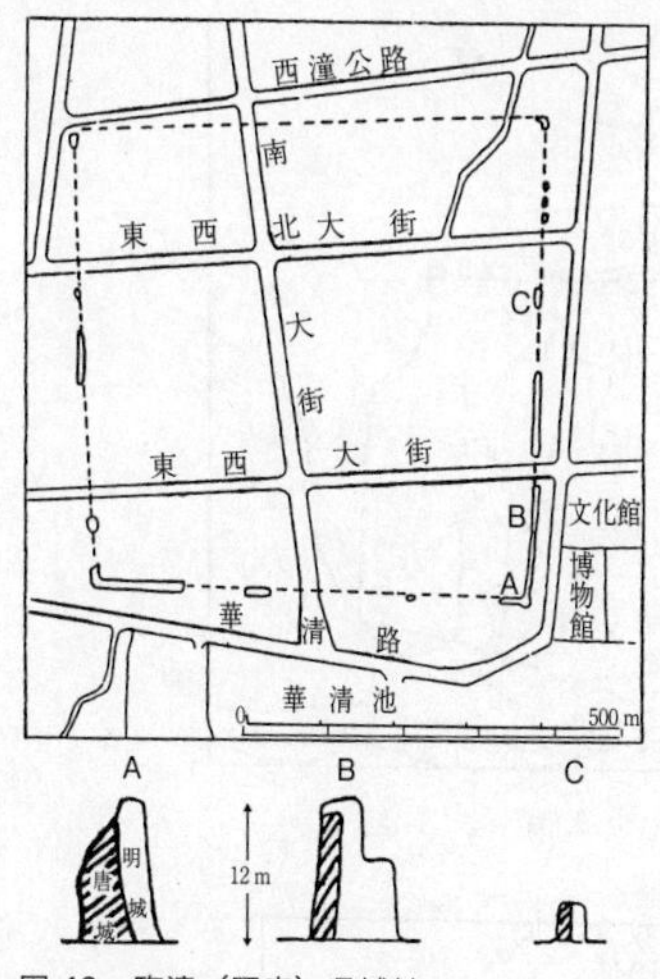

図 49　臨潼（照応）県城址

庭州	〃	外城 羊馬城	四五九六M（八・二里）	五〜八M（一・六〜二・六丈）					城址存

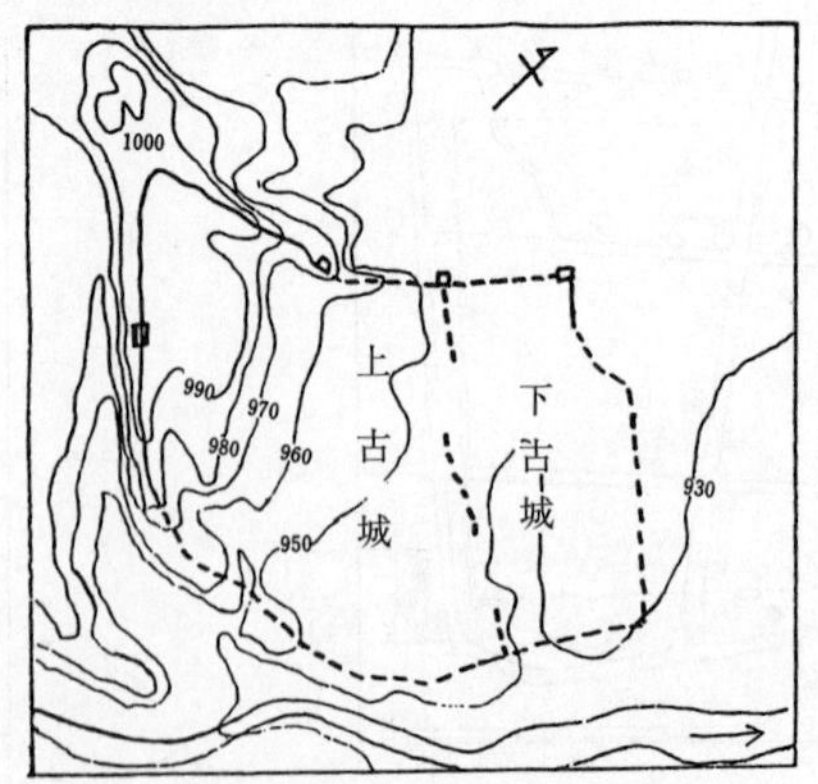

図 50　銀州城址

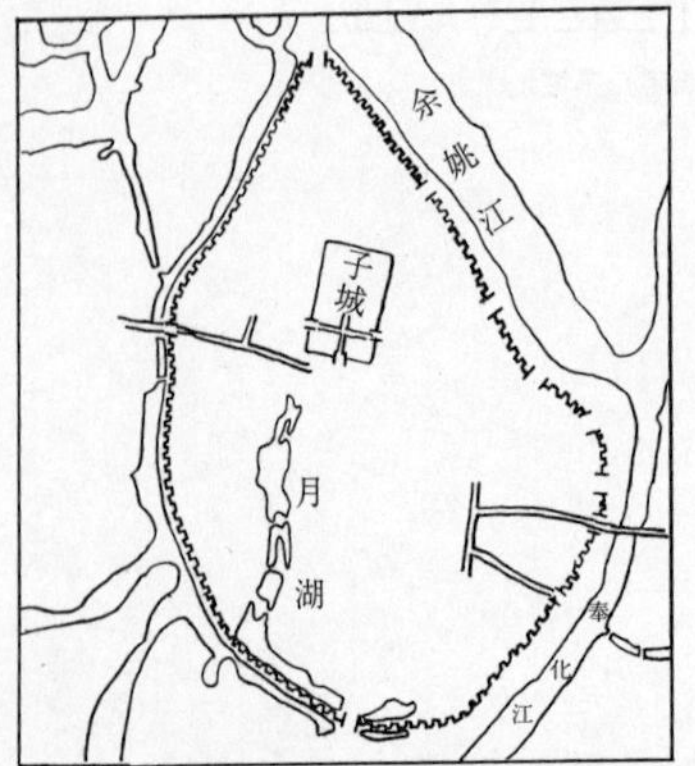

図 51　明州城（寧波）復元図

北半と山東省の地である。河東道は現山西省、河北道は現河北・遼寧省の地である。山南道は陝西省の南端、湖北省、四川省の一部の地、淮南道は江蘇省、安徽省、河南省にまたがる地である。江南道は長江以南の江蘇省、安徽省、浙江省、福建省、江西省、湖南省、貴州省にまで及ぶ広域の地である。剣南道は四川省、雲南省北端の地で、嶺南道は南嶺以南の広東省、広西壮族自治区、ヴェトナム北部におよぶ地、隴右道は甘粛省、新疆維吾爾(ウイグル)自治区の地である。

右表を通覧してすぐに気付かれるように、唐代一〇道別の州県城郭に関するデータが大きく偏っている。関内道と江南道のデータが量的に突出している。関内道では長安周辺に関して詳しくわかるのは、やはり唐の国都の地であるため、文献記録がかなりよくととのっていることによる。江南道の場合は、宋元時代に編纂された古い地方志が比較的よく今日まで伝わり、それらの地方志に歴代の州県城郭についての詳しいデータが記載されていること、また後述するように、唐末五代期には十国と呼ばれる地方政権が割拠し、彼等は領内要衝の州城クラスの城郭を精力的に増修、拡張した記録がまま残っていることなどによる。

さて、城郭構造欄に記した羅城・外郭城・外城・大城などはその実体は同一であり、内側に子城・牙城・内城・中城などをもつ重郭構造の城郭である。したがって、多くは重城、時には内外二重の子城をもつ常州城のように三重城であることもある。比較的規模の大き

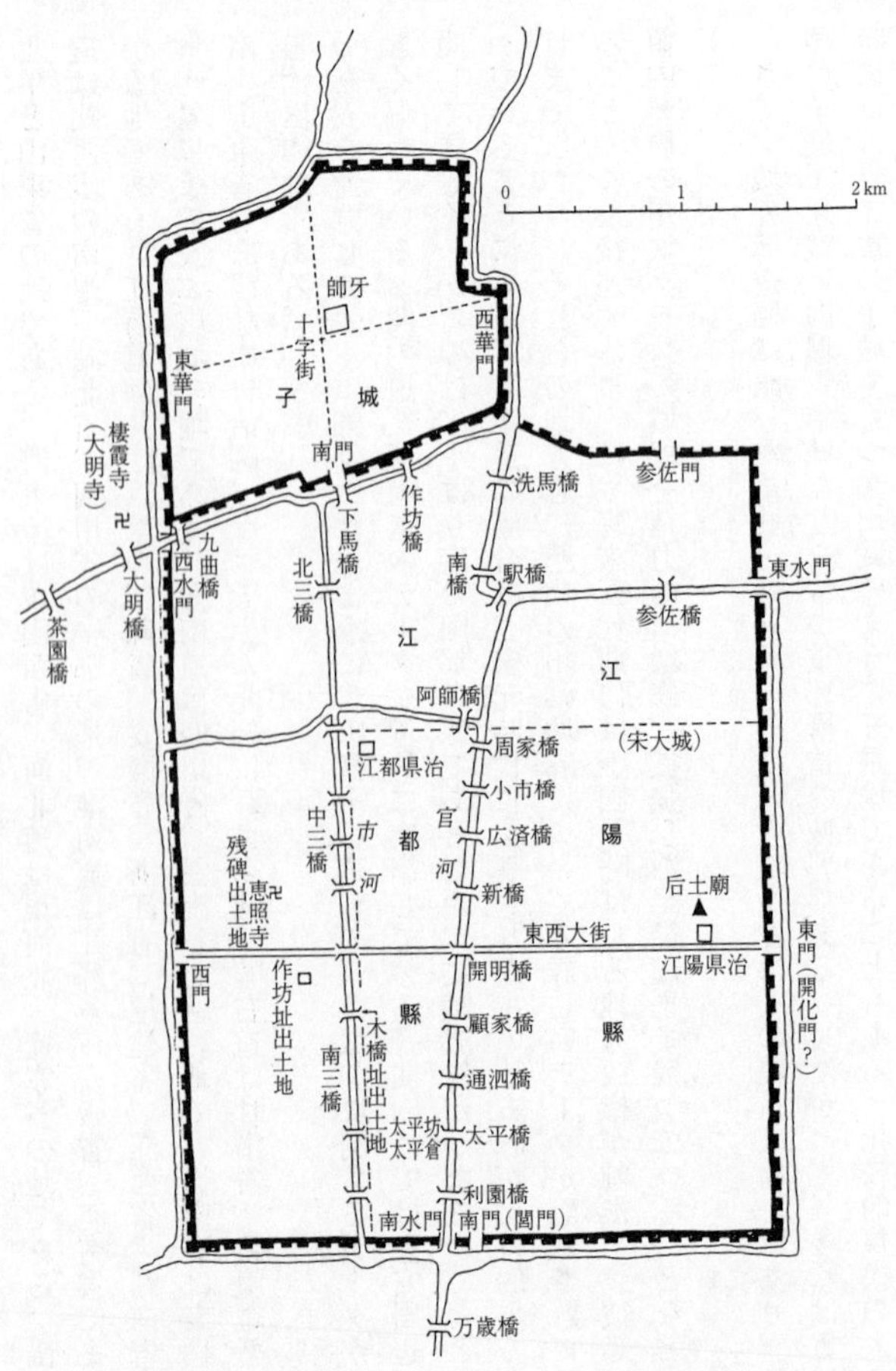
0
1
2 km
帥牙
十字街
西華門
東華門
子
城
棲霞寺
(大明寺)
南門
洗馬橋
参佐門
作坊橋
下馬橋
九曲橋
西水門
大明橋
茶園橋
北三橋
南橋
駅橋
東水門
参佐橋
江
江
阿師橋
(宋大城)
周家橋
江都県治
小市橋
中三橋
市河
都
官河
広済橋
陽
残碑出土地
恵照寺
新橋
后土廟
東西大街
東門(開化門?)
江陽県治
西門
作坊址出土地
開明橋
縣
縣
顧家橋
南三橋
木橋址出土地
通泗橋
太平坊
太平倉
太平橋
利園橋
南水門
南門(閶門)
万歳橋

図 52　揚州城復元図

な要衝に立地する州城クラスでは、徐州城のようにもともと重郭構造をもつ例もありはするが、唐代後半以降に外郭城が旧城を囲む形で新築されて、旧城が子城と化す例が多い。また揚州城のように、子城が羅城内に包摂されずに外接するような複郭構造（図52）、夏州城（統万城）や勝州城（図53）のように東西両城、あるいは南北両城が外接するやはり複郭構造もいくつか見いだすことができる。

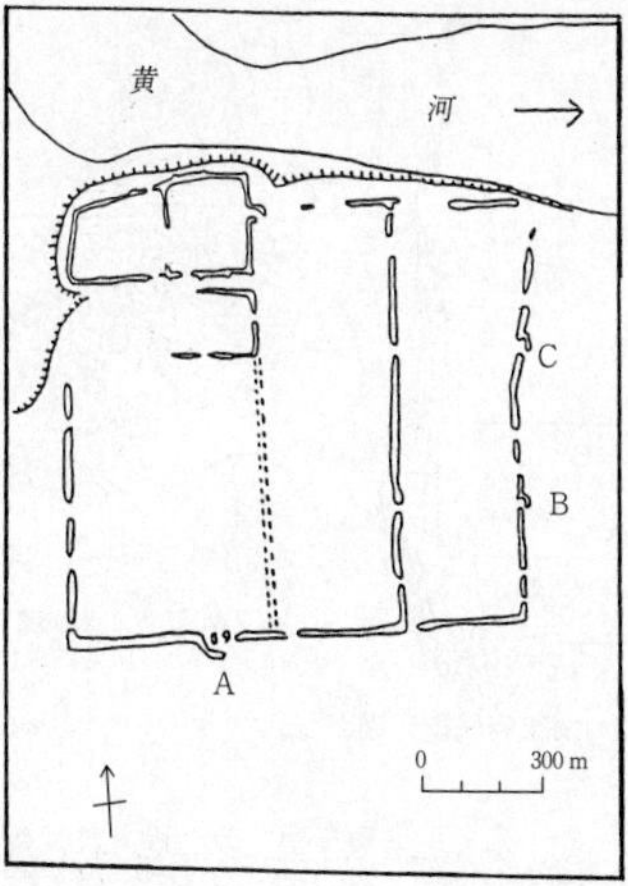

図53　勝州城址（A，B，Cは甕城）

6　太原府城

太原府城は城郭構造から言えば複郭の部類に入るが、複数の城郭が外接するのではなく、やや離れて築かれた築城例である。少し詳しく見てみよう。

太原府城は南流する汾水をはさんで東西二城が相対峙する。主郭は西城で、周四二里という大規模なものである。西城内の西北隅には大明城・新城・倉城の三内城があるが、これら三内城は東魏・北

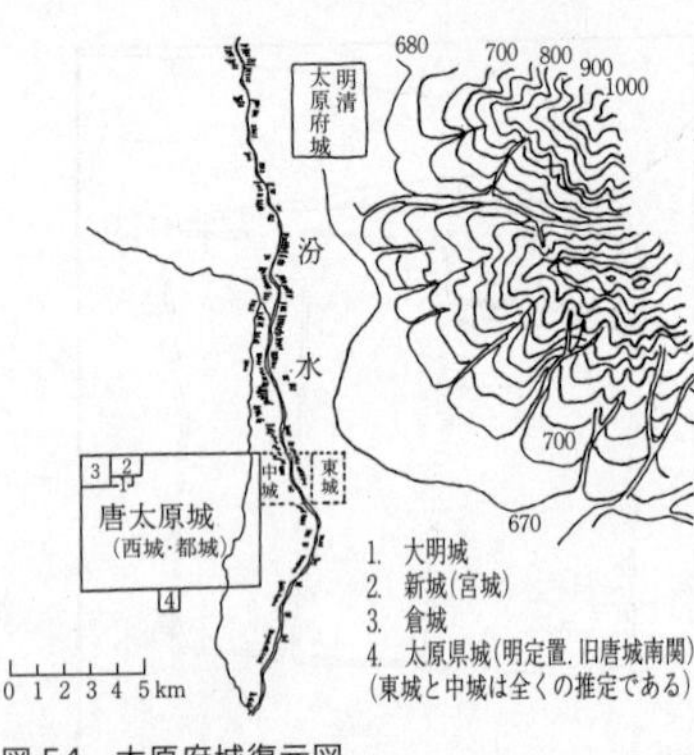

図 54　太原府城復元図

斉期の宮城として築かれたもので、西城だけを見れば重郭構造である。并州太原府は唐高祖挙兵の地であるため、唐代には北都として都城に準ずるランクが与えられ、西都長安・東都洛陽の宮城・皇城に相当する城内区画をもった。後半期には河東節度使の使府（幕府）が置かれると、西城内の三内城郭が子城（牙城）として機能するようになる。ついで五代期の北漢政権がこの地に拠ると、やはり牙城が再び宮城とされることになる。太原の地は、長城以南における対北方防衛上の最も重要な戦略要地であり、唐初にはしばしば漠北の雄、突厥騎兵部隊の南侵に脅かされた。太原西城の立地は、汾西では東北から西南にかけて山地となっているために狭隘であるが、汾東では汾水の沖積平野が広がる。太原盆地への北からの騎馬兵力を主力とした攻撃では、開けた西城東面が主戦場になることが多い。そこで西城東面の防衛強化のために、六三七年に東城が築かれた。しかし、東西両城の間隙部が汾水の渇水期には両城上からの射程外に広大な河浜空間となって敵騎兵の自由な行動を許し、両城間での連繫した防禦体制が著しく困難になるという弱点が生じた。そのために、六九二年に中城を築いて東西両城を接続させたのである。中城は汾水を跨ぐ形で築かれたため、いくつかの水門が穿たれていたと思われる。この付近での汾水の河幅は一五〇メートル前後で、中城の東西長は約一四〇〇メートルと推定される（図54）。ところで、太原府城の絵画資料が残っている。五代期後半に帰義軍節度使曹元忠によって造営された敦煌莫高窟第六一窟の西壁に描かれた有名な「五台山図」である。本図は幅一三・四五メートル、高さ三・四二メートルある大きな壁画であり、河東方面から五台山に至る起点として左下隅に太原府城北半分が描かれている。主郭である西城と見てよかろう。本図には他にも五台山に至るルート上のいくつかの州県城郭が描かれており、太原府城を含めてともにステロタイプ化された描写であって写実性に欠けるとは言え、城壁の版築層次、城門楼の建築様式、城門部分の磚甃などが的確に表現され、それぞれ異なる着色が施されており、唐代の城郭に関す

図55 「五台山図」に描かれた太原府城

るまたとないヴィジュアルな資料である。ステロタイプ化された城郭描写のなかにあって、とくに注目されるのが太原府城北門のみが明らかに甕門構造をそなえていることである（図55）。太原府城が東・中・西三城の複郭構造とされたのは、もっぱら北からの脅威に対する防御強化策であることは先にふれた通りであり、西城北門が甕城であったことは十分にあり得ることなのである。

7　河陽三城と蒲州河中府城

太原三城が複郭であるのとはやや異なるが、やはり三城からなる城郭として、河南府河陽県城と蒲州河中府城があり、ともに黄河に架橋された地である。唐代の黄河架橋地点は、この河陽橋と蒲津橋、そして陝州の太陽橋の三橋だけで、いずれも舟を繋ぎ合せて上に板をわたした浮橋である。河床に厚く堆積した軟弱な黄土の泥土層に橋脚を打ち込むことが不可能であったからである。

東都洛陽の東北至近に架けられた河陽県の河陽橋は、交通の要衝であるとともに東都防衛上の重要な戦略要地でもあった。そのため、橋のたもとの黄河の南北両岸に二城、さらに中洲上に一城が築かれ、この三城から成るのが河陽県城である。中洲上の城郭を中潭（ちゅうたん）城（じょう）と言い、東魏期に関所として築かれたものが唐代にも継承された。潭（たん）とは灘と同じく洲のことであるが、日本の河川に見られる洲とはスケールが桁違いに大きく、幅数キロ、長さ十数キロのものは珍しくはなく、島と呼んでもよいような巨大なものである。大きな洲上には耕地が広がり村落も存在する。このような洲上に築かれる中潬城もかなりの規模をもっていたはずである。河幅の長大な黄河の場合、いかに浮橋とは言っても、このような巨大な洲のある場所でなければ架橋することが困難であったからとも言えよう。北岸から洲へ、そして洲から南岸へと二本の浮橋が渡され、架橋地点の三カ所に築かれた北城・中潬城・南城の三城が一セットとして河陽三城と呼ばれるのである。

まったく同じ三城形式の城郭が蒲州河中府城である。西都長安と北都太原府を結ぶ幹線ルート上にある河中府城は、南流する黄河の大きな中洲を媒介にして東西二本の浮橋で繋がれていた。この橋が蒲津橋であり、橋のたもとの黄河東岸に河東県城（河中府治）、西岸に河西県城、そして洲上に中潬城が置かれ、東・西・中潬三城が一セットとして蒲州河中府城とされたのである。慈覚大師円仁は八四〇年八月一二日に、智証大師円珍は八五六年正月にこの地を通過し、河中府城とともに蒲津橋について貴重な見聞を残してくれている。ところで蒲津橋は玄宗の開元九年（七二一）に架け換えられ、浮舟を鉄鎖で繋いで両岸にすえつけた鉄牛に結ぶというしっかりとした浮橋とされたことが文献に見えているが、一九八九年七月、黄河東岸の旧河東県の地でこの鉄牛四頭が発見された。それぞれ体長は三メートル、重さは五トン以上の大きなもので、唐代の蒲津橋復元の貴重な考古資料として注目を集めている。

8　唐末五代期の城郭

先掲の表をもう一度見ていただこう。州城クラスは、長安・洛陽といった都城や太原府・揚州・蘇州など以外は、おおむね周二〇里前後の規模であり、県城クラスでは周一〇里を越える規模のものは少ない（図56）。県城でも太原府下の文水県の場合には周三〇里と例外的に大きいが、県城サイズとしてはあまりにも大きすぎるために、城内の過半は水田となっている。州県城内の人口には自ずと限度があり、城外郷村区の人口に較べて過大に肥大化することは、特殊な事情でもない限りはないと言ってよい。したがって、州城・県城のサイズも自ずからしかるべき規模となるのである。漢代の郡県城の規模と比較しても、城郭サイズにはさほど大きな変動は見られないし、また唐以後においても同様だと言える。

もう一つ、表で注意してほしいのは、二〇里以上の城周をもつ州城、一〇里以上の県城のほとんどが、唐末から五代十国期に増修拡張された結果である点で、その多くは江南に集中している。これら大規模な州県城は、唐末に各地で自立していく群雄勢力の手になるもので、群雄はやがて淘汰されて十国政権として江南各地で完全に自立する。華北での五

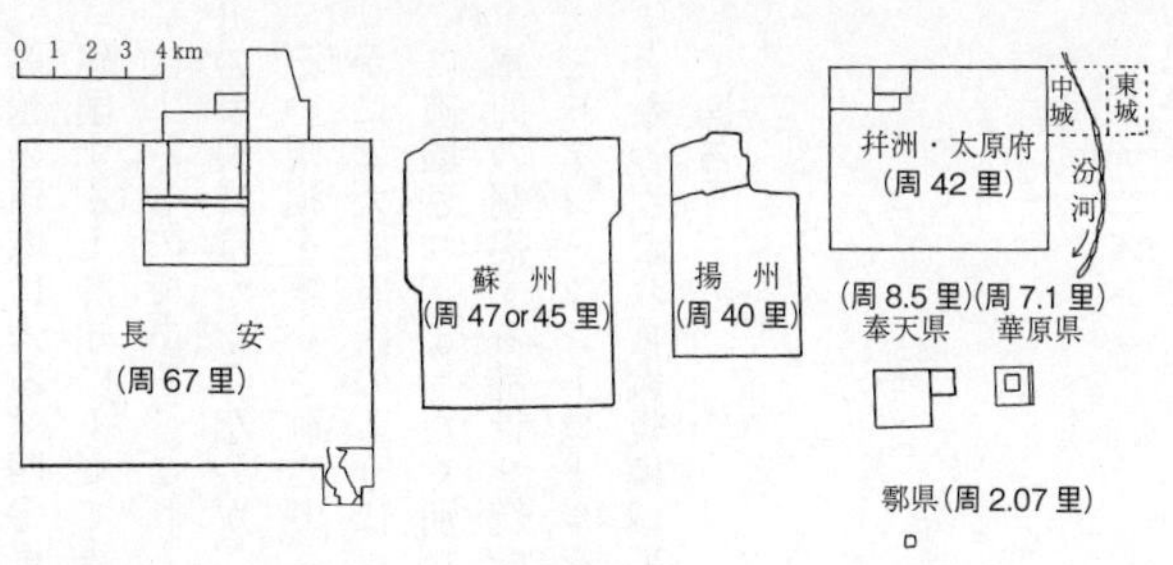

図 56　唐代州県城のスケール（同一縮尺）

代政権が前政権を打倒して取って代るというパターンをとるのに対し、江南での十国政権は、複数の地方政権が互いに国境を接して相対峙する展開となったために、国境線に近い戦略要地に立地する州県城郭は大規模化が図られるとともに、各種の防城施設を完備した非常に強固なものとなる。まさに戦乱の時代相が直接的に城郭のあり様に反映した結果と言える。二五里強の潤州上元県城は十国呉の都城金陵府としてかつての南朝期の建康城を復元拡張したものである。二六・五里の廬州城、二六里強の潤州城、二四里の湖州城は、唐末の群雄の手による大拡張であり、やがて呉に併合される地である。二七里強の常州城、一三里の常州江陰県新城はともに呉による増修と新築である。一五里の撫州城、九里の歙州城はともに唐末にこの規模に拡張され、ついで呉領域となった。一三里の撫州南城県城、一〇里の歙州婺源県城、一〇・五里の宣州新城は呉に取って代った南唐の手になるものである。一八里強の温州城、一九里の睦州城、一八里の明州城はともに唐末の拡張で、のち呉越の領域に入る。四〇里というずば抜けて大規模な福州城は、のちこの地に拠って閩を建国する王審知によって唐末に大拡張されたもので、二〇里の連州城もやはり王氏閩の手によるものである。これら大規模城郭が唐末五代期の江南に集中して出現したことは時代の反映にほかならないが、宋によって統一が達成されると、これら大規模城郭の多くは、その規模を縮小されたり、あるいは強固な防城諸施設を撤去されてしまうことになる。なかには太原府城のように、周四二里の西城および中城・東城からなる唐代の城郭が徹底的に破壊され、まったく別な地にわずか周四里の新城が築かれて新県治とされる例すらある。軍閥の割拠する乱世を統一した宋は、武人支配から文官支配への転換を基本政策とし、シビリアン・コントロールを貫徹することに意を注いだ。その結果が軍閥勢力の支配の拠点となったこれら大規模城郭の撤去や縮小であり、やはり時代性の反映と言うことができるであろう。

第七章　宋代の城郭都市

唐滅亡後の半世紀に及ぶ分裂の時代、五代十国時代を経て、再び統一を完成したのが宋（九六〇〜一二七九）である。「唐宋の変革」と呼ばれるように、唐代から宋代への時代の推移には、単に王朝の交替にとどまらず、中国社会全体の大きな歴史的変革を伴ったものであった。ひとくちに言えば、流動化と多様化という巨大な社会変動が生じた時代であったと言える。もちろん、この社会変動は一朝一夕に生じたものではない。九世紀の唐代後半期から徐々に生起し始め、北宋中期の一一世紀後半の王安石新法期頃にほぼ完結する形で進行したものである。この社会的流動化、多様化現象の進行により、政治的、経済的、文化的に新しい様相が生み出されてくる。時代としての宋代の新しさをもっとも端的に示すのが商業経済の隆盛、そして城郭都市の我々が日常的に使う意味での都市化である。まず宋代の国都開封府と行在臨安府の都市化ぶりから概観する。

1　北宋の国都開封府城

汴州開封府の歴史は戦国時代の魏にまでさかのぼる。戦国魏によってこの地が「封疆を開拓」され、その中心邑として築城されたのがルーツで、開封という地名の由来でもある。戦国中期の前四世紀半ば、商鞅の変法で急激に国力を強めた西方の秦の圧力を避けて、魏は安邑（山西省安邑県）から東のこの地、開封に国都を遷して大梁城と称した。秦漢以後には郡治・州治が置かれてこの地方の中心城郭都市としての地位を保ち続け、唐代には汴州と呼ばれる。唐代半ば、安史の乱の最中である七五六年、反乱対策として最初の内地節度使である河南節度使が設けられ、汴州はその使府州とされた。江南からの物資輸送の大動脈である大運河と黄河とが合流する要衝であるため、唐朝としてはどうしても確保せねばならない拠点であったからである。その後宣武軍節度使と改称されるが、汴州が使府州であることは変らない。唐末の黄巣の乱で、反乱軍の有力部将であった朱温が唐側に寝返り、恩賞として宣武軍節度使のポストを与えられた。彼の投降によって戦局を有利に導いた唐朝は、黄巣軍に占領されていた長安奪還に向けての攻勢にようやく転じることができた。かくて僖宗皇帝は朱温に全忠の名を賜うのである。全身これ忠のみと唐帝から賜名された朱全忠がやがて唐を滅ぼす張本人となるのであるから皮肉ではある。九〇七年、もはや名目的な存在に過ぎない唐に止めを刺した朱全忠は後梁政権を樹立する。国都はもちろん唐末以来の彼の本拠地汴州であり、開封府と改称された。その後の五代政権は、次の後唐が唐の後継者と称して洛陽に国都を置いたのを除き、後晋・後漢・後周はともに開封府を国都とした。後周から禅譲をうけた宋もまた開封府を国都としたのである。秦の咸陽、前漢および隋唐の長安が立地する関中の地と、五代から宋における開封府との地理的環境を比較してみると、その違いは大きい。関中の地はまさにその名が示すように、周囲の主要ルートは堅固な関障に守られた軍事的条件を第一義とした地である。それに対し、開封府は黄河中流の華北平原部にあり、軍事的視点からすればきわめて不利な立地である。にもかかわらず江南からの莫大な諸物資輸送の幹線ルートである大運河の要衝であることが、まず何にもまして重要な国都選定の条件であった。言い換えれば、国都の立地が軍事上の要請に優先して、経済的、財政的要請にかなうことが第一義的に求められたことを示している。大きな社会変動を伴う時代の変化が国都の立地をも左右したということである。

次に開封府城の規模と構造について見てみよう。図57から明らかなように、唐の長安城の規則正しい都市計画に基づく都城造りとは大きく様相を異にすることがわかるであろう。唐代までの坊市制が事実上崩れ、街路にまで居住区が拡大してしまっている。したがって、御街などほんの二、三の主要街路をある程度復元することは可能なものの、他の城内街路はほとんど不明である。これまでの治安維持を第一義とした閉鎖的な都市から、開放的な

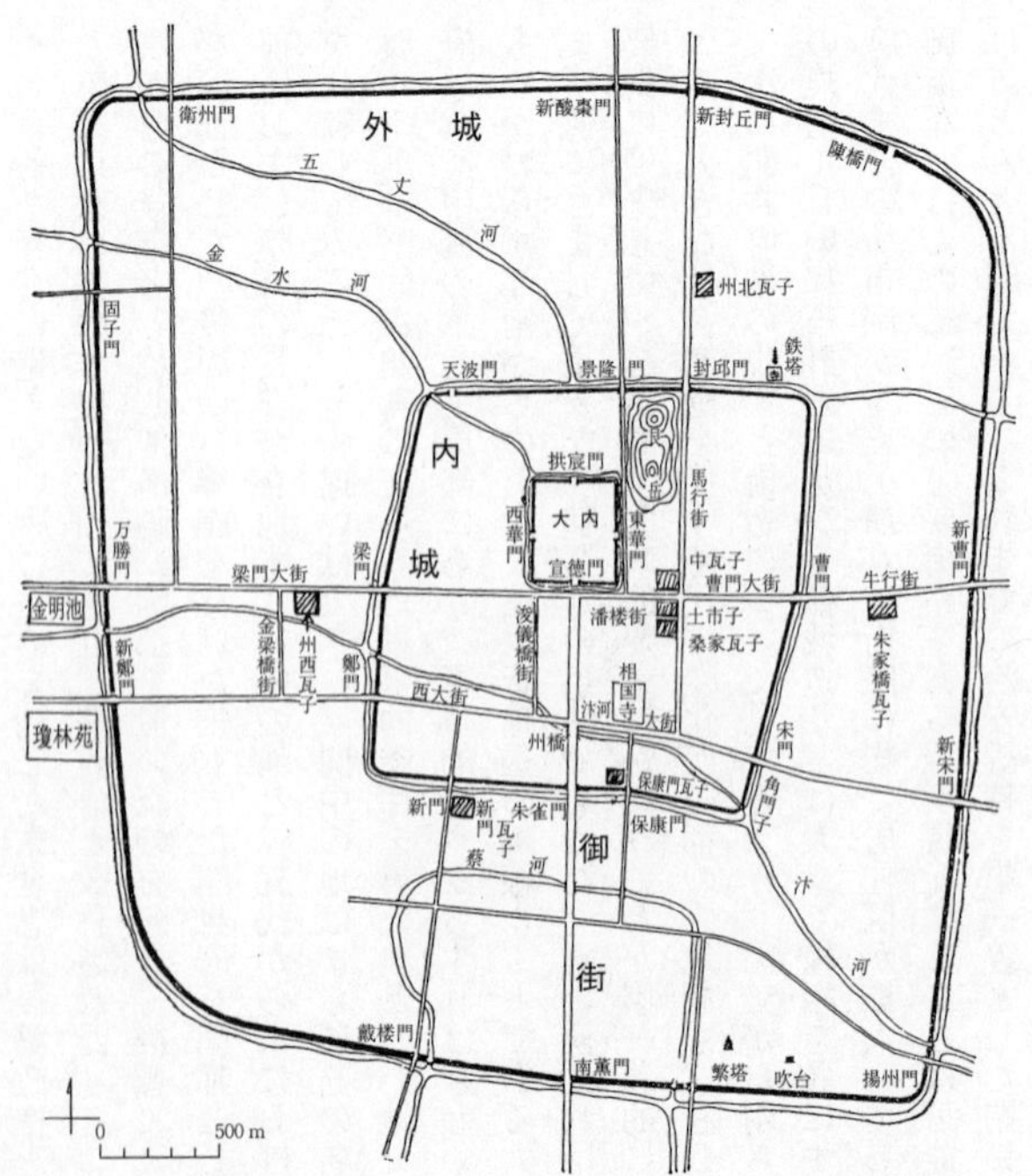

図 57　宋開封府城復元図

都市へという都市の変貌ぶりがもっとも典型的に見られるのが宋の開封府城と言うことができる。このような点を中心により詳しく開封府城をながめてみよう。まず目に付くのが三重からなる城郭構造であろう。周五里（約二七五〇メートル）の大内は宮城で、唐代汴州城の子城、宣武軍節度使の幕府が置かれた牙城である。周二〇里余（約一一キロ）の内城は唐代汴州城の羅城（外郭城）である。唐末以来、とりわけ五代四政権の国都とされると、羅城外への市街地化が急速に進み、それらを囲繞する形で五代末後周の時（九五五）に築かれたのが周四八里二三三歩（約二七キロ）の外城である。この外城は北宋の神宗期（一〇七五）にさらに拡張増修されて周五〇里一六五歩、城高四丈（一二・三メートル）、城基厚五丈九尺（一八メートル）となった。このように、宋代の開封府城は唐代汴州城外へと市街地が膨張したために、さらにその外側に外城が築かれ、唐代汴州城が内城化したものである。図には七カ所の瓦子が見えているが、この瓦子の位置こそが開封府城の発展を如実に物語る指標と言える。瓦子というのは、勾欄（常設の演芸劇場）、酒楼（高級料理店、クラブ）、その他各種の店舗が軒を連ね、あらゆる娯楽施設が集中した盛り場のことで、唐代までの都市城内には見られなかった新しい庶民のためのアミューズメント・エリアである。宋代の消費都市としての特徴はこの瓦子の登場によって代表される。開封府城の各瓦子の立地であるが、内城の外側にある四瓦子に注目してほしい。州北瓦子は内城北門である安遠門（旧封邱門）の、州西瓦子は内城西門である閶闔門（旧梁門）の、朱家橋瓦子は内城東門である望春門（旧曹門）の、新門瓦子は内城南門である崇明門（一名新門）のそれぞれすぐ外側に位置している。内城の東西南北の各門外が開封でもっとも繁華な場所である事実は、内城外への都市化の進行がまずこれらの場所から始まったことを示している。唐代までの城郭都市では夜禁の制のために日没とともに全ての城門は閉され、城内への出入はストップした。流通経済が次第に発展し、人や商品物資の移動が活発になるに従って、城門外に宿屋、飲食店、運送屋、倉庫業者などの常設店舗が続々と店開きし、市街地化が進むことになる。このような城門外の市街地化がより発展したのが、開封府城の内城外の瓦子なのである。旧来の城郭外が著しく市街地化、都市化すると、新たにそれらの地域を城壁で囲むという点に、都市とは即ち城郭都市なりという中国の伝統的都市観が見事に示されていると言えよう。開封ほど大規模な例は少ないが、それでも城門外の市街地区を城壁で新たに囲む城関の例は、後節であらためてふれるように、無数に出現する。

開封府城の街並みは、このような内城（旧汴州城）から外への発展に伴う外城の築城というプロセスをたどったために、とくに外城内の街路や街並みはきわめて不規則であり、文献上から復元することはほぼ絶望的である。さらに工合の悪いことには、今後の発掘の成果にもあまり大きな期待が持てないという事情がある。すぐ北を東流する黄河は、暴れ竜と形容されるように、過去に大きな氾濫を繰り返してきた。既述のように、黄河が華北大平原に入ると流速が低下し、黄土台地地帯を流下する過程で浸蝕しつつ溶かし込んできた黄土の泥土を河床に堆積して天井河を形成する。開封から河口までの距離は約七〇〇キロ、その間の高低差はわずか九五メートルに過ぎない。傾斜率は一〇〇〇〇分の〇・一二であるから、ほとんど平地に等しい。開封付近での流泥量は年間約一六億トン、そのうち約四億トンが河口までの流下の間に年々堆積して河床を高める。このために一度堤防が決壊したり、あるいはオーバー・フローすると、その流れは再び元の河道に戻ることはない。黄河が幾度も大きく河道を変えてきた原因である。開封付近の地勢は黄河流の北側が高く南側がやや低いので、氾濫した黄河溢水はもっぱら南側の開封を直撃することになる。したがって、宋都開封府城もたびかさなる黄河の氾濫による尨大な泥土の堆積下に深く埋没してしまっており、その深さは五〜一二メートルと推定されている。ごく最近、宋代城址の一部や州橋址の一部が発見されたという断片的な情報が聞かれるが、考古学的な調査によって城郭の全体像が明らかになるには、まだかなりの時間がかかりそうで、城内街路の具体的なあり様に至ってはほとんど不可能に近いであろう。

2 南宋の行在臨安府城

一一二六年、開封府城は東北部に興った女真族の金軍の猛攻で陥落した。所謂「靖康の変」で、ここに北宋は滅び、華北全域は金の領有に帰した。江南に逃れた宋室は杭州において政権を再建する。以後、一二七六年にモンゴル＝元軍に滅ぼされるまでの約一五〇年間の南宋の行在が杭州臨安府である。南宋一代を通じて、臨安府は正式の国都とは呼ばれず、皇帝の一時的な行幸地として行在と呼ばれた。金に占領された華北の地は、依然として宋に属すべき固有の北方領土であり、したがって国都もまた開封府であるというのが南宋の建前であったからである。しかし、これはあくまでも建前であって、臨安府は事実上の南宋の国都であった。

杭州の地には古くは秦漢期に銭唐県が置かれるが、小城郭に過ぎなかった。隋が南北を統一して南北間の大動脈である大運河を完成させると、大運河の南の起点であるこの地の重要度は一挙に高まった。隋はこの地を県から州に昇格させて杭州とし、周三六里九〇歩の城郭を築いた。唐代の杭州城は隋城をそのまま継承したもので、既述したように、州城としては中上の規模である。杭州城がより大規模化されるのはやはり唐末五代期で、銭氏呉越が杭州城を一大拡張して国都としたことによる。まず八九〇年に周五〇里の夾城が築かれた。この間の八九五～九北に城域が大きく拡張されるとともに、周五〇里の夾城が築かれた。この間の八九五～九七年には、さらに夾城に大幅な増修が加えられて羅城が築かれた。この羅城は西北部に突出した夾城部分を廃し、東壁を大きく東進させて南部の夾城部分と接続させたもので、周約七〇里という大規模なものである。夾城の平面プランがあまりにも南北に細長い変則的なものであったので、南北をやや短縮させ、東西幅を広げたのである。城東低湿地の干拓による陸地化が積極的に推進されたことが、東壁の東への拡張を可能にした。しかし、この羅城築城によってもやはり南北に長い形状は基本的には変化はない。杭州城の立地が西湖によって西側を規制されているためで、腰部のくびれた鼓に似ていることから「腰鼓城」と俗称された。北宋期の杭州城は南北夾城部分が廃され、東壁も隋唐城のラインに後退して縮小される。華中・華南の十国が平定、帰順して宋の統一が達成される過程で、これら地域の戦略要衝であった大規模城郭の多くが破壊ないしは縮小される。内乱など不測の事態に対する予防措置である。呉越の国都であった杭州城の規模縮小もその一環である。靖康の変直後には行在は建康江寧府にあったが、一一三八年に杭州に移され、事実上の南宋の国都として増修が加えられる。南宋期の杭州臨安府城は北・東・西の三面は北宋城をほぼそのまま継承するが、南に羅城の突出部が設けられ、全体の城周は五〇里前後と推定される。杭州臨安府城もまたもともと都城として計画造営されたものではなく、隋唐城、北宋城の城内区は市街地としてすでに飽和状態であった。南宋の行在として宮城域を新たに設けようとした時、南に偏置せざるを得なかった。宮城域を囲い込んだのが羅城の南への突出部なのである。宮城は十国期の呉越子城を利用した周九里規模のものであったが、城壁と呼ぶには程遠い土塀ないし墻壁程度の簡略なものであったらしい。その後、元末に東壁部分が再び東へ拡張され、この規模の城壁が二〇世紀まで踏襲された（図58）。唐の長安城や洛陽城、北宋の開封府城が現在では古のおもかげをまったく失って一変している

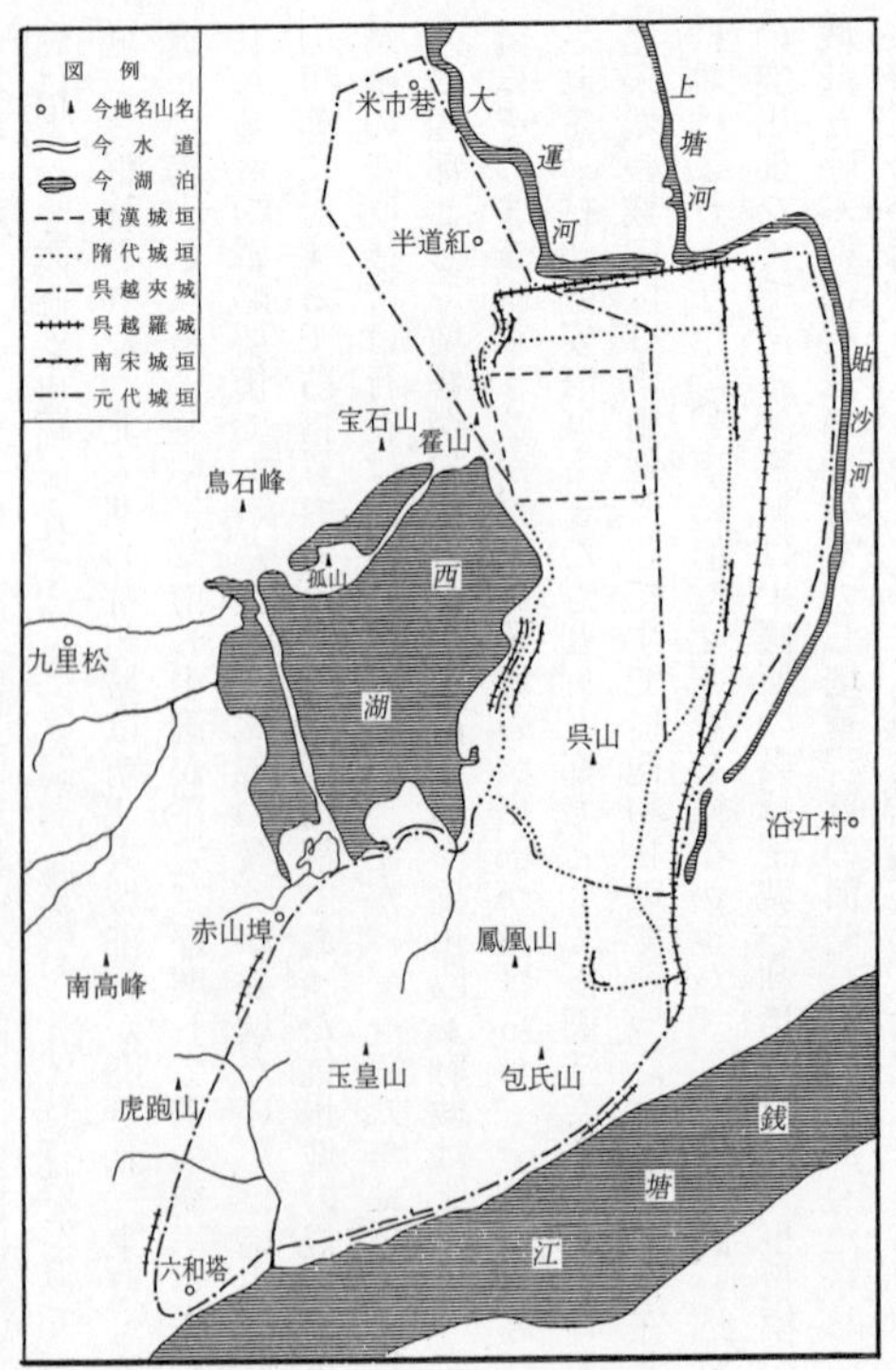

図 例
今地名山名
今 水 道
今 湖 泊
東漢城垣
隋代城垣
呉越夾城
呉越羅城
南宋城垣
元代城垣
米市巷
大
運
河
上
塘
河
半道紅
貼
沙
河
宝石山
霍山
烏石峰
孤山
西
湖
九里松
呉山
沿江村
赤山埠
鳳凰山
南高峰
玉皇山
包氏山
虎跑山
銭
塘
江
六和塔

図 58　杭州城垣変遷図

のとは対照的に、杭州の街並みは今日でも昔の姿をよくとどめており、主要街路はもちろんのこと、かなり小さな小巷までも往年のままである所が少なくない。したがって、文献に記された南宋期行在の官署、軍営、高級官僚の邸宅、仏寺、道観、橋梁などはもちろん、各種の卸問屋、商店、瓦子の位置までもが、現在の杭州市街のどのあたりにあったかが具体的にわかるのである。但し、城壁は現在では撤去されて存在しない。

3　城市構造の変化

唐代後半から徐々に進行し始め、宋代に至って完結する社会の大きな構造変化は、都市革命、商業革命と呼べるほどの新しい時代相を生み出した。唐代までの城郭都市では、治安と管理が第一義とされたため、坊市制と夜禁制が原則とされたことは既述した。城壁で囲繞された城内がさらに街路で区切った坊というブロックに分割され、坊の四周も坊墻がめぐらされて坊内への出入は二ないし四の坊門からに限られた。坊墻を破って街路に面して門を開くことは高級官僚貴族や特定の寺観だけに許された特権であった。また商業行為が許されるのは市と呼ばれる特定坊内だけで、市以外の場では原則として商売はできなかった。唐長安城には東西二市、洛陽城には北南西三市（西市はのち廃止）が置かれ、揚州や益州成都府など大きな府州城にも複数の市が置かれていたが、一般の州県城では一市であることが多かった。市内での商行為は正午から開始され、日没で終えることが規定であり、市門は夜間には閉されることは坊とまったく同じで、市もまた夜禁制の下におかれていたのである。このように、唐代までの城郭都市における商業活動は、坊市制による場所の制約と夜禁制による時間の制約という二重の枠がはめられた窮屈なものであった。唐代後半以降になって流通経済が次第に活性化してくると、人や物の動きが活発となり、商品の流通や集積のセンターとして城郭都市の重要度は必然的に増大してきたにもかかわらず、場所と時間という商行為にとって致命的とさえ言える二重の制約を課せられた城郭都市の制度上のあり様は依然として旧来のままであった。そこでまず、主要城門外に宿屋・飲食店・倉庫業などの常設店舗ができ、夜禁制で締出しをくった旅商人達を相手に営業を始め、さらには運送業・車馬業・金融業者なども店舗をかまえて城内の市に匹敵するような新しい城外商業区が形成されるようになる。このような城門外の市街地化が進行すると、城内の市に店舗をかまえる従来からの商人達もこの地に支店を設けるなどして、いっそう市街地化に拍車がかかることになる。これら城門外の諸店舗はその成立の経緯からして当然のことながら、日没後の夜間営業が中心であり、城外であるから夜禁制に拘束されることもない。

城内での商業行為に対する規制を補完するものとして自然発生的に形成されてくるこれら城外の市街地区もある程度の拡大が進むと、新たにその部分を城壁で囲むことも少なくない。城外の市街地化がもっとも顕著な開封府の場合には、旧城外の市街地化地区をすっぽりと新たな城壁で囲み込むことになったのは先に見た通りであるが、これほどの大規模な例はほとんどない。一般には市街地化の著しい城門外だけが新たに城壁で囲繞されることが多く、これを城関という。東門外であれば東関、西門外であれば西関というように呼ばれる。城門部に付設された関は、元来はその字義からわかるように、軍事目的に基づくものであった。外からの攻撃に対して最大の弱点が城門部分であり、月城や甕城構造にして防禦力を強化する他、甕城をより大規模にして城門部分全体を囲繞してさらなる防禦強化を図ったのが城関であり、唐代にすでにいくつかの事例が見えているし、唐末五代の激しい戦乱期には各地の城郭に城関の存在を見いだすことができる。宋が統一すると、大規模城郭の縮小や強固な防城施設の撤去がなされ、城関もまた多くは撤去されてしまうが、新たな社会情勢のもとに再び先に述べたような城関が続々と登場してくる。

城門外のこのような市街地化は当然のことながら城内にも波及効果を及ぼさずにはおかない。坊市制や夜禁制は次第に形骸化し、宋代になると各城郭都市では市の外部にも商店街が次々に進出し、瓦子に代表される盛り場が城内の主要街路に沿って形成されてくる。またさまざまなサービス業が店舗をかまえ、常設店舗を上まわる屋台が並び、ふり売（行商）が城内いたる所で商いをするようになる。繁華な商店街では夜市といって終夜営業することも珍しくない。従来の坊市制や夜禁制に拘束された閉鎖的な城内の様子は一変し、これら制約をなし崩し的に解体しつつ開放的な都市空間へと変貌するのが宋代の城郭都市である。都市管理のあり方も、従来の坊市制に代って廂(しょう)・隅(ぐう)という新しい城内区画によるものへと変る。元来は軍隊の編成単位であった廂は、五代期には都市内の警邏巡察区画と化し、宋代に至って都市の行政区画となったもので、城外の市街地化にともなって城外郊区までもが廂に区画されることになる。一方、隅というのは元来は坊隅に置かれた防火兵士の詰所であったが、坊市制の解体とともに防火のための区画から城内の行政区画化したものである。廂・隅ともに従来の坊市のような閉されたブロックではもはやなく、唐長安城内が一〇八坊であるのに対し、宋の開封府城や臨安府城では八廂というようにきわめて大雑把な区画であった。都市城内が雑然となって、細かい線引きが事実上できなくなったためである。

4 鎮市の出現

都市から農村に目を転じてみよう。ここにも唐から宋への時代推移の過程で従来には見られなかった新しいタイプの「農村都市」とでも呼ぶべき市場町が出現してくる。宋代以前にも州県城郭外の街道筋などには草市と呼ばれる小規模な定期市が存在してはいた。州県城内の公設の市では主として貨幣を介した売買で商取引が行なわれていたのとは異なり、草市は近在の農民達が自らの生産物をバーター取引して生活必需物資を入手するための場であった。だからこそ草深い田舎のマーケット、つまり草市と呼ばれたのである。基本的には自給自足体制に立脚した唐前半期までの農村社会においても、生活必需物資である塩や鉄製農工具などは生産地が限定されるために自給することは不可能であり、他から入手せざるを得なかった。生産力の増大に伴う余剰物資の商品化、地場産業の勃興によって商品化された物資の流通が活発になると草市はいたる所で開かれるようになり、主要な街道筋、地場産業中心地、あるいは大城市近郊などの草市は大型化し、定期市的な存在から常設店舗を多数構えた恒常的市場の機能をもつものが出現してくる。唐末五代期には各地に割拠して半ば自立化した節度使軍閥勢力は領内での殖産興業を積極的に推進したため、各地に新たに続々と地場産業が興り、その中心は小都市を形成する。節度使は戦略要地やこれら新興の小都市に軍隊を駐屯させ、各種の商税を徴収して自らの重要な財源とした。軍隊が駐屯したために、これら新興小都市は鎮と呼ばれ、これより小規模な草市・村市は市集と呼ばれた。宋代になると、鎮には商税徴収や塩などの専売業務を担当する県の出張所が置かれることが多くなり、財政面で宋朝政府にとって欠くことのできない行政末端として公認されることになる。このような政府公認の鎮は約一三〇〇の多きにのぼる。またこれをかなり上まわる数の比較的大きな市集も公認され官集と呼ばれる。鎮の人口は大まかな数字であるが二〇〇〇人以上と推定されるから、公認された一三〇〇鎮の総人口は二六〇万人となる。これに官集の人口を加えると三〇〇万〜四〇〇万人近い人口となることは確実である。府州県城の城郭人口以外にこれだけの都市人口が、およそ一億の宋代社会に存在していたことになる。むろん、鎮や官集の居住民全てが地場産業や商業のみに従事していたわけではないであろうし、むしろ農業との兼業者が少なくはなかったはずである。鎮のなかには人口五〇〇〇から数万に達するものもあり、新たに周囲に城壁をめぐらせるものも出現する。これだけの人口と城郭をもつ鎮は県城と較べて規模の上からすれば何ら変るところはなく、事実、県に昇格する事例もある。このような宋代における新興の商業・産業小都市である鎮の代表格は景徳鎮（けいとくちん）であろう。北宋三代真宗の景徳年間（一〇〇四〜〇八）にその年号を冠した鎮名に改称されて公認されたのが景徳鎮で、付近に良質の陶土を産することから、古くより陶磁器生産が行なわれていた。唐末五代以降の地場産業奨励策、陶磁器需要の飛躍的増大、そして鄱陽（はよう）湖を経由して長江に通じる地の利のおかげで大きく発展した。

宋代における多数の鎮や市集の出現は、これまでの州―県―郷―里（村）といった一元的な行政系列からだけで成り立っていた社会に、この行政系列とは別に州―県―鎮―市集―村という財政・流通系列ができたことを意味する。農村レベルでの各種の生産物資は鎮や市集において集荷され、あるいは二次加工されて、州県レベルの都市流通網に上げられる。従来の農民レベルでの自給的経済生活を補完するに止まっていた水平的な交換経済の枠をうち破って、垂直方向への商品物資の流通を媒介する役割を果したのが鎮や市集であり、広域な流通ネットワークを支える核となった。地域社会における鎮や市集のこのような役割は、西欧列強勢力によって広州以外の海港や内陸主要河川の河港が無理矢理に対外開放させられることによって交通・流通のネットワークが激変する一九世紀半ばまで基本的に機能し続ける。

5 宋代府州県城郭の規模

宋代における府・州・県城で城周などのデータがわかるものがかなりある。ここでは斯波義信氏の研究に基づいて紹介しよう。なお、一部を節略したところがあり、また出典も省略してある。

城周五〇・四里の北宋国都開封府城、五〇里（五代十国期七〇里）の南宋行在臨安府城が特別に規模が大きいのは当然として、その他の一般府州県の城郭規模について見れば、路の治所が置かれた都市で城周二〇～三〇里、府州軍治の都市で一〇里前後、そして県治ではほぼ一〇里以下であることがわかる。既述したように、唐代の州城クラスで城周二〇里前後、県城クラスで一〇里以下が過半であったのと、ほとんど同じ規模と言えるであろう。唐末から五代十国期に一部の城郭が巨大化したのは、戦乱の時代相を反映した特殊な

宋代府州県城郭の規模と構造

都市名	府州県別	城郭構造	城周	城高	基厚	城門	濠	築年修築年	備考
太原府	府	外城	一〇・八里			四		宋初	
		内城	五・四里			四		宋初	
遼州	州		四・二里			二			
楡社	県		二・一里			三			
和順	〃		二・七里			二			
開封府	都城	旧城	二〇・四里			一〇		唐中期	
		外城	五〇・五里	五・九丈		一一		一〇七五	
		宮城	五里			六			唐城子城
秦州	府		一一・四里	三・九丈					
蘭州	州		五里						
蘇州	〃	外城	四二里			一二			
		内城	一二里						
呉江	県		一里					一〇〇八〜一六	
常熟	〃		〇・六里	一丈		五		一〇〇八〜一六	
秀州	州	外城	一二里	一・二丈					
		子城	二里	一・一丈		四			
海塩	県		〇・五里	一・二五丈	一丈				
華亭	県		〇・九里	一・二丈	〇・九五丈				
潤州	州	外城	二六・一里	〇・九五丈	一丈	一〇			唐城
		内城	一二・二里	三・一丈	〇・四丈	四			唐子城

金壇	県		一・九里	一・五丈		一一		六九二	唐城
丹陽	〃		一・六里			一五			
常州	州	外城	二七・一里	二丈	二丈	九		九二一～二六	十国呉
		内城	七・一里	二・八丈	二丈	四		九三六	〃
無錫	県	外城	二・一里	一・七丈		四			
		子城	二・一里	二・七丈					
宜興	県		一・三里	一・二丈		二	幅三・五丈	三国呉隋代修	
建康府	府	外城	二五・一里	二・五丈	三・五丈	八	幅三丈 深一・五丈	九二一～二六	十国呉都城
句容	県		二・一里		二・一丈	六		八九二	唐末
溧水	〃	外城	五里						
		内城	一・三里		〇・八丈				
溧陽	〃		四・八里	一・一丈	二・八丈		幅五丈 深〇・五丈	九三八	十国南唐
			六里			水陸七		一二六〇～六四	南宋末
徽州（唐歙州）	州	外城	四里	一・二丈				八八三	唐末
		外城	七・一里			六		一一一九～二五	北宋末
		内城	一・一里	一・八丈				八五五	
休寧	県		九・一里						
祁門	〃	五・四里							
婺源	〃		九・一里	一・八丈		二		九三八	十国南唐
績渓	〃		五里						

名称	区分	城	周囲	高さ	幅	門	濠	年代	備考
黟	県		二・九里						
臨安府	行在	外城	七〇里					十国呉越	
		外城	五〇里			一三 水五		南宋	
		宮城	九里						呉越子城
余杭	県	外城	六・六里					一〇〇八〜一六	北宋
		外城	三里	一・三丈	一・五丈	四	幅二・五丈	九八四〜八七	北宋
臨安	〃		一・四里						
於潜	〃		一・三里	一・五丈	一・八丈		幅一・八丈 深〇・四丈	一〇〇八〜一六	北宋
富陽	〃		一・七里	一丈		一			
新城	〃		七・一里	二・二丈		四			
塩官	〃		一・三里	二丈		四	幅五丈 深〇・四丈	一〇〇八〜一六	北宋
昌化	〃		一里				幅一・五丈		
越州	州	外城	二四・七里	二・四丈 二・六丈	三丈 一・八丈	九			
		内城	一〇里	二・二丈	四・一丈	四 水一		隋代	
嵊	県		一二里	一・二丈	二丈	三		一〇〇八〜一六	北宋
蕭山	〃		一・六里	一・八丈	一・一丈			一〇〇八〜一六	一二〇一〜〇四不存
余姚	〃		一・七里	一丈	二丈			一〇〇八〜一六	三国呉築
上虞	〃		一〇里	一丈	一・三丈			一〇〇八〜一六	北宋
新昌	〃		一・三里	一・七丈	一丈			一〇〇八〜一六	北宋

諸暨	〃		二・二里	一・六丈	一丈	一〇		一〇〇八～一六	唐中期築
明州	州		一四里						
奉化	県		三・六里						
慈谿	〃		三・一里						
定海	〃		二・五里					唐末銭氏	
昌国	〃		五里						
象山	〃		〇・六里						
湖州	州	外城	二四里			四 水二	幅数十丈 深不可測	六二一	唐初
		内城	二・一里					六二一	
長興	県	無城郭	（五・一里）			柵門六			
武康	〃							七六四	一一三一～六二旧基存
安吉	〃	無城郭				六			
台州	州	外城	一八里		四丈	旧九 今七			九七八毀後修
		内城	四里			三			
黄巌	県		九・一里 一・三里					六七四～七六	唐城
天台	〃		一・一里			二		三国呉一一二一修	
仙居	〃		一・七里					六七四～七六 一一二一修	
寧海	〃		一・七里			旧四 今二		六八九	唐城

厳州（唐睦州）	州	外城	一二里	二・五丈	二・五丈	八			
		内城	三里			二			
淳安	県		二・六里						
南康軍	州	外城							土垣
		内城	〇・五里						
洪州	州	外城	一〇・二里			一六			
		内城	二・七里	一・八丈					
豊城	県		一・六里	二丈		六	幅五丈		
奉新	〃		五・一里	〇・八〜一丈					
分寧	〃		一・三里						
武寧	〃		一・三里	一・六丈	一・六丈			七四五	唐城
靖安	〃		二里						
建昌軍	州	外城	一三里	二丈	一・六丈	一〇			
		内城	〇・九里						
南豊	県		一里	〇・六〜〇・七丈					
江州	州	外城	九里			五			
		内城	四里						
徳安	県		七・一里			七			
瑞昌	〃		七里			四			
湖口	〃		七里			二			
彭沢	〃		七里			三			

撫州	州	外城	一〇里			八 水一			
		内城	一・六里			三			
崇仁	県	無城郭	(一・一里)			六			
金谿	〃		二里					一〇〇八〜一六	今無城
楽安	〃		八・一里			四	無濠		
筠州	州		一一・一里	三丈		一二		九五二	十国南唐
袁州	〃	外城	七里 九・二里	三・八丈		四	深四丈	一一二七〜三〇	南宋初
		内城	一・三里	三・七丈				一一八六	南宋
吉州	〃	外城	二〇・六里	二・五丈		九			
		内城	二里	一・四〜二・四丈	九・五尺	三			
永新	県		五・四里	一・九丈			四面有濠		
泰和	〃		五里	一・二丈	八尺	四	幅一丈 深七尺		
安福	〃		〇・四里	一・二丈		一〇	幅一丈 深七尺		
永豊	〃		五・六里	三・二丈		二	三面有濠		
万安	〃		〇・八里						
竜泉	〃		三里	八尺		四			
虔州	州	外城	一三里	二・四丈	一・二丈	一三	三面有濠		
		内城	三・三里	一・八丈	一・一丈				
雩都	県								土城

南安軍	州		一〇・四里	八尺	四尺	四	幅四丈 深一・三丈		
南康	県		三里			四			
上猶	〃		三里			三			
饒州	州		一二里	一・八丈		八			
信州	〃	外城	七・一里	二・一丈	三丈	八	幅四丈 深一丈		
		内城	一・八里	二・五丈					
揚州	府		一七・五里				幅一・三〜一・八丈 深一〜一・五丈		
和州	州		九里					一一六五〜七三	南宋
廬州	〃		二〇里						
舒州	〃		九・五里			五 水三			
潭州	〃		二二里						
永州	〃		〇・九里						
叙州	〃		六・七里			七			
瀘州	〃	外城	六・九里	一・三〜二・二丈	二〜三丈	六	幅四丈 深一丈	一一〇七〜六二	北宋末 南宋初
		外城	九・一里			九		一一四五	南宋初
		内城				四			
江安	県			四・二丈	四丈	四		一二二二	柵
合江	〃					六			

福州	府	外城	二〇里	二丈	二・五丈				
		羅城	旧五二里 今四〇里			一六 水三			
		子城	五・三里	三・二丈	四丈	七			
汀州	州	外城	五・七里	一・八丈	三丈	六	深一・五丈	一〇六四〜六七	北宋
		内城	一・八里	一・一丈					
寧化	県		〇・八里			四			
			一・四里			四		一二三四〜三六	南宋
上杭	〃		〇・四里						
武平	〃		二・二里			三			
清流	〃		一・一里			四			
蓮城	〃		一・四里			三			
泉州	州	外城	二三・八里			水一六			
		内城	三里			四			
広州	府	外城	一五・三里	一・八丈	五丈	一五	幅一丈	一二三四	南宋
		内城	三・五里						
連州	州		〇・九里			五			旧三角城
梧州	〃		一・四里	一丈					
岑渓	県		一・一里	八尺	一丈	一	幅一丈 深五尺		
藤	〃		一・九里	八尺	四・五丈	二	幅一丈 深四尺		
容州	州	外城	一三・九里			四	幅三丈 深八尺		

		内城	二・八里			三			
博白	県		二・二里	一・八丈			幅一丈 深五尺		
興業	〃		一・二里	八尺	一・二丈		幅八尺 深五尺		
邕州	州		七里	三・五丈	六丈	七		一〇七八～八五	土城
横州	〃		九・五里	一・八丈	一・五丈		幅三丈 深八尺		
潮州	〃	外城	五・三里			七			旧土城 南宋磚
		外城	八・五里				幅七・五丈	一一七四～八九	南宋
		内城	〇・二里			三			

ケースであり、国内的な治安が安定する統一期においては、唐代・宋代を通じて各レベルでの城郭規模には大差がない。以後の明清期においても州城・県城のサイズには基本的に大きな変化はない。

6　平江府図と静江府図

宋代の城郭の姿を知る上で欠かすことのできない二幅の石刻都市図がある。「蘇州平江府図」と「桂州静江府城池図」がそれである。ともに南宋期に刻されたきわめて精度の高い城郭平面図である。

南宋の理宗紹定二年（一二二九）に刻された平江府図碑は、縦一九七センチ、横一三七センチの石碑で、かつては蘇州の府学に保存されていたが、現在は蘇州博物館に収められている。宋代には蘇州は運河交通の拠点として大いに繁栄し、州から府に昇格して平江府と呼ばれた。平江府図碑は、同時代の蘇州の城郭、城門、城濠、城内の街路や水路、官署、仏寺、道観、橋梁にいたるまで名称を付して示されており、宋代蘇州城の全体像だけでなく、城内の姿もきわめて具体的に伝える貴重な地図資料である。本図に見える城郭規模や城内の街路、城郭を囲繞する城濠などは非常に正確で、現在では城壁はごく一部を残すだけでほとんど残ってはいないが、本図をたよりに今の蘇州市街を実際に歩くことも可能である（図59）。一三世紀末の元の時代に蘇州を訪れたマルコ・ポーロは、クリークが場内を縦横にめぐっている蘇州の街を、当時のヨーロッパではパリと並んで最大級の都市であったヴェニスと比較し、中国のヴェニスと呼んだ。都市規模からすれば当時の蘇州はヴェニスの約三倍もあり、むしろヴェニスこそイタリアの蘇州と言うべきであろう。平江府図に拠った宋代蘇州城の具体像については、さまざまな形で紹介されているのでこれ以上の言及はひかえ、次に「静江府城池図」を見ることにしよう。

本図はカルスト地形独特の奇景で有名な観光地桂林市北郊の鸚鵡山南崖に刻された摩崖

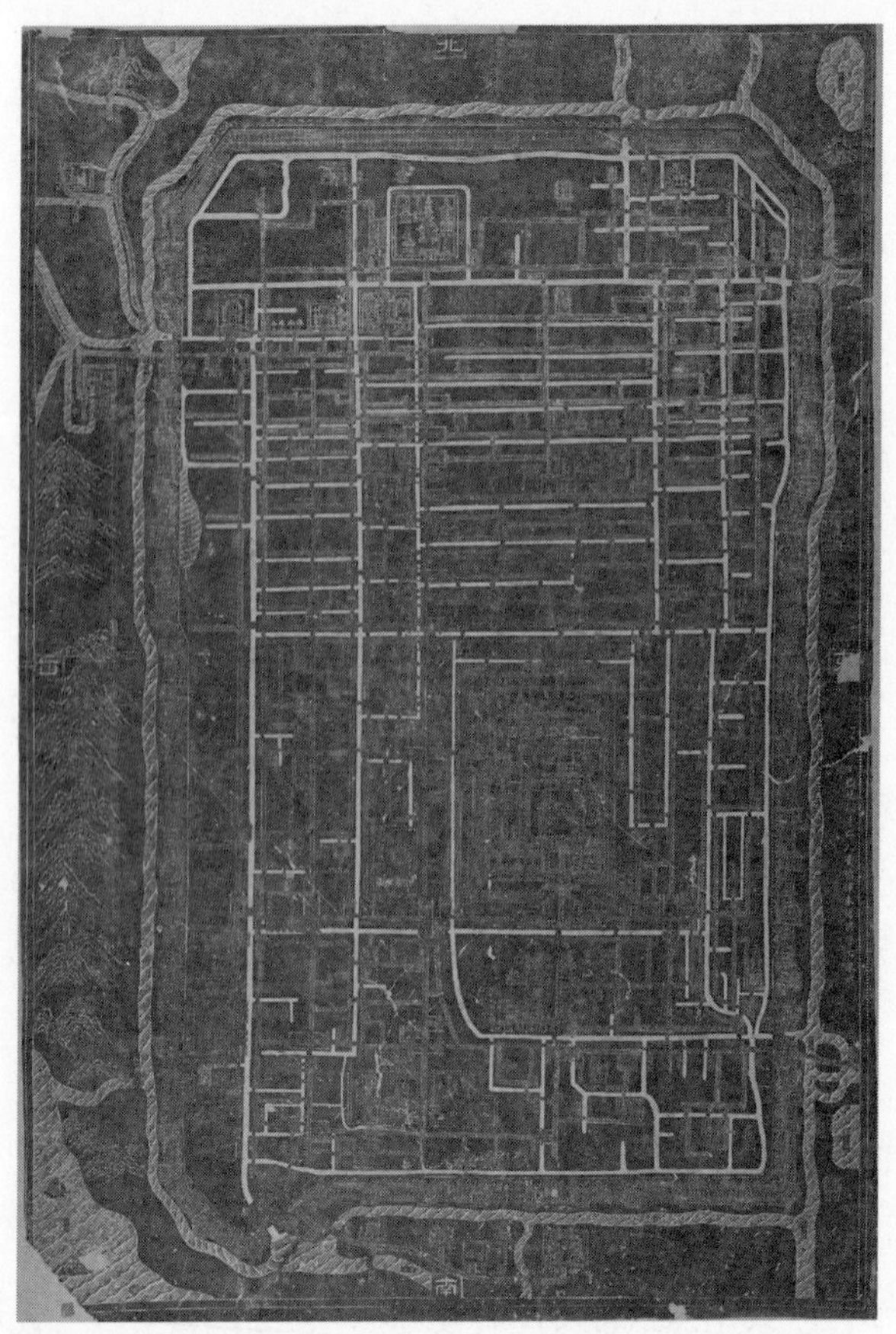

図 59 「蘇州平江府図」

の石刻図で、サイズは縦二・九メートル、横二・九八メートルある。南嶺山脈を分水嶺として、北側の水系は全て長江に流れ込む長江の支流であり、南側の水系はすべて南海に直接流入する。この分水嶺で二分される水系を接続したのが秦の始皇帝により開削された運河霊渠である。霊渠によって南海の窓口である広州から南嶺を越えて長江へ、そして大運河に通じる一大水運幹線が成立し、後世まで重要な交通運輸上の機能を果し続ける。このルートの南嶺南側の要衝に立地するのが桂州で、そのために南宋の初に州から府に昇格して静江府と呼ばれた。南宋末にはこの地がモンゴル軍に対する重要な戦略拠点となる。モンゴル軍は一二三四年に金を滅ぼして華北を制圧し、一二五二年には雲南の大理国、ヴェトナムの安南国をも併合して南宋包囲網をほぼ完成させた。モンゴル軍が南宋への本格的な攻勢を加え始めたまさにこの時期、モンゴル軍の南からの軍事的圧力に対抗するため、桂州静江府では一二五八年から七二年の一四年間に四次にわたる城郭増修工事が実施され、その竣工を記念して度宗の咸淳八年（一二七二）に刻されたのが本図である。安南方面から北上してきた兀良合台率いるモンゴル軍によって一度攻陥された直後の第一次増修では、周六里の唐城北側に新城が増築されて旧にほぼ倍する拡張がなされた。第二次の増修では、南門の増強と西壁外にさらに城壁が築かれた。すでに何度も言及した羊馬城であることは一見して明らかである。第三次の増修では、東壁外を南流している漓江に沿って護堤のための石城が設けられた。最後の第四次増修では、さらに北側への拡張がなされ、いくつかの自然山塊を巧みに利用して北壁が築かれている（図60）。既述のように、この四次にわたる大幅な城郭増修工事はモンゴル軍の侵攻に対する防城強化策であり、城郭規模を大きくしただけでなく、さまざまな防城施設が付設されたことが本図には示されており、城郭構造の細部を知る上できわめて貴重な資料なのである。まず城壁については、版築土城の表面を磚で破った磚城であること、城壁基部のほとんどの部分は石積みによって強固なものにされていることがわかる。馬面およびその上の敵楼、馬面の変型である半円形の出張りとその上の団楼などもはっきりと見分けることができる。外城と西側の張り出し部分、つまり羊馬城の上部にもともに女墻が間断なく設けられている。内城化した旧唐城北壁は残余城基として示され、一部に切断箇所があるが、ほとんど残存していることも知れる。西壁北半の外側にも羊馬城の一種である攔馬墻が築かれ、ほぼ等間隔に射撃用の垜口が穿たれている。数カ所の門高は非常に低く作られている。これらは先のモンゴル騎馬軍団の攻撃から生まれた戦訓であろう。城門については、南門が甕城構造とされるとともに、その外側に羊馬城を設け、さらに濠外にも月城が築かれて三重の防御策が施されている。羊馬城の西門も同じく甕城となっており、また濠外に月城が設けられている。南面と西面の防御強化が著しいが、これまた先のモンゴル軍が南と西から集中攻撃を加えて失陥した戦訓によると考えられる。城門上の門楼もそれぞれの規模に相応して描き分けられている。東面の城濠を兼ねる漓江と他面の城濠、かつての城濠で拡張後に城内に取り込まれた渠水

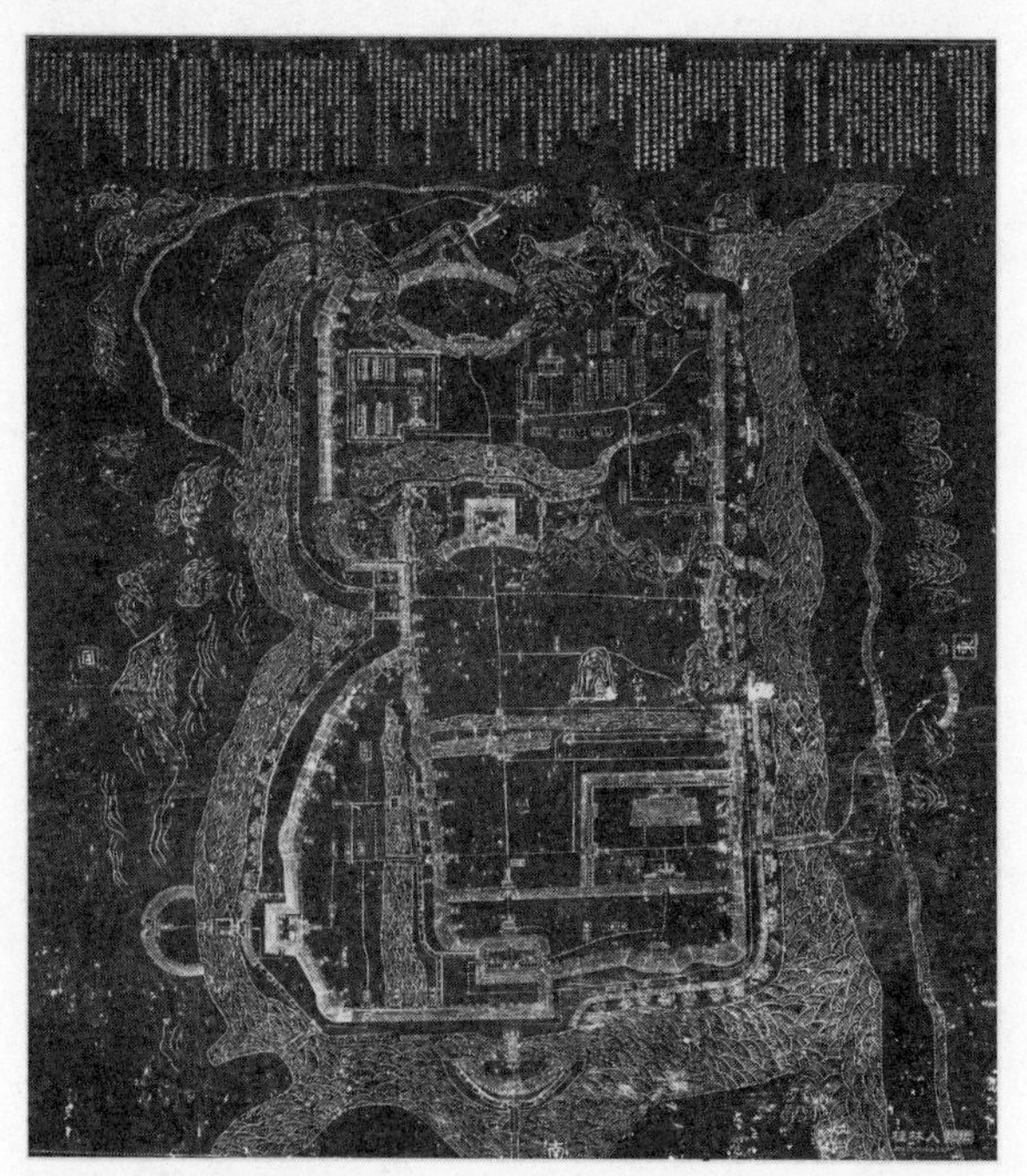

図 60　「桂州静江府城池図」

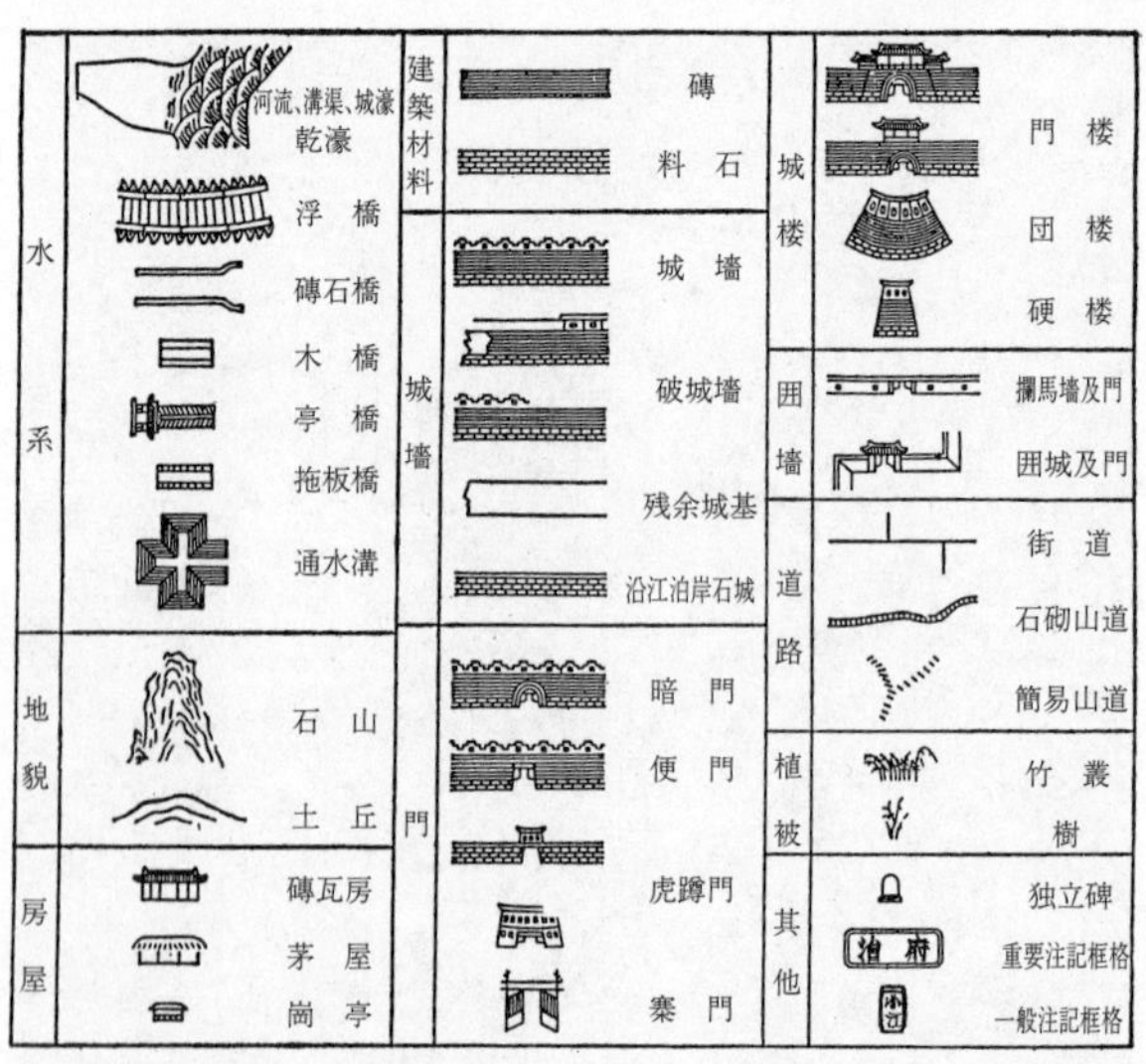

図61　「静江府城池図」符号表

には各種の橋梁が架かるが、浮橋、磚石橋、木橋の区別まで明確に表示されている（図61）。

このような城郭全体像のなかで、各種の城郭構造物の具体的な配置やその細部まで示してくれる「静江府城池図」の重要性がおわかりいただけるであろう。ちなみに、現在の桂林市街は本図に示された南宋末の城郭都市が基本となっている。城壁はほとんど残ってはいないが、桂林に行かれる際には、本図をぜひ参照されることをお薦めする。

7 『武経総要』に見える城郭構造

北宋の仁宗康定年間（一〇四〇～四一）に曾公亮が勅命によって編纂した『武経総要』四〇巻は、軍備に関する総合的なマニュアル書である。本書には軍事に関係するさまざまな挿図が付されているので大変に便利な書である。ここでは城郭関連のものをいくつか紹介し、先に見た「静江府城池図」と比較してみよう。

城郭の正面である城門を中心とした形状を示すのが城制図である。城壁面はすべて磚で被われた磚城として描かれている。また城壁上には一定間隔ごとに凸形で堞口を穿った女墻が設けられている。左右に見える城壁面からの出張り部分が馬面、馬面上の四角の構造物が敵楼である。敵楼は攻撃を受けた際に戦闘要員の主力が分散配置されて防禦の要となる。前面および左右両面を囲む穴のあけられた矩形板が戦棚と呼ばれるもので、城壁下からの弓矢攻撃から防禦する楯として用いるとともに、円孔から城下に向けて応射するための装置である。城門の門扉は必ず内開きに作られる。城門上の建造物が門楼である（図62）。開封府の繁栄を描いた有名な「清明上河図」に精緻に描写された門楼が見えている（図63）。城門の前面に半円形に設けられているのが甕城（月城）で、甕城上にもやはり戦棚がびっしりと並べられている。甕門に穿たれた門口部、つまり甕城の門の位置に注意し

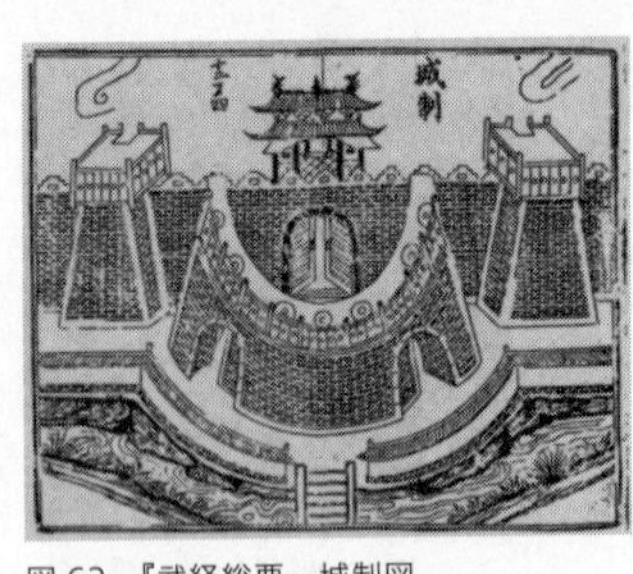

図62 『武経総要』城制図

てほしい。敵の突撃速度を減殺するために城門と甕城の門とは一直線上に開かないのが原則で、この図では甕城の両側部に開かれている。また門扉も片開きだけになっている。甕城の外、濠の内側にめぐらされている背の低い土墻が羊馬城である。城壁と羊馬城の間が防城の際に有効な邀撃空間となることは既述した通りである。

次に掲げたのが城壁の一般的構造を示す図である。ここには二馬面と一団楼が描かれている。馬面とその上部の戦棚は先と同じである。団楼も既述したように馬面のヴァリエーションではあるが、馬面のように下部ほど厚さを増す構造ではなく、城壁面をそのままの厚みで円形にカーブさせたものである。団楼上にも戦棚が配されている。城壁上に置かれた白露屋は、すでに唐代の文献にも頻見するものであるが、本図に至ってようやく具体的構造を知ることができる。竹や柳を編んでテント状に作り、外面は防火のために石灰を塗り固める（図64）。白露屋という名称はこのためである。人間一人と各種の防城戦具や防火用水を備えておく小さな施設であり、多くは戦時に配される。要するに城壁上からの偵察、そして戦具補充と防火用具の臨時的な簡易小型倉庫である。簡単にしかも短時間で作り上げることができるこのような設備が非常時には城壁上に配されたのである。

さて『武経総要』所載の城郭構造に直接関連するごく一部を紹介した。先に見た「桂州静江府城池図」に示された城郭新建の具体像は、『武経総要』というマニュアルの実際上での応用の一例と言えよう。とは言え、『武経総要』に記されている内容は、宋代になって突如として出現するものでないことは言うまでもない。唐代の章で紹介した『通典』の兵典条にもほぼ同内容の記述は見えていたし、古くはすでに戦国期の『墨子』に防城のための基本的な方策は全て出揃っていると言ってよい。戦国以後、技術面や工法上での改良進歩を経て宋代に至るのであり、さらに明清期に時代は降っても築城法や防城法の基本に大きな変化はない。この点は後述するように武器としての火器の中国的あり様と関連する。記述内容に関しては、『武経総要』の内容には必ずしも目新しい点はさほどないのであるが、詳細な挿図を豊富に著録して城郭史、軍事史研究にヴィジュアルな資料を提供してくれる点で、いささかもその重要性を減じるものではない。

図 63 「清明上河図」門楼図

火器兵器の出現と城郭構造との関連についてふれておこう。磁針の指北性を実用化した羅針盤、筆写用具としての紙、そ

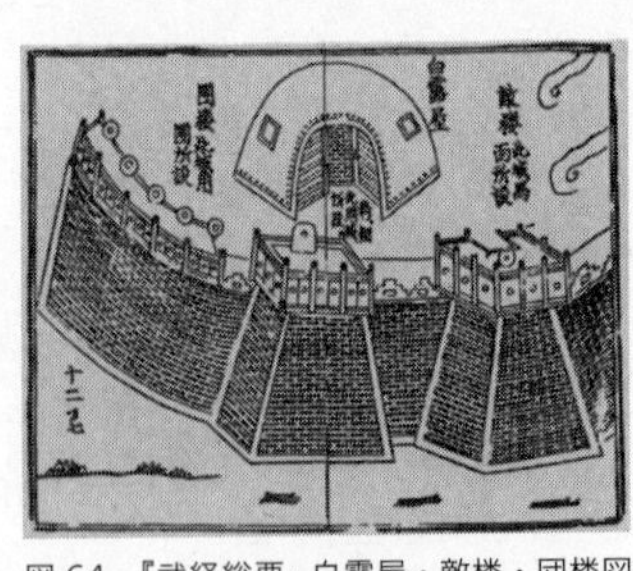

図 64　『武経総要』白露屋・敵楼・団楼図

して火薬は中国の三大発明とされることは周知の通りである。唐代に発明された黒色火薬は、宋代になると軍事上で実用化されてくる。火薬を用いた火器兵器は、当初はもっぱら燃焼性のものが主で、『武経総要』にもすでに毒薬煙毬、蒺藜火毬、火砲などが見えている。やがて爆炸性火器も登場し、管形火器つまり大砲が発明されるが、城壁を破壊するほどの大きな威力をもつには至らなかった。火薬は一三世紀にイスラムを経由して西欧に伝わり、火器兵器として著しい発展をとげる。その結果、中世までの高い城壁に頼る城郭構造は根本的な変革を迫られることになった。ルネッサンス期以降には、むしろ低平な要塞型城郭都市へと変貌するのはまさしく火器の出現によるところが大であった。それに対して中国では、火薬の実用化においては西欧にはるかに先行したものの、火器兵器としての発達は緩慢であったことは否めない。中国大陸のほぼ完結した地理環境、前近代における外からの脅威といえばもっぱら北方遊牧民族であった。遊牧民族の軍事力は言うまでもなく弓矢を主要武器とした騎馬戦術である。火器が武器としてあまり大きな比重を占めるに至らず、それが火器発達の緩慢さの一つの原因といえる。したがって、城郭構造も宋元時代でも唐代と大差なく、後の明清時代に至っても事情はさして変らなかったのである。

第八章　遼・金・元時代の城郭都市

　中国内地の一部または全域が漢族以外の民族によって支配統治された時代が、所謂征服王朝時代である。四世紀から六世紀の五胡十六国や北魏とは異なり、少数の支配民族集団が頑固なまでに彼等の民族性保持に努めたのが征服王朝の特徴である。もっとも、遼、金、元、そして清朝のそれぞれにおいて程度の差こそあれ、中国化の趨勢はいずれの王朝においても押し止めることに成功したとは言い難い。征服王朝期の城郭のあり様は、前代までと何ら変るところはない。つまり支配下に置いた中国内地の州城や県城を行政拠点として従来通り踏襲したからである。モンゴル族の支配当初には、漢人農民をすべて追い払って農地を牧草地にしてしまえという極端な考えもあったが、州県体制に基づく漢地統治がいかに有益であるかを力説した耶律楚材(やりつそざい)の説得で事なきを得たという有名なエピソードがある。ただ都城のあり方には伝統的な中国都城とはやや異なった面がいくつか見られる。以下に遼、金、元代の都城制についてみてみよう。

1　遼代の都城制

モンゴル系契丹（きったん）族のたてた遼は、五代第三番目の王朝である後晋政権樹立に際し、後晋の建国者石敬瑭（せきけいとう）の求めに応じて精鋭騎馬軍団を派遣して建国を援助し、その代償として長城以南の燕雲（えんうん）十六州の地を後晋より割譲させた。遊牧と農耕という異なる経済生活に立脚する地域を領有することになった遼は、それに対処するために、それぞれの地域支配の拠点として上京臨潢（りんこう）府・東京遼陽府・南京幽都府、ついで中京大定府・西京大同府を置き、あわせて五都とした。上京臨潢府は遼河（シラムレン）の上流に新たに築かれた中国風の土城で、南北二城が接した複郭構造であった。北城に宮城が置かれ、主として契丹人が住したが、北城内にはいたる所に契丹族固有の遊牧式移動テントであるゲルが張られていたという。一方、南城は所謂漢城であって、中国内地から集団で強制移住させられた漢人農民や各種技術者達の居住区であった。上京南城に限らず、各地に強制移住させた漢人農民集団の本貫県名を冠した新県が設けられ、農業開発の拠点とされた。これらの新県城を総称して漢城と言った。東京遼陽府は遼河下流、現在の遼寧省遼陽の地である。旧渤海国の上京竜泉府の民を移し、さらに漢人をも居住させた。内城・外城からなる重複構造の城郭で、外城は漢城と呼ばれたらしい。南京幽都府（後に析津府と改称）は唐代の幽州城、燕雲十六州中の燕州城である。副都ではあるが、農耕地帯に対する遼の支配のもっとも重要な拠点であったため、五都の中で最大規模を誇った。後、金代に増修され、元代には大都として大拡張された。現在の北京の直接のルーツである。中京大定府は現在の遼寧省赤峰市の南約八〇キロの地で、上京臨潢府と南京幽都府のほぼ中間に位置する。西京大同府は燕雲十六州中の雲州で、現在の山西省大同市の地である。西京も農耕地帯支配の拠点であるとともに、西隣するタングート族の自立国家西夏（せいか）に対する戦略上の要地でもあった。遼の歴代皇帝はこれら五都、とくに上京・中京・南京の間を季節ごとに百官を伴って頻繁に移動した。遊牧的生活形態が遼の都城制には反映していると言ってよい。

2　金代の都城制

東北地方の大森林地帯から興ったツングース系女真族がたてた金は、まず遼を滅ぼし、ついで宋の淮水以北の地をも併せて、華北のほぼ全域を支配した征服王朝である。金は遼の五京を継承するとともに、さらに女真族の故郷の地に新たに上京会寧府を置き、また旧北宋の都城開封府を南京とした。したがって、六都制ないし七都制という変則的なものとなった。上京会寧府は黒竜江省ハルピン市の東南三〇キロに位置する。南北二城からなる

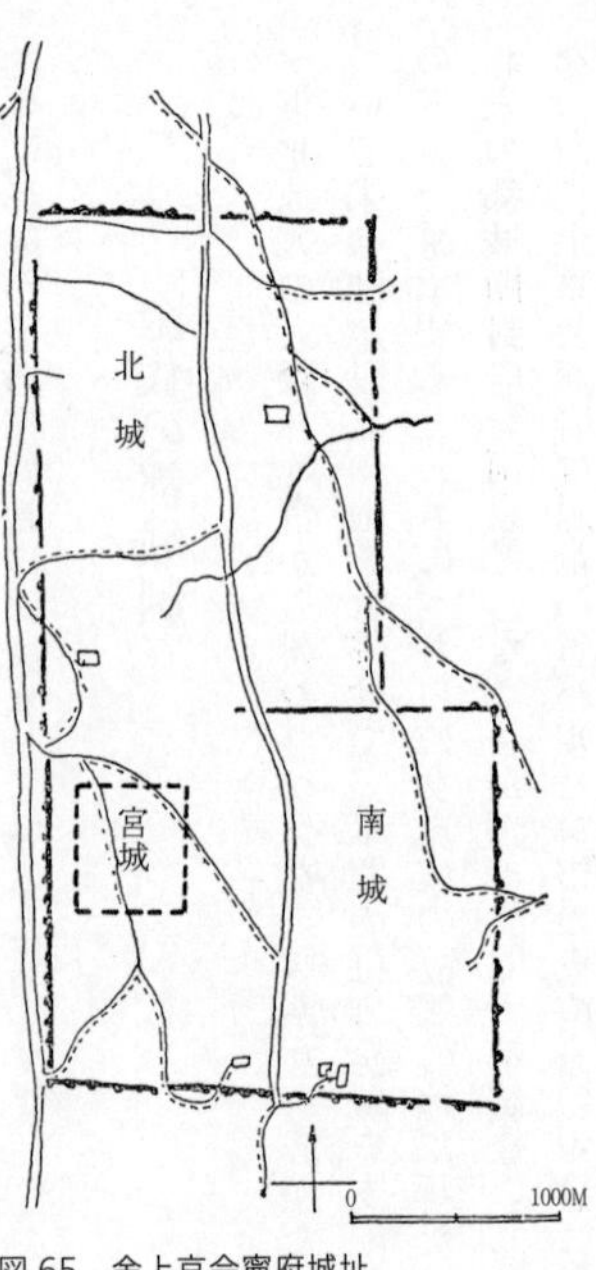

図65　金上京会寧府城址

複郭構造である。南城は周七〇八六メートル（一二・八里）で宮城区が置かれた。北城は周六九七〇メートル（一二・六里）で漢城であったと考えられる（図65）。東京遼陽府と西京大同府は遼のそれをそのまま継承したものである。遼の上京臨潢府は北京と改称されるが、ついで廃される。遼の中京大定府は北京に、遼の南京析津府は中都大興府と改称される。中国内地の支配領域が燕雲十六州だけであった遼に対して、華北全域にまで支配領域を拡大した金にとって、遼の五都制を踏襲しながらも相対的位置関係が不適であるのを改めたものである。金の都城中で重要なのは中都大興府であり、上都をしのぐ事実上の中心都城とされた。中都は唐の幽州城、遼の南京城によるものの、それら城基によるものではなく、まったく新たに築城された城郭で、宋の旧都開封府に絵師を派遣してそのプランや宮殿配置を調査した上で絵図に写し取って持ち帰らせ、それに基づいて造営された。遊牧民族である契丹族やモンゴル族とは異なり、女真族の場合には東北森林地帯での狩猟生活を基盤としながら、すでに一定の農耕生活に入っており、中国的城郭に違和感を覚えるどころか、むしろ積極的に受容する姿勢が強かったからである。「草原の民」である遊牧民族は、狭い田土にしがみつく「城の民」である農耕漢族に対し強烈な蔑視観を抱いているが、「森林の民」である女真族にはそれは稀薄である。そのためもあって、金は華北を領有して多数の漢人を支配下に置きながら、急速に中国化して尚武の気風を失っていくことになる。さて金の中都大興城は、外城の城周が一六・六キロ（三〇里）、各面に三門の計一二門が開かれている。内城が皇城である。外城東北の沼沢が整備されて人工湖となり、湖中の瓊華島には離宮が造営された。現在の北京の北海・中南海の起原である。のち一二一五年、中都城はモンゴル軍に攻陥され、大きく破壊されてしまう。

3 元代の都城制

西夏、金、そして南宋を併せ、征服王朝として中国全域の支配を初めて達成したのがモンゴル族の元である。元の都城は上都開平府と大都の両都制である。上都開平府は内蒙古のドロンノール（多倫）地区に一二五六年、クビライの命を受けた劉秉忠によって築城された。内城と外城からなる重郭構造であるが、のちに外城の西部と北部とを城壁で囲んで外苑とされた。内城は周二三八〇メートルで、湖水や泉池が多数取り込まれているのに注目してほしい。外城は周五一〇〇メートルのほぼ方形プランを呈し、外苑を含む全体の城周は約八・三キロに達する（図66）。

図66　元上都城址

クビライは金の中都大興府城を攻陥した後、しばらくの間は中都城を修復して漢地経略の拠点としていたが、一二六七年から中都城の北に新城の造営に着手し、八三年にほぼ完成する。旧中都城よりひとまわり大きなこの新城が大都、カンの都Khan Baliqである。内城は周二〇里、外城は周六〇里（実測は約二八キロで六〇里にかなり足りない）の重郭構造の大城郭である。大都築城のプランナーは上都と同じく劉秉忠であり、共通の要素が認められる。金中都城東北外の人工湖がそっくりそのまま城内に取り込まれて、内城内の太液池と外城内の積水潭とされている点である。内城は皇城に相当し、大内も置かれて宮城でもある。内城内のかなりのスペースを太液池が占め、しかも宮殿をはじめとする建造物がきわめて少なく、太液池とともに広大な空間が設定されている。唐長安城の皇城などとはまったく異なり、内城は狩猟地兼園池というモンゴル的要素が色濃い特異なものと言ってよい（図67）。そもそも、クビライ以下、元の皇帝（カン）は、上都を夏営地、大都を冬営地として約三〇〇キロある両都の間を季節的に移動することを常とした。モンゴル固有のこの両都制は、遊牧モンゴル族の生活様式に基づく都城制なのであり、中国支配を実現して築城された都城にも、ステップ的要素を城内に再現したのである。内城・外郭というプランの上からは、中国的都城の理想形態である『周礼』考工記を踏まえながら、城内のあり様にはモンゴル的なものを取り込んだ独特の都城が元の大都であった。現在の北京の北海公園は積水潭の、党中央要人の居住区となっている中南海は太液池の名残りである。

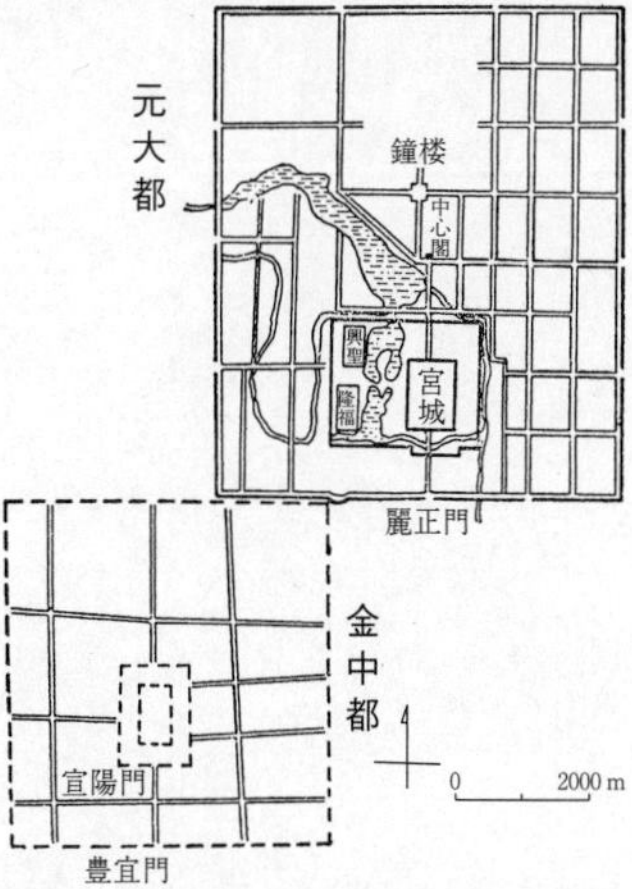

図67　金中都城と元大都城址

第九章　明清時代の城郭都市

明清期の府州県城郭については、城郭規模や構造、官署や寺観など主な建造物の城内での位置に至るまでかなり詳しく知ることができる事例が非常に多い。その理由の第一は、明清期に編纂された府志、州志、県志といった地方志が多数現存し、それら地方志にはほとんど例外なく城郭の平面図、あるいは俯瞰図が載せられているからである。第二に、明清期に築かれた城郭が少なからず遺構として現存しており、それらの平面プランがほぼ完全に判明することが挙げられる。本書冒頭でふれたように、人工衛星による写真撮影で確認されるものがONCマップにwalledと注記されて多数見えているが、これらのほとんど全ては明清以降の城郭である。また人民中国成立以後に撤去された場合でも、城市図に環城路と名付けられた道路が少なからず見えるが、この環城路によって、かつての城郭の輪郭を正確にたどることができるのも明清城である。現在も城郭をほぼ完全な形で残しているのが西安、江陵、平遥などで、いずれも後の補修を何度か経てはいるが、明代創築時のおもかげをよく保存している。

1　西安城

唐の滅亡とともに、その都城長安城は壊滅してしまい、五代以後には官署区であった皇城部分が修築されて存続するものの、東西二・八キロ、南北一・八キロという小城郭に過ぎなくなる。城内面積で唐城のわずか一六分の一という規模である。元に代って明代になると、領域の縮小によって西北地区に立地する西安の軍事的重要性が高まり、戦略要地として大幅な増修が加えられる。従来の城郭を北側と東側へ広げて面積で約三分の一が拡張され、城壁構造も著しく強化される。その後の補修を経ながらも、ほぼそのままの規模で現在にまで残る西安城（せいあん）がこれであり、中国城郭の全体像として目にすることができる代表格の城郭である。ちなみに、西安という呼称は、明初にこの地の行政区名が西安府と改められ、西安府の府城とされたことに由る。西方を安全たらしめるという意味である。明初に築城された形を今日に伝える西安城城郭に関する諸データを次に示すが、掲げた地図を参照していただくとわかり易い。本図は清末光緒一九年（一八九三）に製作された「陝西省城図」（清代には行政区名が西安府から陝西省に改称され、より広域を管轄する。現在の陝西

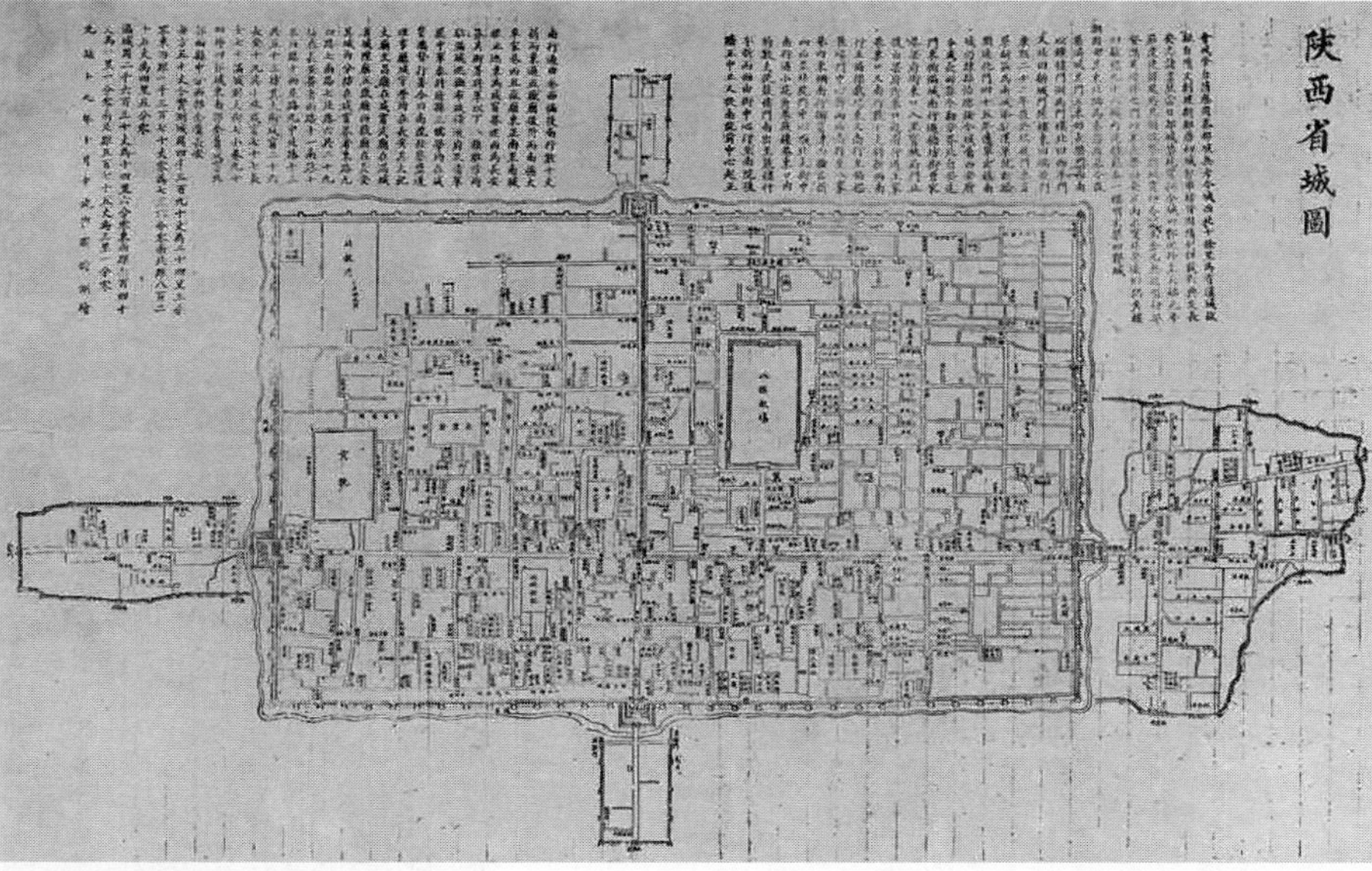

図 68　光緒一九年製陝西省城図

省とほぼ同じ）で、城内はもとより、城郭構造の細部まで正確に表示した精度の高い地図である（図68）。清末の姿を写したものとはいえ、明初築城時の形状を忠実に伝えており、現在でも西安市街を歩く場合に実用的な地図として利用できる。さて西安城の城壁規模は、東・西壁はともに二・六キロ、北壁三・三キロ、南壁三・四キロで、城周一一・九キロの横長の方形である。城高は一二メートル、基厚は一五〜一八メートル、上幅は一二〜一四メートルあり、城壁の内外面および上面は磚で被われた磚城である。但し、城壁内壁面の磚は下からかなりの高さまではがされている所が少なくない。住民が恰好の建築資材として窃取するからである。最近は市当局の保護策が進み、かなりの部分が修復されつつあるが、それでも内壁面のあちこちに不法に磚をはがして持ち去れば罰金なにがしの布告が貼られているのを目にする（図69）。城壁の上へ登るための馬道と呼ばれる斜道が城壁内側に計四カ所取り付けられており、現在でも利用することができる。城門は四面に各一門ずつの四門が開かれている。城門上の建造物が城楼（正楼）、その外側に甕城をめぐらせ、甕城上の建造物が箭楼である（図70）。甕城のさらに外側を城壁で囲み込んでいるのが護城である。

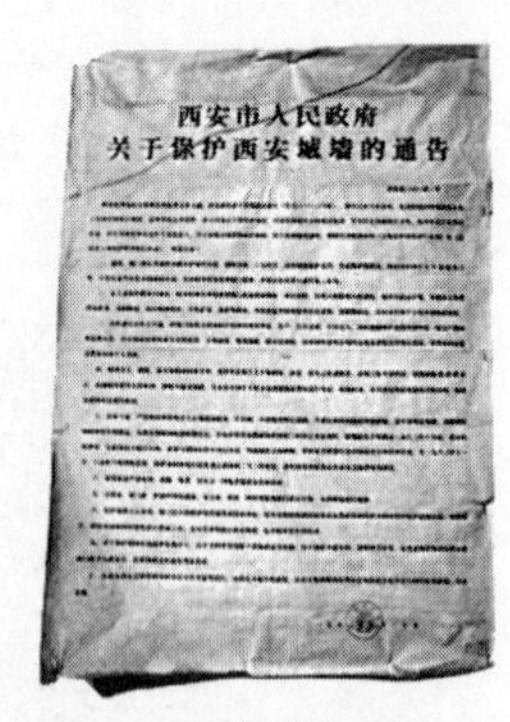
西安市人民政府
关于保护西安城墙的通告

図69　西安城壁保護の通告

図70　西安城の門楼と箭楼

護城の上の建造物を譙楼（欠楼・閘楼）と言う。東・西・南・北の四城門ともに同じ三重構造で、きわめて強固な防護措置が施されている。譙楼は元来は内外重城構造をもつ城郭の最後の砦となる内城（子城・牙城）の正南門上の門楼の通称であった。明清期にはもっぱら外城の増強が図られるようになって、外城の城門を防護する施設の名称へと変化したものである。地図に明示されているように、清末時点までは城門の三重構造がそのまま残されていたが、現在では一番外側の護城と譙楼はすでに撤去されて存在しない。各城門外には、東・西・南・北の四城関が築かれていた。既述したように、城関は城門外への市街地の発展、さらには城郭防禦上の最大の弱点である城門防護強化の二点から設けられるものであるが、西安城の四城関は、言うまでもなく、明初における増修以降に設けられたものである。西安城の四城関も現在は撤去されて残っていない。また現在の西安城では、元来の四門以外に、北・南壁に各二カ所、東・西壁に各一カ所が切り開かれ、城内と城外との交通の便が図られている。これらの箇所では城壁の断面が露呈し、土をつき固めた版築土城の部分とその表面を被う磚の構造がはっきりと見分けることができる。城郭の四隅には、それぞれ角台と角楼が設けられているが、西南隅だけは方形ではなく、円形構造になっている（図71）。これは元代奉元城の形態を留めたものとされる。図にも示されているように、馬面（敵台）が九八座設けられている。この馬面は城壁面から約一二メートル突起しており、かなり大型の馬面と言える（図72）。城周一一・九キロであるから、単純計算で約一二〇メートル間隔ということになるが、城門や角台部にはないから、実際の間隔は一〇〇メー

図71　西安城西南隅の角台

図72　西安城南壁の馬面

トル前後である。馬面上には当初は敵楼が設けられていたが現存しない。女墻は合計五九八四カ所、女墻には偵察や射撃のための垜口（だこう）が穿たれている。やはり単純計算では、垜口は約二メートル間隔ということになる。城外四周をめぐる護城河（城濠）は幅一〇メートルあり、城門前とその他数カ所に架橋されているが、全て吊橋とされていて、非常時には引き上げることができるようになっていた。以上のように、城壁の高さや厚さ、三重の城門構造、大型の馬面など、軍事的城郭としての機能が重視された西安城は、増修された明初の時代的要請に基づくものであるが、これだけの大規模な城郭がほぼ完全な姿を保って今日でも実見できることは、城郭史の上からきわめて貴重だと言える。

清代になると城内が二分される。北門から南へ鐘楼に至り、鐘楼から東へ東門に至る線に新たに城内城壁が築かれ、この部分が駐防城とされた。俗に満城と呼ばれるもので、満州族を中核とする清朝軍事力の精鋭である八旗（はっき）兵がここに駐屯し、彼等の家族の居住区でもあり、漢人の居住は原則として許されなかった（図73）。陝西省城図に見える八旗校場は満城内の練兵場である。満城の設定は満州族による征服王朝である清朝の戦略上の必要から生まれたものであるが、唐後半以降の藩鎮体制下において顕著に見られた羅城内の子城・牙城の一ヴァリエーションと見なすことができる。城内を満城と漢城とに区分する例のもっとも著名なのは清代の都城北京城であるが、国内の要衝に立地する一七の府州県にも満州八旗、モンゴル八旗（漢人八旗も一部含まれる）などが駐屯し、満城が設定されてい

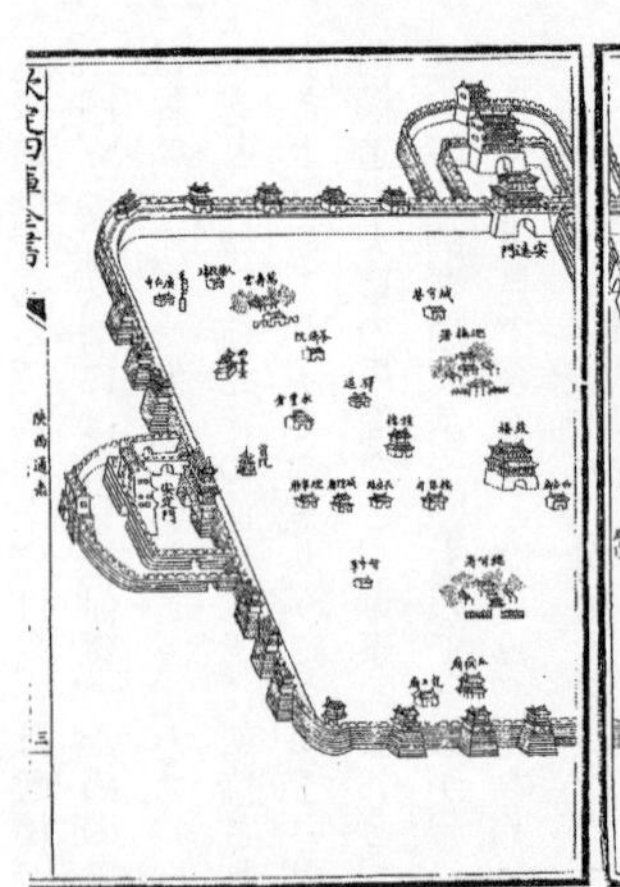
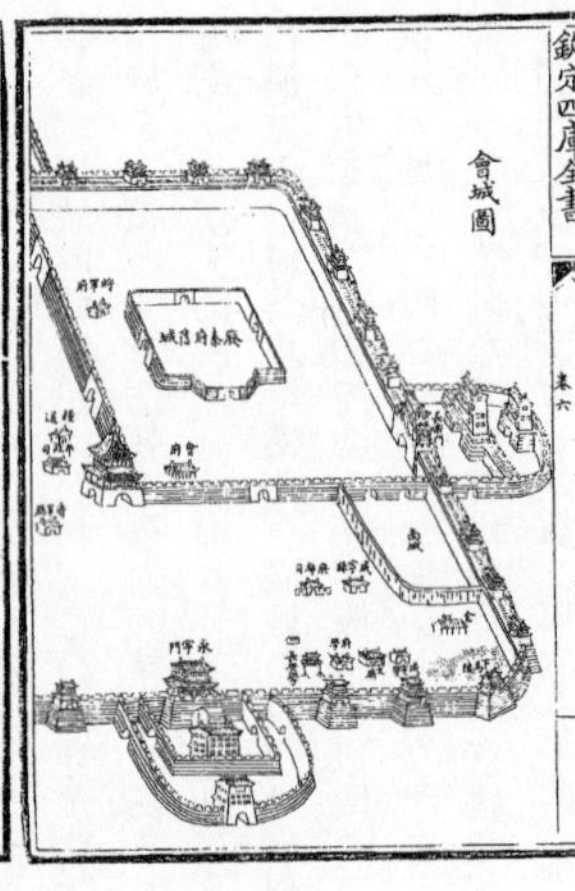

図73　西安城の満城と漢城（『陝西通志』）

た。次に見る荊州江陵城もその一つである。

2　江陵城

江陵は北からの漢水と南からの湘水が長江に合流する古来からの要衝に立地し、ちょうど中国の臍の位置にある。四通八達の地であるため、古くから戦略要地としてしばしばこの地をめぐる激しい争奪戦が繰りひろげられてきた。もっとも有名なのは、後漢末における劉備・孫権連合軍が曹操の全国制覇の野望を打ち砕いた赤壁の戦、そしてその後の劉・孫両者によるこの地の争奪戦であろう。江陵に最初に築城されたのは、劉備入蜀後にこの地の守備をまかされた関羽によってである。以後、修築や増修を何度も経て、現存する江陵城郭は明清期の荆州府城で、明城を基礎にして清代に再築されたものである。明末に勃発した李自成率いる大農民反乱に際して、乱の指導者の一人張献忠によって、一六四五年に攻陥されて破壊されたが、翌年に清朝によって再築された。以後、清代を通して十数度の重修がなされて現在の江陵城に至っている。したがって、ほぼ完全な形で保存されている江陵城の城郭は、明清城をそのまま忠実に伝えていると言ってよい。その規模は、東西が三・七五キロ、南北が一・一キロ、屈曲部があるので城周は一〇・五キロとなり、東西に長いほぼ方形の平面プランを呈している（図74）。城高は八・八三メートル、基厚は約一〇メートルある。中小の湖沼が付近に多数存在し、その一部を城内に取り込むとともに、その一部が護城河（城濠）としてうまく利用されている。雨期の増水に備えて城基はすべて石積構造とされ、その上が磚城となっている。城門は六カ所あり（現在は南面にもう一門が開かれている）、各門上には門楼が設けられ、またすべて甕城をもつ二重構造である（図75）。但し、現存する門楼は近年修復された重層の北門楼（景竜楼）だけである。城壁上には一五六七の女墻、二六の炮台、四カ所の蔵兵洞が設けられている。江陵城の蔵兵洞は城壁を掘り込んで作られており、二段・三段に下向きの垜口が穿たれている。城壁をよじ登る敵兵に対して有効性を発揮する防城施設である。現存するのは三カ所である。清の康熙二三年（一六八四）に、城内を東西に分断する土墻が築かれた。図74で言えば玄妙観の東から南門の東に至る線である。東側が八旗駐防兵の駐屯する満城、西側が漢城である（図76）。西安と同じく、江陵の地もまた戦略要地であるために満城が設定されたのである。満城と漢城を分ける間墻は辛亥革命時に撤去されて現在は存在しない。

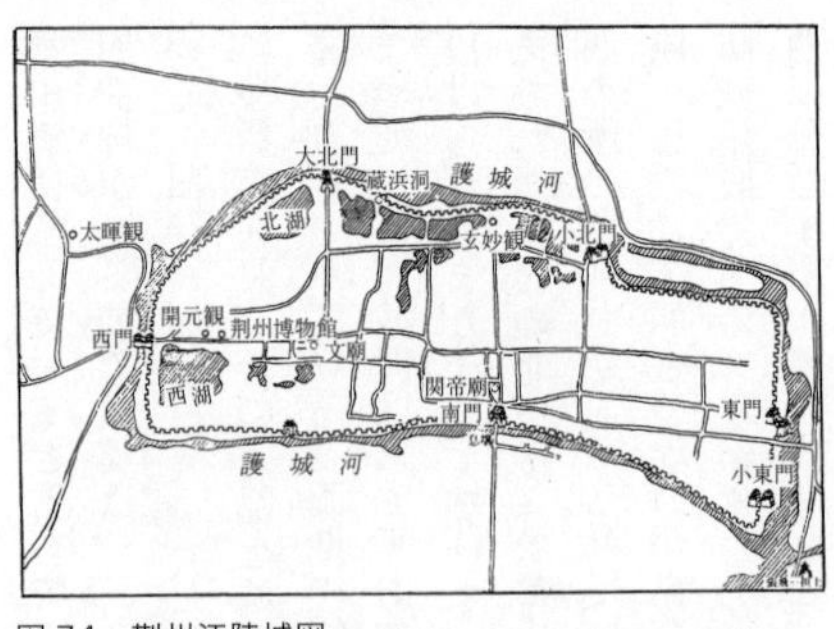

図 74　荊州江陵城図

図 75　江陵城の城門と護城河

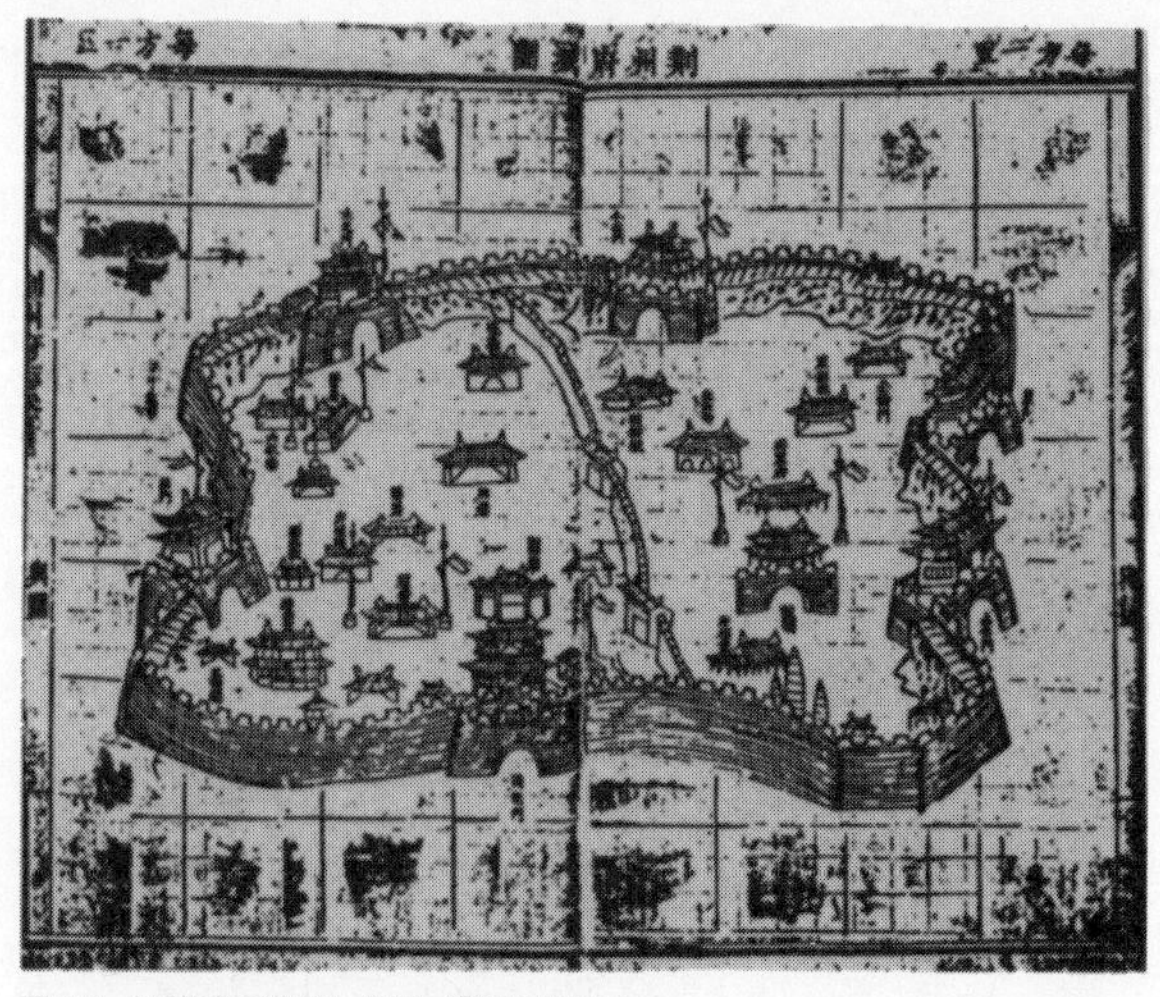

図76　江陵城の満城と漢城（『荊州府志』）

3　平遥城

平遥県城は山西省の中部、太原市の南九〇キロにある。現存する城郭は明の洪武三年（一三七〇）に旧城を基礎に拡張して築かれたもので、その後の数次の重修を経ているものの、明初の城郭様式をほぼ完全に残す数少ない城郭の実物例である。その規模は、東壁が一〇六五メートル、西壁が一五〇〇メートル、北壁が二〇〇〇メートル、南壁が二三〇〇メートル、城周は六・八六キロである。やや南北に長いが、正方形に近い平面プランである。但し、南壁は河流に沿って築かれているために蛇行し

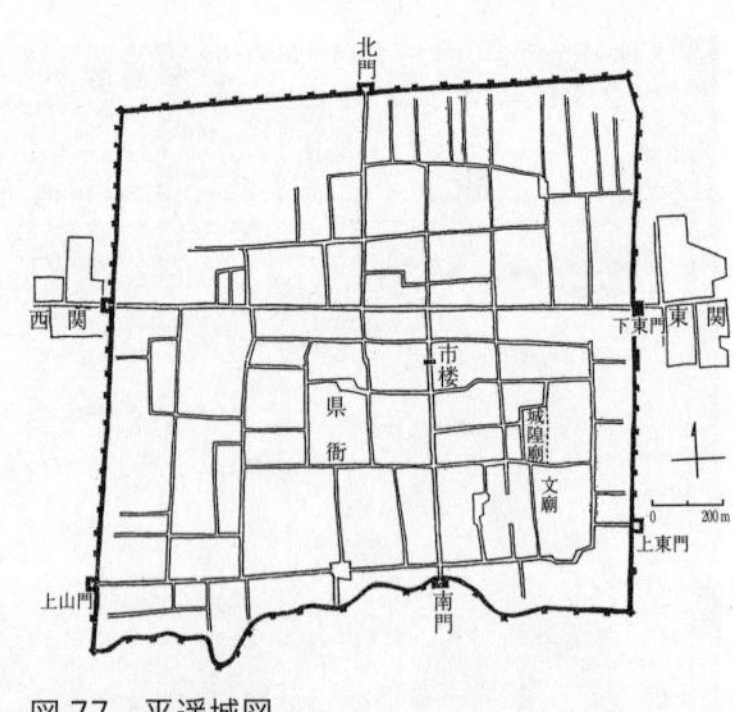

図77　平遥城図

た形となっており、全体の平面プランが亀の首に似ていることから亀城と俗称される（図77）。城高は八～一〇メートル、上幅は三～五メートル、むろん磚城である。城壁内側に馬道が数カ所取り付けられていて壁上に登ることができる。城壁には一定間隔ごとに七二の馬面が張り出しているが、これは別に珍しいものではない。ただ、平遥城の場合、ほとんどの馬面上に敵楼が残っている点が貴重なのである。むろん近年を含めて後世の修復を経てはいるが、明清期の、さらにはそれ以前の時代の敵楼構造を知る上でまたとない実物例となっている。平遥城の敵楼は方形の二層構造で、第二層の各面に二カ所ずつの計八窓が穿たれ、非常に見通しがよい。城壁外部から壁上を見やると、馬面とその上の敵楼がずらりと並ぶさまは壮観である。四隅に角楼が設けられていたが、西北隅のそれは今では失われてしまった。城門は東西面に各二門、南北面に各一門の計六門で、すべて甕城構造となっている。城門上にはむろん城楼があったが、現在では全て存在しない。平遥城は城郭部分の保存状態が良好であるばかりでなく、城内の街並みも明清期のおもかげをよく残している。街路はもちろんのこと、官署、寺観、商店街などの建物もかなりがそのままの姿で残されており、時代劇のセットに入り込んだような錯覚を覚える程である。もっとも、現在ではその多くが学校や倉庫など他目的に転用されてはいるが。城内ほぼ中心に、清初康熙二七年（一六八八）に改修された高さ二〇メートル余りの市楼が南北に走るメイン・ストリートを跨いでそびえている。かつての城内におけるマーケティング・センターであった所である。城内東南区の文廟（孔子廟）の中心にある大成殿は、金の大定三年（一一六三）に創建された建物で、現存する数多い文廟建築のなかでも最古に属する一つであり、建築史上での貴重な遺構とされる。平遥の立地は北京から北回りで太原を経由して陝西方面へ至る幹線ルート上にあり、明清期には有名な山西（さんせい）商人の活動拠点の一つとなった。清代になると、遠隔地間の商取引をスムーズに行なうため、平遥城内に票号と呼ばれる為替業務を扱う金融業が興り、全国に二〇の支店を持つほどに繁昌した。日昇昌票号がその代表である。それら票号の店舗が城内のあちこちに比較的よく保存され、清代の富裕な商家のたたずまいを今に伝えている。

4 『支那城郭ノ概要』

旧陸軍参謀本部付石割平造少佐がまとめた『支那城郭ノ概要』には、中国の城郭都市一〇八カ所の一万分の一地図を収録している。一九四〇年にごく限られた部数が㊙扱いで刊行された。言うまでもなく、中国侵略時における攻城戦を想定した軍事目的のためである。一九七九年に香港の中文大学が、同大学および米国カリフォルニア大学バークレイ校に蔵せられている本書をもとに縮小復刻したので、比較的容易に目にすることができるようになった。

本書に収められた城郭図は、一九三〇年代の民国期のものであるが、清末の姿をほぼそのまま残しているばかりか、基本的には明清期にまで溯及した城郭形態と見なしてよい。掲げられた一〇八の城郭について、全て一万分の一平面図、城門の位置、城内主要街路の走向、城壁をめぐる濠や護城河、それらの架橋地点などが正確に図示されている。一部の城郭については、城内の戸数と口数も注記されている。とりわけ詳細に図示されるのが、城郭都城門構造、城壁の高厚、城濠の幅深で、まさに軍事目的以外の何ものでもないが、城郭都市の研究という立場からは大いに利用価値があるのである。以下に本書所載の城図をいくつか紹介して城郭の具体像を示すとともに、これまでに述べてきた中国城郭都市のさまざまな形態を再確認することにしたい。

まず最初に掲げたのが黄河以北の華北地方の四四城郭平面図を同一スケールで示したものので、都城である北京城を別格として、府州県城や鎮城の相対的な規模が一目でわかるであろう（図78）。

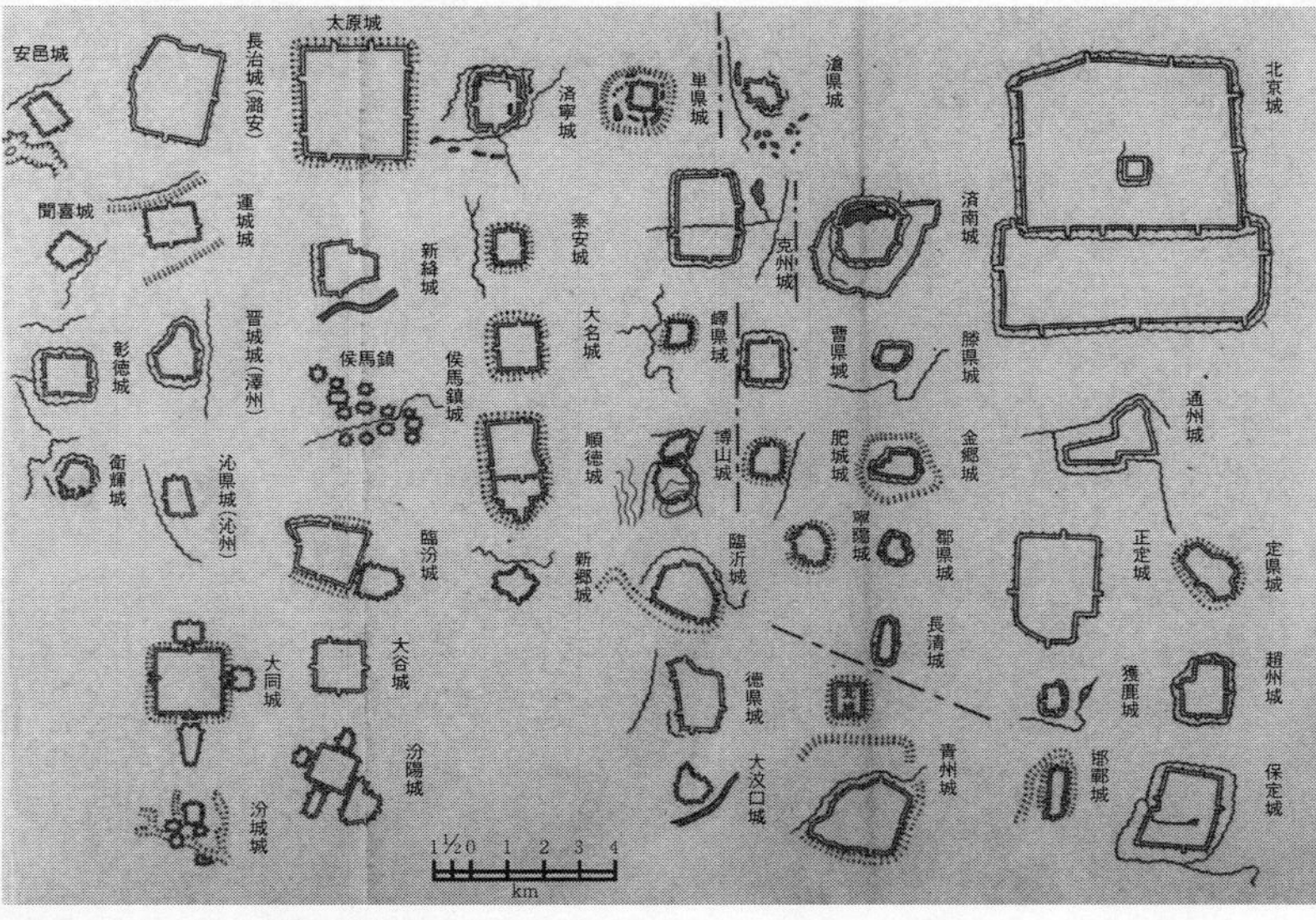

図 78　華北（黄河以北）諸城輪郭図

帰徳府城は、旧宋州、現在の河南省商邱市である。四方の城門外において市街地化が進んでおり、それらを囲繞する形で土塁が築かれている（図79）。城壁と城濠、土塁と外濠の断面は図の通りで、各種データが全て示されている（図80）。

信陽州城は、現在の河南省信陽市である。ここには城郭平面図（図81）、城壁断面、北門の構造、城壁上の女墻細部に関する諸図（図82）を掲げた。北門はオーソドックスな甕門構造で、甕門入口の位置に注意されたい。南門外、護城河の南側に三里店という城壁をもつ小城があるが、外関城である。一般の城関は城門に接続して築かれるが、このようにやや離れた外関城も少なからず存在する。

太原府城は、現在の山西省の省都太原市の旧城である。明初に築かれて以来の同じ規模の城郭である（図83）。太原府城攻陥を想定した侵攻の重点目標がはっきりと読み取れ戦慄を覚える。本書では南面東側の首義門についてとくに詳細な図解が示されている（図84）。首義門は甕城構造となっているが、城門と甕城口とが一直線上にあるのは例外的な配置である。城壁・甕城の高厚、城濠の幅深、甕城口の高幅、城壁と甕城間および甕城と城濠間の距離、女墻の高さまですべて記され、大型城郭の全貌が知れる。古来、北方ステップ勢力に対するもっとも重要な戦略拠点の一つであった太原府城ならではの規模と構造であるが、既述のように、唐代太原府城にくらべるとひとまわり小さい。

定県城は、北京の南西約二〇〇キロ、現河北省定州市である。平面プランはやや屈曲が

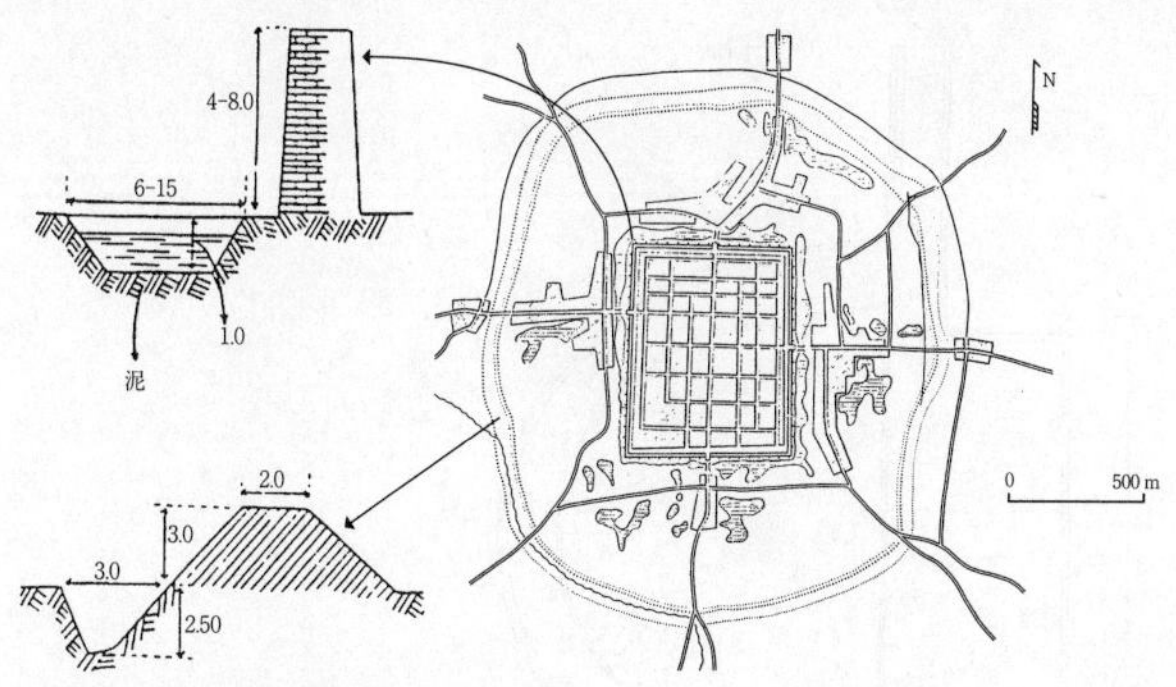

（右）図79　帰徳府（商邱）城図
（左）図80　帰徳府城壁・土塁断面

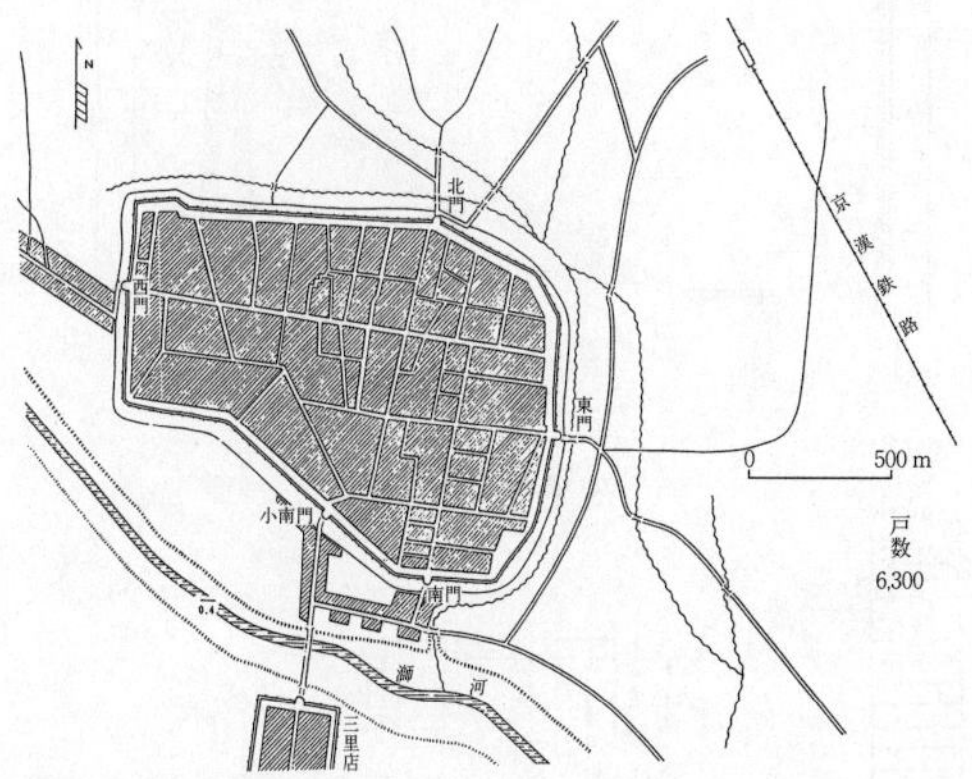

図81　信陽州城図

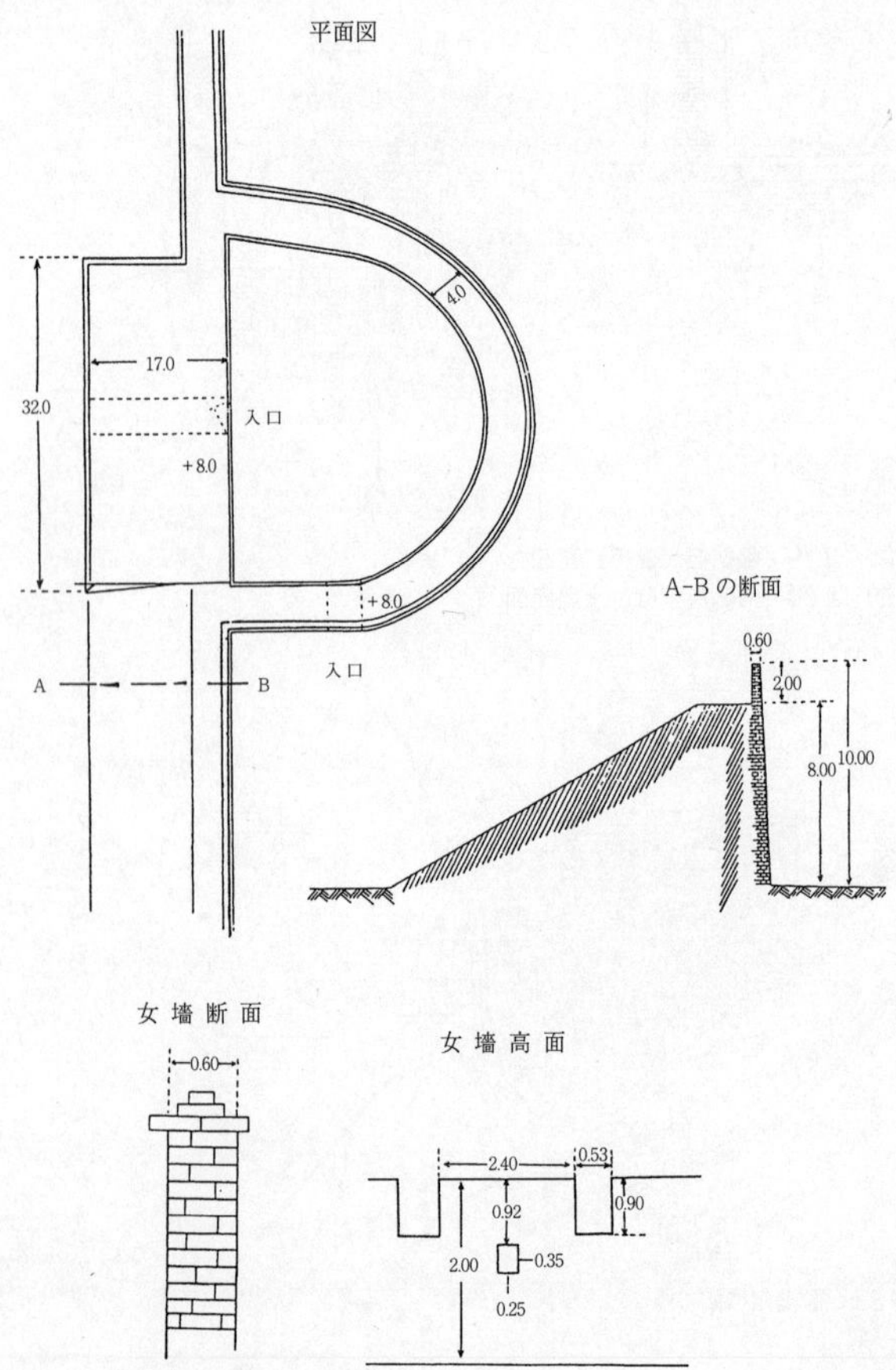
平面図
4.0
17.0
32.0
入口
+8.0
+8.0
入口
A
B
A-B の断面
0.60
2.00
8.00
10.00
女墻断面
0.60
女墻高面
2.40
0.53
0.92
0.90
0.35
2.00
0.25

図 82　信陽州城北門図

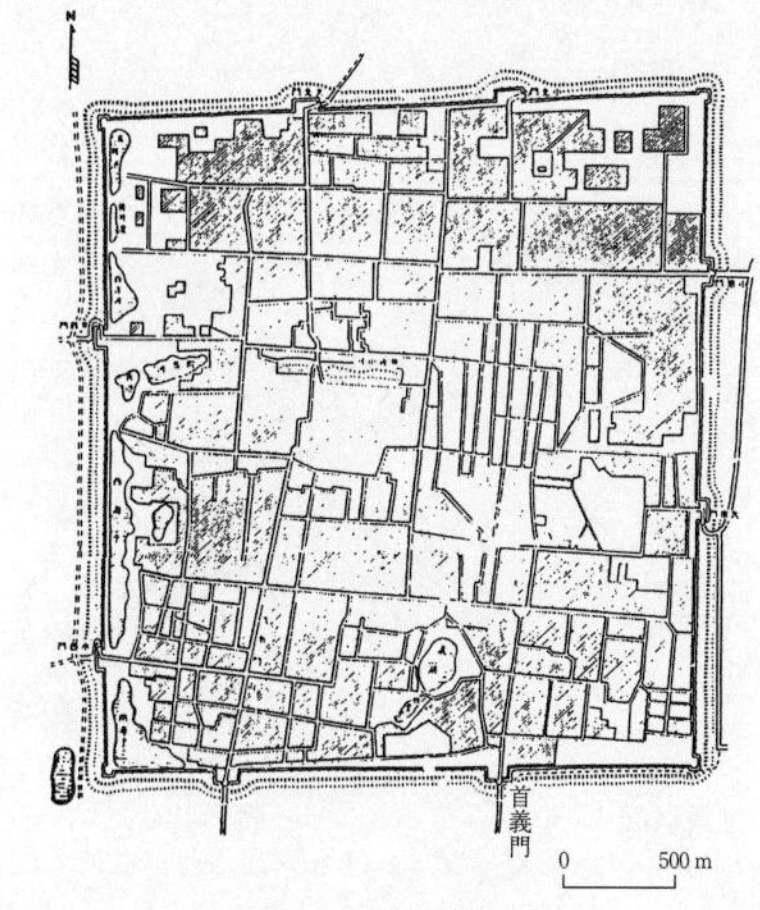

図 83　太原府城図

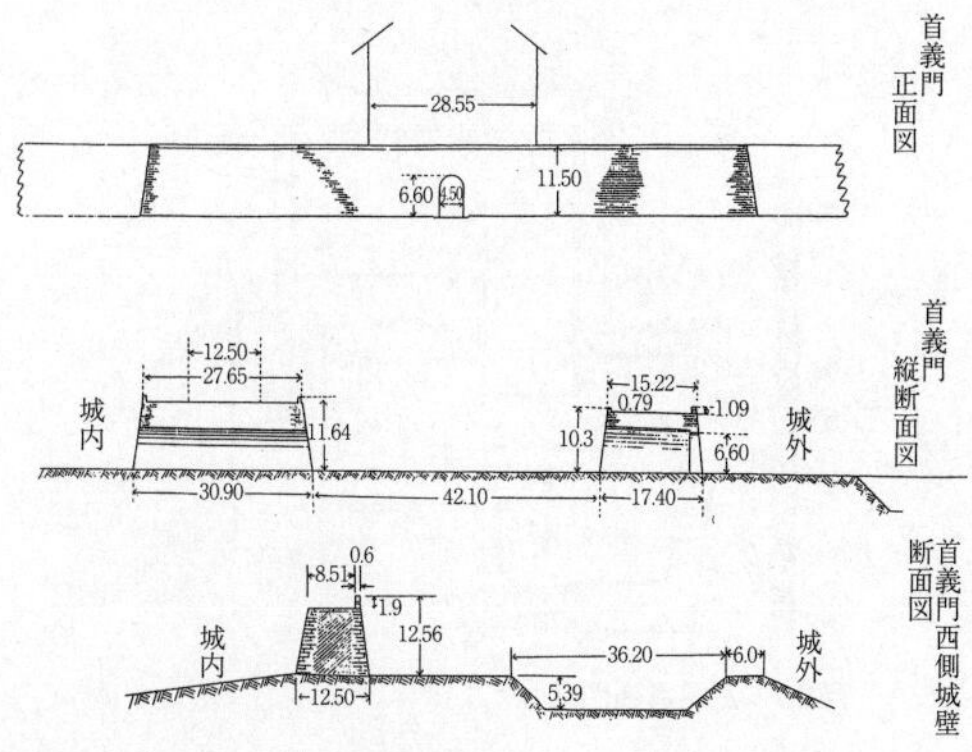

図 84　太原府城首義門（南門）図

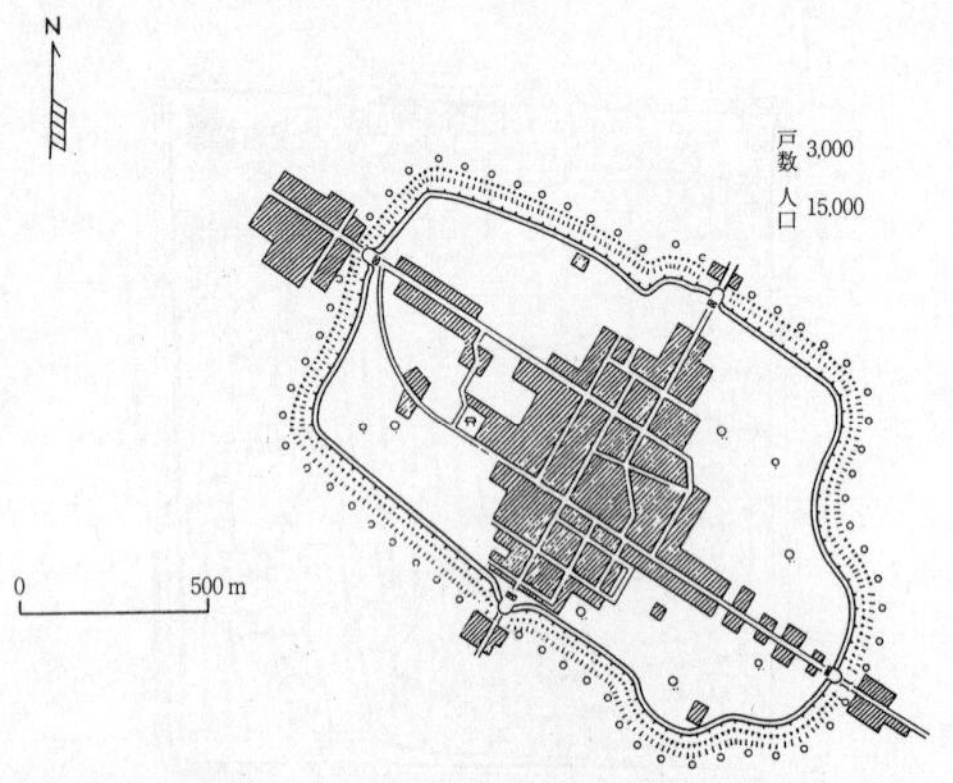

図 85　定県城図

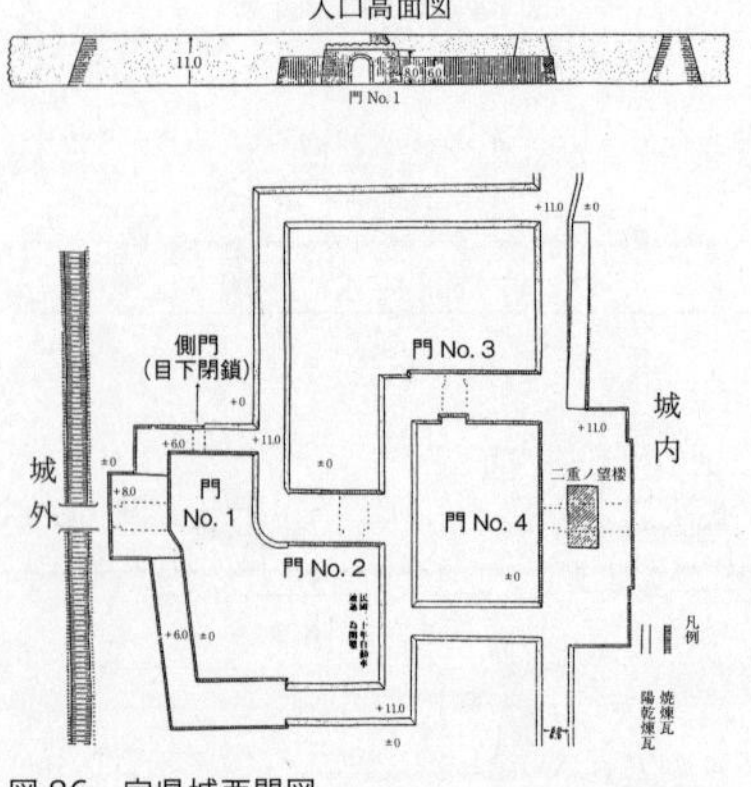

図 86　定県城西門図

あるものの、ほぼ長方形と言ってよい（図85）。西門の正面図と平面図を掲げたが、非常に複雑な甕門構造となっていることがわかるであろう（図86）。城高は一一メートルで特に高い訳ではないが、甕門を複合的に組み合せることによって城内への侵入を著しく困難にする工夫がなされ、四カ所の門口を経てようやく城内に入ることができる迷路のような甕門構造となっている。また各門口部の左右両側は堅固な焼成磚で壁面を防護していることも図示されている。一番外側の甕城第一門の左側にある側門は「目下閉鎖」と注記されているが、これは宋代の章で『武経総要』について述べたところで言及した闍門の一種であろう。

正定府城は、かつての鎮州鎮定府、現在の石家荘市のすぐ北の正定県である（図87）。南門の平面図と断面図を掲げた（図88）。城門が甕門構造となっているだけでなく、さらに甕城の東半分を城高の約半分の高さの城墻で囲む三重構造になっている。西安城のところでふれた護城であるが、羊馬城の一ヴァリエーションと見なしてよい例である。

順徳府城は、正定府の南一三〇キロにある。かつての邢州の地、現在の邢台市である。城南に市街地が大きく発展して旧来の城内に匹敵するほどになっており、高さ五〇メートルの土塁がめぐらされている（図89）。五〇メートルは五メートルの誤りであろう。この部分が南関である。四つの城門は、図に明示されているように、ともに甕城とさらに外側の護城からなる三重構造である。南門平面図を掲げたが、護城部分が二重となっており、

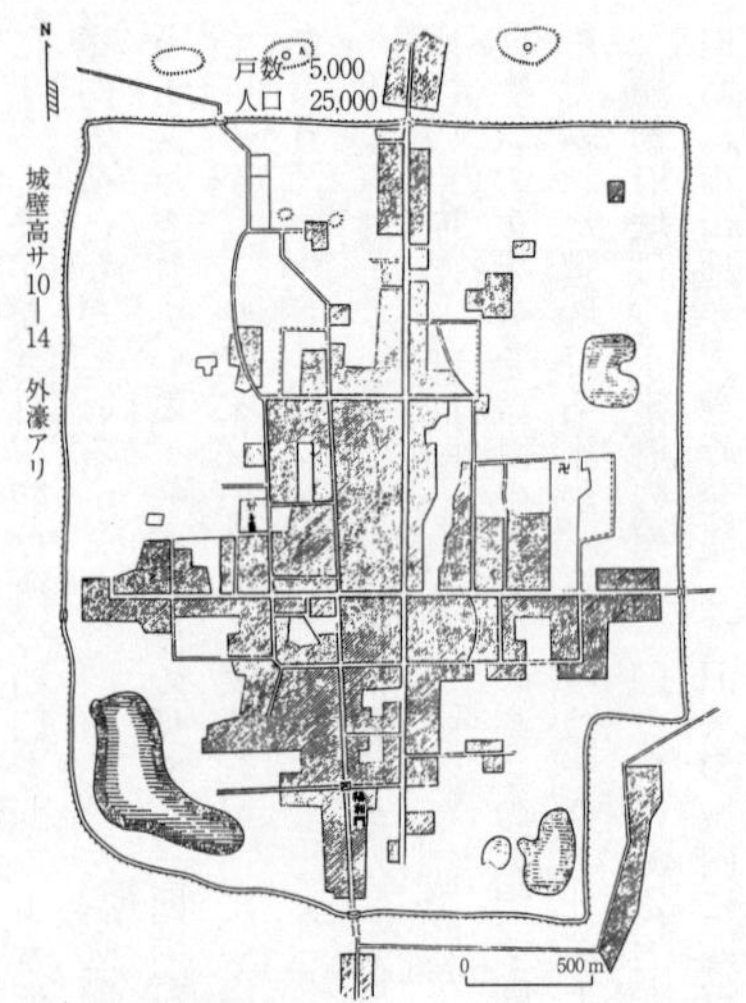

図 87　正定府城図

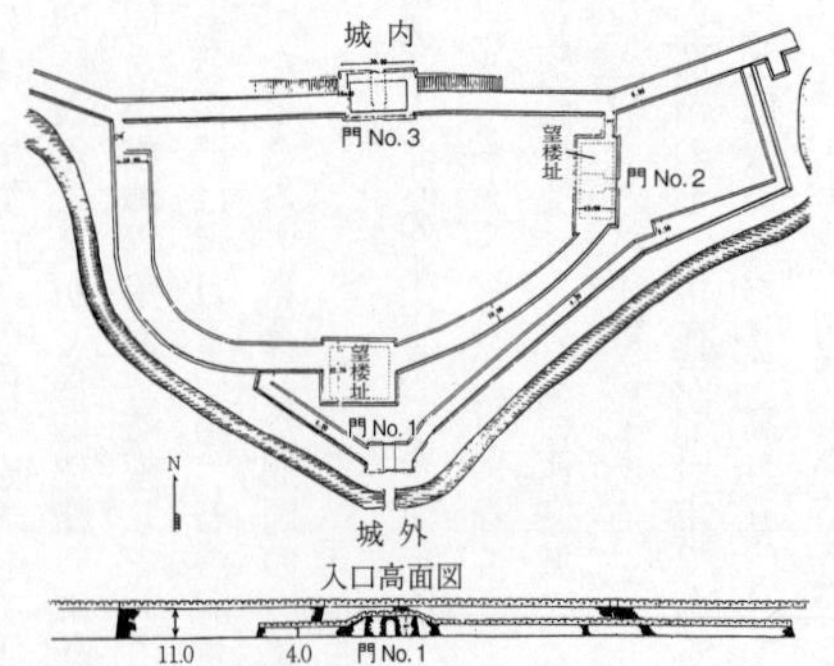

図 88　正定府城南門図

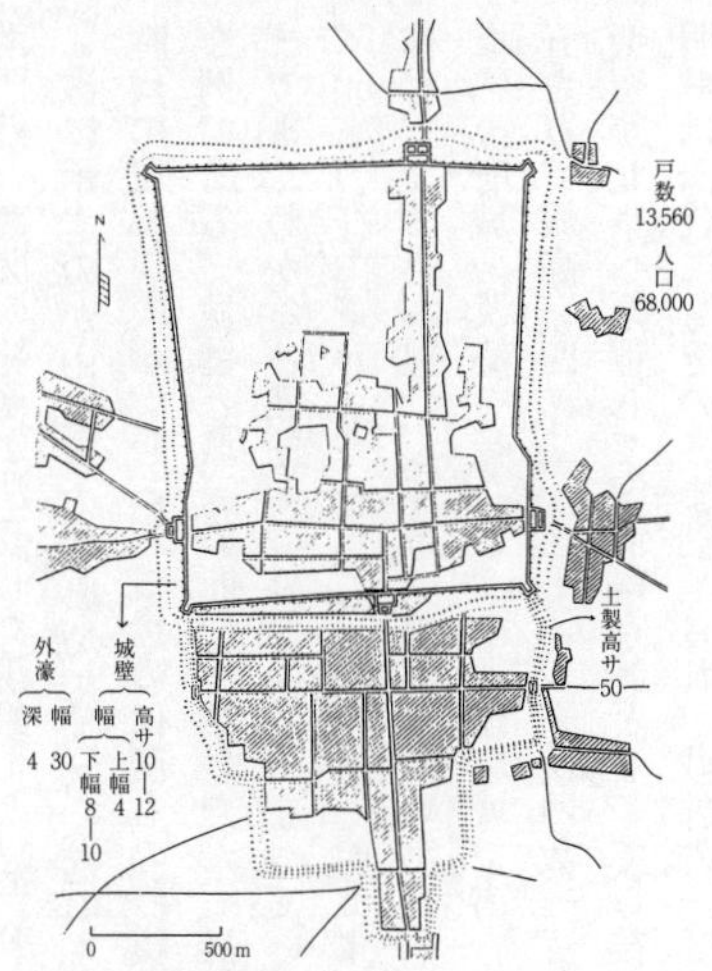

図 89　順徳府城図

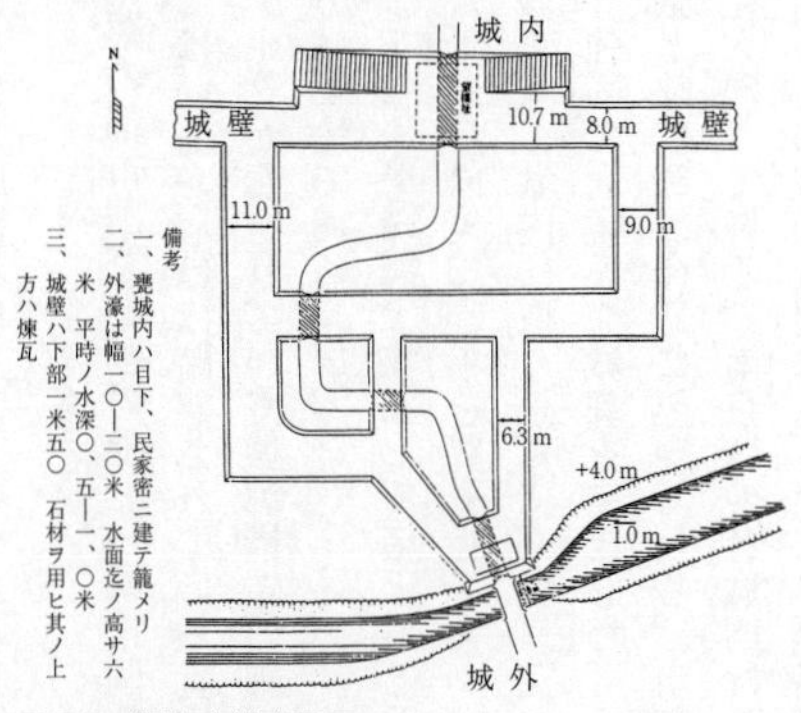

図 90　順徳府城南門図

実際には四重の城門構造となっている（図90）。備考に「甕城内ハ目下、民家密ニ建テ籠メリ」とあり、甕城内も人家が密集する状態で、本来の甕城機能は大きく減殺されている。もちろん、一九三〇年代の様子であるから、その点はさほど問題とはならないであろう。南門外の南関の発展が波及した現象だと思われる。

次に示すのが山東省の滕県城である（図91）。春秋期の都市国家滕国の地で、都市国家時代の城郭規模が、むろん後世の何度もの修復は経てはいるが、ほぼ踏襲されている貴重な例である。城壁と城濠の断面を掲げたが、詳細なデータが記されていて城郭構造の細部までよくわかる。城壁上の外側の高くなっている部分は女墻である（図92）。

元末の紅巾軍から身を起した朱元璋（明太祖）は、元の集慶路城を攻陥して応天府と改称し、ここを本拠にして統一事業を進めた。一三六六年から前後二〇年を費やして大々的な応天府城の改築を行ない、南朝建康城や南唐金陵城を全て城内に取り込んで、周三三・五キロ、城高一四～二一メートル、城門数一三という強固で大規模な城郭を完成した。永楽帝が北京へ遷都して南北両京制となって以後、南京と呼ばれ、今日に至っている。南京明城は清代にもそのまま継承され、城郭の一部は現在も残っている。南京城の各城門はきわめて強固な防護が施されており、明初の短期間ではあれ都城の城門にふさわしい風格である。とくに南正門である中華門（旧聚宝門）は近年修復されて往時の姿に完全な形で復元された。ここには中華門の平面図と正面・側面図を掲げた（図93）。南北一二九メート

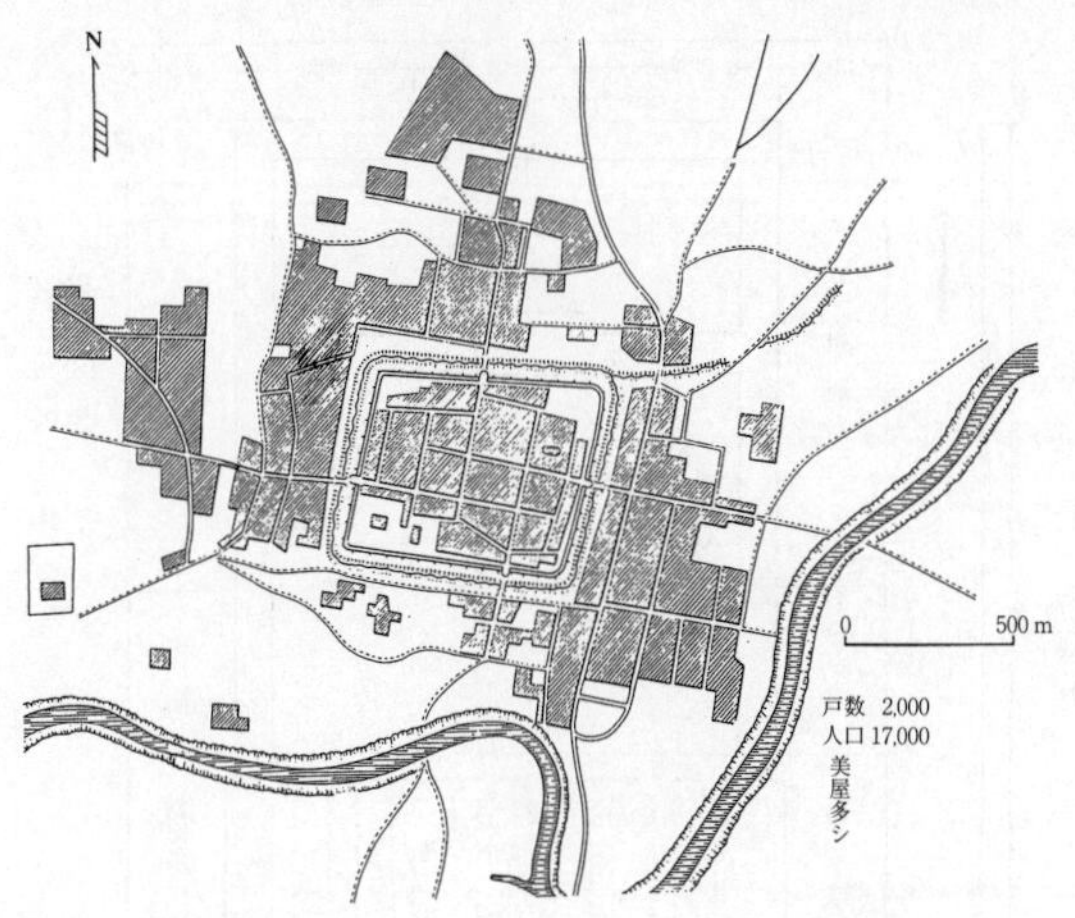

図 91　滕県城図

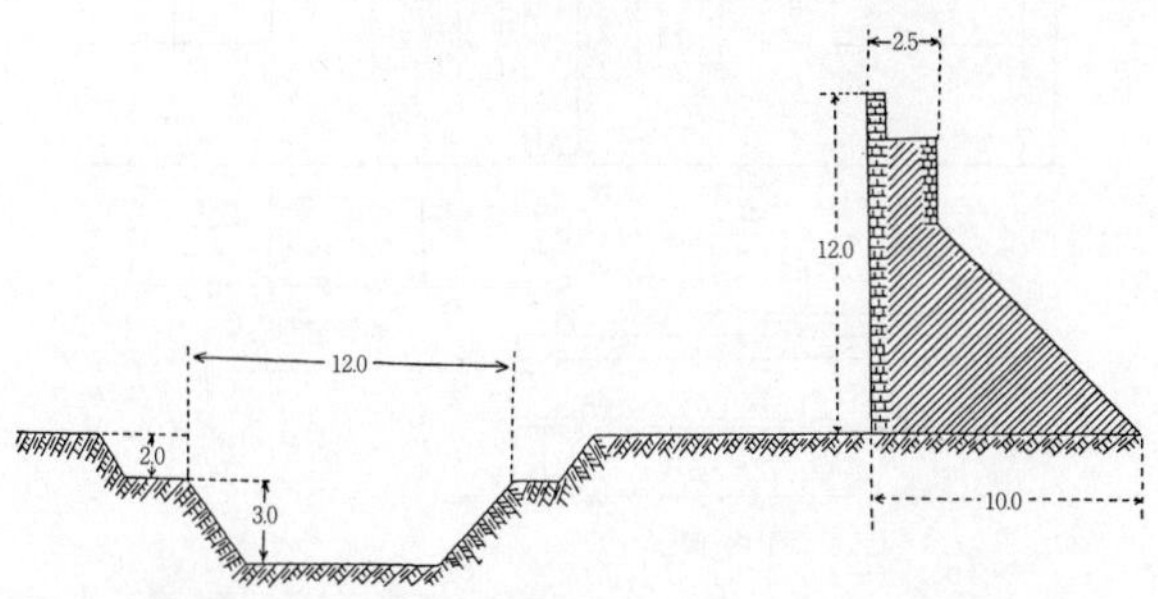

図 92　滕県城断面

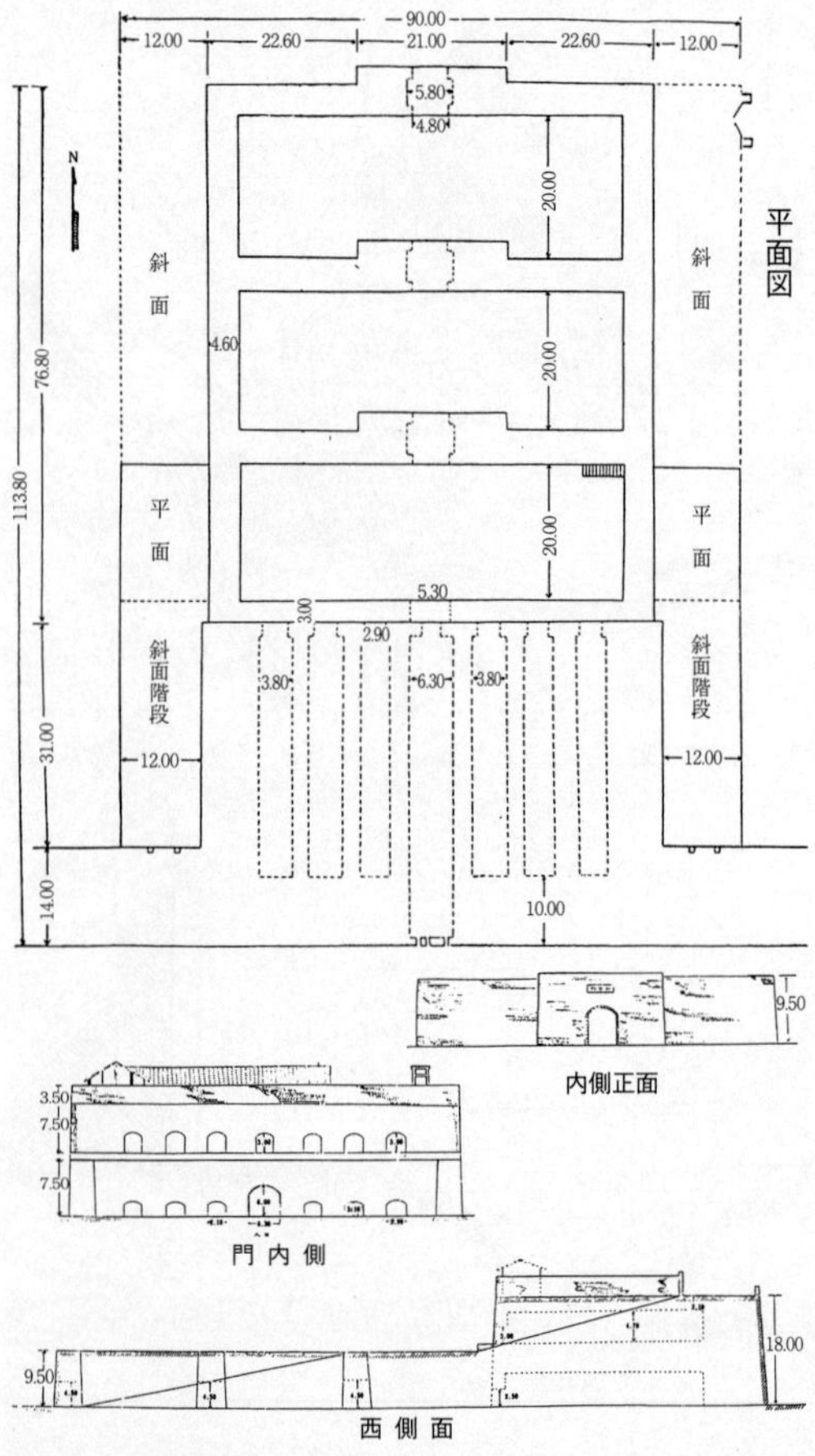
90.00
12.00
22.60
21.00
22.60
12.00
5.80
4.80
20.00
20.00
20.00
4.60
5.30
3.00
2.90
3.80
6.30
3.80
12.00
12.00
10.00
113.80
76.80
31.00
14.00
N
平面図
斜面
平面
斜面階段
斜面
平面
斜面階段
9.50
内側正面
3.50
7.50
7.50
門内側
9.50
18.00
西側面

図 93　南京城中華門図

ル、東西一二八メートル、城高は最高所まで二一メートルという巨大な規模をもつ三重の甕城構造であるが、甕城が城門内に設けられているのが特徴である。もっとも外側の第一城壁は城厚が三一メートルもある二層構造で、上層には七カ所の蔵兵洞が穿たれている（図94）。平面図に破線で示されている所である。江陵城の蔵兵洞とは構造がかなり異なるが、その規模ははるかに大きい。中華門（図95）に東隣するやはり南壁の通済門でも城内内側に三重の甕城をもつ強固な構造になっている。

嘉定県城は、上海の西北約三〇キロに位置し、現在は上海市域に含まれる（図96）。蕭山県城は、浙江省の省都杭州市と銭塘江をはさんで対岸にある（図97）。嘉定県城、蕭山県城ともにほぼ円形に近い平面プランを呈し、華北ではあまり例を見ない城郭形態と言える。両県城は縦横に走るクリーク地帯に立地しており、複雑に入り組んだ水系によって方形城郭という基本形態とは異なったものにならざるを得なかったのである。

次に掲げたのは安徽省の亳（はく）県城である。女墻の高さを含めて八メートルの城高がある（図98）。城外北側に見える市街化の著しい地区が、高さ五メートルの城墻で囲まれた北関となっている。県城がほぼ正方形であるのに対して、城関は無秩序に発展した城外市街地区を囲繞したために不規則な形態をとっているが、この例は多く見られる。亳県城の北関の場合、渦河の流れが北の規制線となっており、渦河北岸にさらにもう一つの城関、すな

図 94　中華門蔵兵洞

図 95　中華門側面

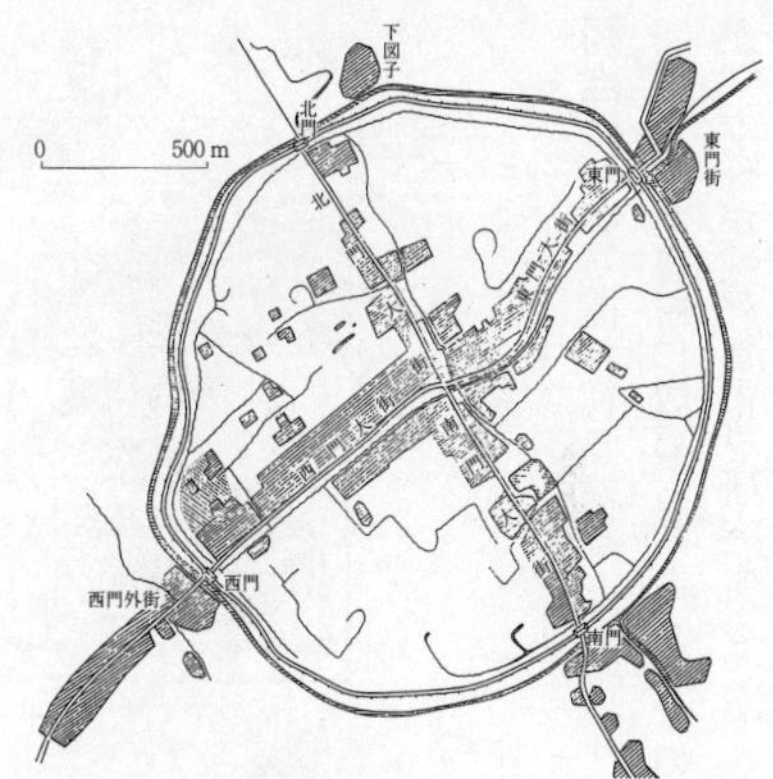

図 96　嘉定県城図

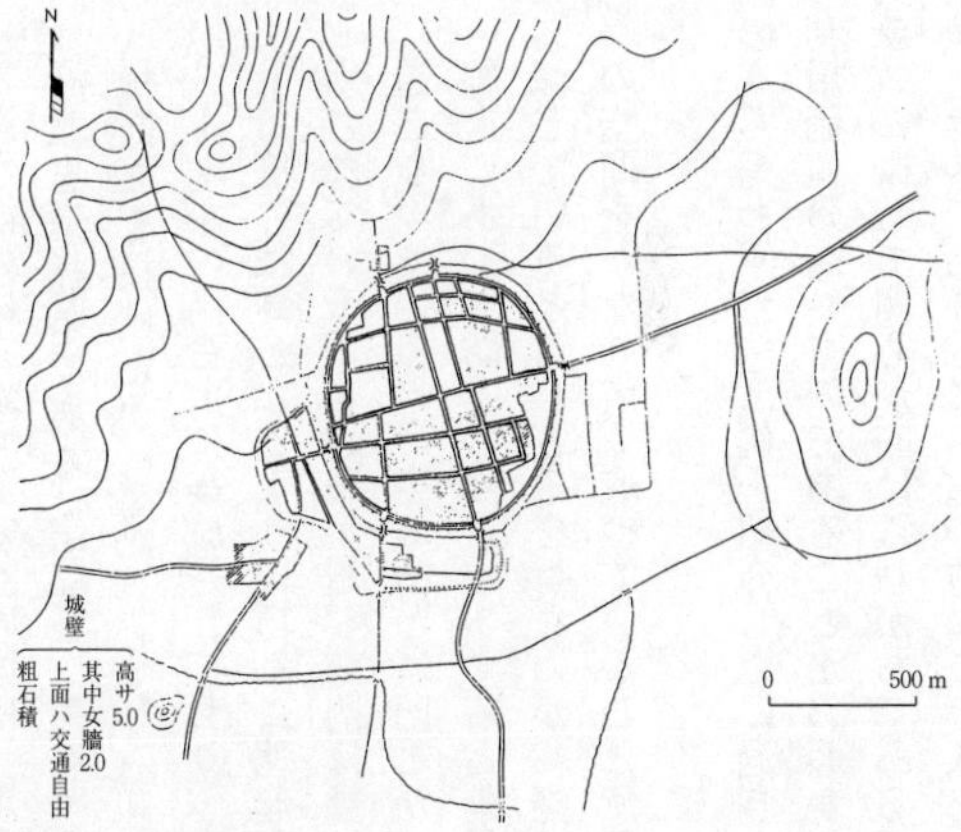

図 97　蕭山県城図

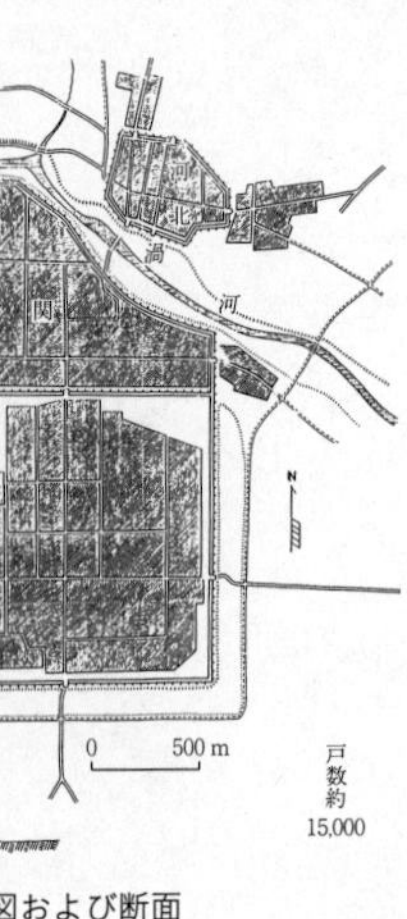

図 98　亳県城図および断面

わち外関城が存在しているのが注目される。

　漢水沿いに立地する安陸府城は、現在の湖北省鍾祥県である（図99）。三カ所の城壁断面を掲げたが（図100）、ともに五〜八メートルの高台上に築城されており、事実上二倍の城高となるように巧みに地形が利用されていることがわかる。南門は甕城構造となっているが、甕城門と城門とが一直線上にあって防禦の観点からすると効果を減じていると言わざるを得ないが、甕城内の空間をかなり広く取っていることでその弱点はかなり補われている（図101）。

　以上、本書中に収められた一〇八の城郭図のうち、わずか一二例を紹介したに過ぎないが、本書が城郭都市を研究する上できわめて利用価値の高いものであることがおわかりいただけよう。城郭都市と言えば壮大な都城クラスに概して関心が向けられがちであるが、圧倒的多数を占めるのは小ぢんまりとした県城クラスであり、こちらの方にこそ人々の一般的な日常生活の場があると言ってよい。中国各地になお残っているはずの県城クラスの

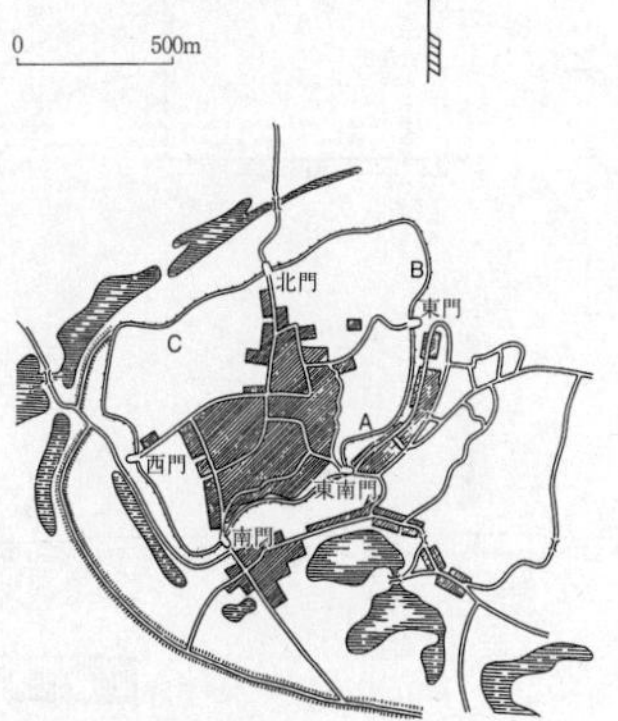

図 99　安陸府城図

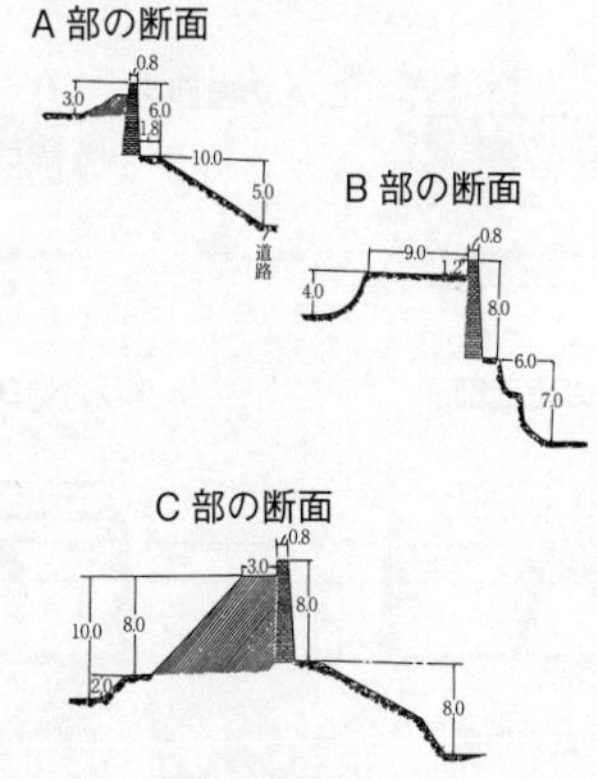

図 100　安陸府城断面

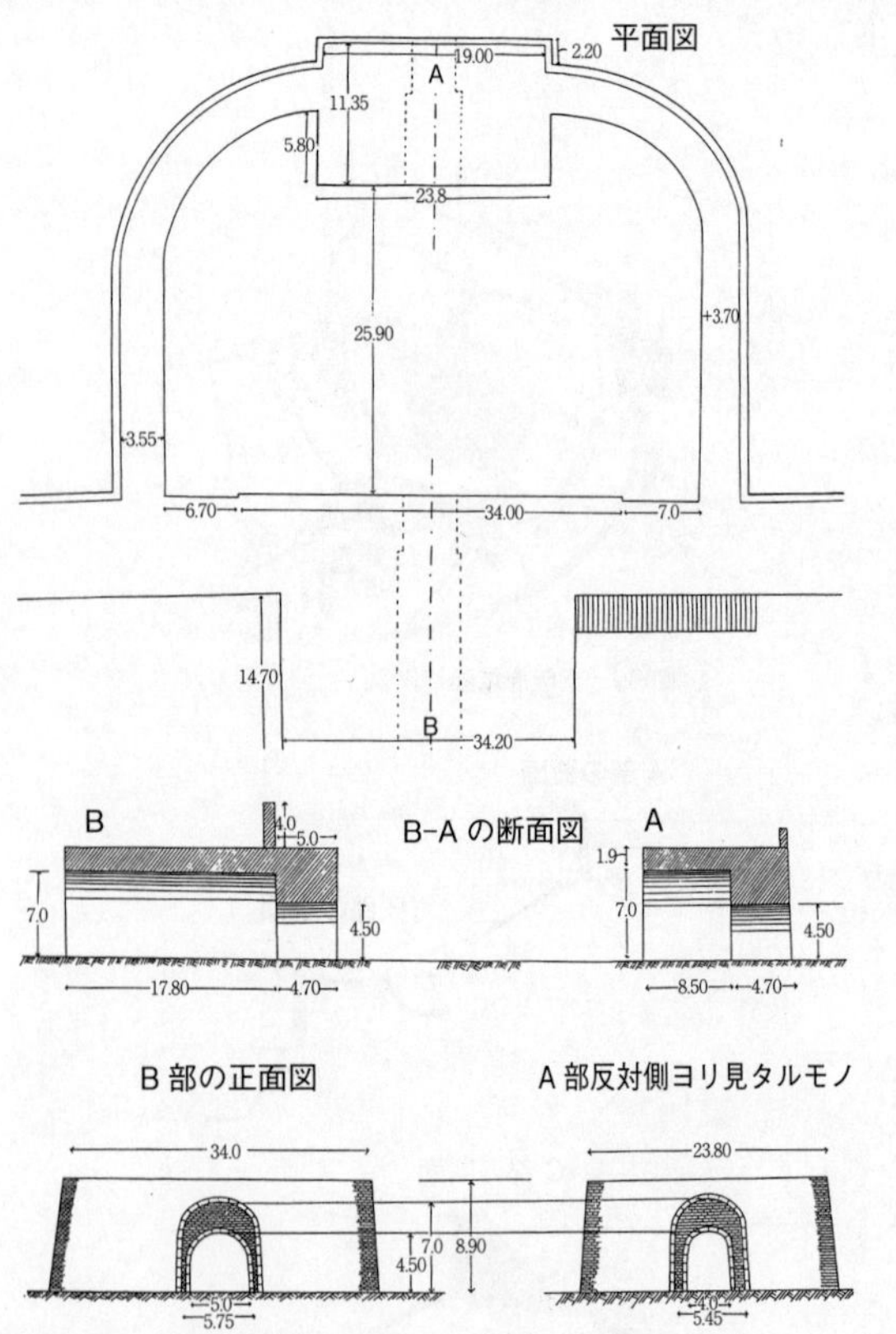

図 101　安陸府城南門図

城郭を一つでも多く実際に見て歩きたいというのが、筆者の最近の願望であるが、近代化が叫ばれる昨今の中国では地方都市も急速に変貌をとげつつあり、この願いをかなえてくれる時間はあまり残されていないかも知れない。

あとがき

私が中国の城郭に関心を持つきっかけとなったのは、宮崎市定先生の「中国史概説」の講義であった。受講当時の私は専門課程に上がる前の二年生で、その年次を最後に宮崎先生は停年退官されたので、私にとっては受講できた唯一の先生の講義であったこともあり、今でもその内容はよく覚えている。とくに古代中国の都市国家としてのあり様に関するお話が強く印象に残った。城郭をもった都市国家がその後の城郭都市のルーツになることを初めて知るとともに、城郭都市そのものにも関心をもつことになった。その後、私自身が教壇に立つ立場になって、最初の二、三年間はもっぱら中国古代都市国家論ばかりを学生諸君に講義するほどであったが、中世史を主たる研究対象としたため、研究の面では城郭に直接関わることはあまりなかった。ようやく最近になって、唐代のいくつかの城郭の復元研究を手掛け、かつての関心があらためてよみがえってきた。また中国に行くたびごとに、本文中で紹介した西安城や江陵城ほどに完全ではないものの、明清時代の県城クラスの城郭が意外に多く残っているのを各地で目にし、城郭都市の姿に中国史の連続性の一端を見る思いを強くした。これらのことが本書執筆の動機となっている。ただ通読されてすぐにお気づきのことと思うが、叙述内容にやや疎密の差がある。古代から唐宋時代までの叙述に比して、それ以後の時代についてはかなり大まかなものになってしまった。私自身が唐宋以前の時代を直接の研究対象としていること、そして考古学上の発掘成果として利用できるもののほとんどが唐宋以前に限られるということがあるため、このような結果となってしまった。御容赦いただきたい。

一九九一年二月

愛宕　元

参考文献

単行本

文物編集委員会『文物考古工作三十年』文物出版社　一九七九年
中国社会科学院考古研究所『新中国的考古発現和研究』文物出版社　一九八四年
葉驍軍『中国都城歴史図録』第一集・第二集・第三集・第四集　蘭州大学出版社　一九八六・八七年
楊育彬『河南考古』中州古籍出版社　一九八五年
同済大学城市規画教研室『中国城市建設史』中国建築工業出版社　一九八二年
武伯倫『西安歴史略述』陝西人民出版社　一九七九年
武斯作『中原城市史略』湖北人民出版社　一九八〇年
南京師範学院地理系江蘇地理研究室『江蘇城市歴史地理』江蘇科学技術出版社　一九八二年
中国古都学会『中国古都研究』第一輯・第二輯・第三輯　浙江人民出版社　一九八五・八

六・八七年
鄭州市地方志編纂委員会『鄭州商城初探』河南人民出版社 一九八五年
北京大学歴史系考古教研室商周組『商周考古』文物出版社 一九七九年
王学理『秦都咸陽』陝西人民出版社 一九八五年
余扶危・賀官保『隋唐東都含嘉倉』文物出版社 一九八二年
山東省文物考古研究所他『曲阜魯国故城』斉魯書社 一九八二年

＊

関野雄監訳『中国考古学三十年―一九四九～一九七九―』平凡社 一九八一年（前掲『文物考古工作三十年』の翻訳）
佐藤武敏『長安』近藤出版社 一九七一年
古賀登『漢長安城と阡陌県郷亭里制度』雄山閣 一九八〇年
村田治郎『中国の帝都』綜芸社 一九八一年
唐代史研究会『中国都市の歴史的研究』刀水書房 一九八八年
平岡武夫『長安と洛陽』（唐代研究のしおり）京都大学人文科学研究所 一九五六年
杉本憲司『中国古代を掘る――城郭都市の発展――』中公新書八一三 一九八六年
伊原弘『中国中世都市紀行――宋代の都市と都市生活――』中公新書八九七 一九八八

年
陳高華著・佐竹靖彦訳『元の大都――マルコ・ポーロ時代の北京――』中公新書七三一
一九八四年
孟元老著・入矢義高・梅原郁訳注『東京夢華録――宋代の都市と生活――』岩波書店
一九八三年
石割平造『支那城郭ノ概要』陸軍参謀本部 一九四〇年
B. E. Wallacker etc. "*Chinese Walled Cities: A Collection of Maps from Sina Jōkaku no Gaiyō*" The Chinese Univ. of Hong Kong, 1979
J・ジェルネ著・栗本一男訳『中国近世の百万都市――モンゴル襲来前夜の杭州――』
平凡社 一九九〇年

論文

河南省文物研究所他「登封王城崗遺址的発掘」『文物』一九八三年三期
張光直「関于中国初期城市這個概念」『文物』一九八五年二期
中国社会科学院考古研究所洛陽漢魏故城工作隊「偃師商城的初歩勘探和発掘」『考古』一
九八四年六期
中国社会科学院考古研究所河南第二工作隊「一九八三年秋季河南偃師商城発掘簡報」『考

古』一九八四年一〇期
安金槐「試論鄭州商城遺址」『文物』一九六一年四・五期
河南省博物館他「鄭州商代城遺址発掘報告」『文物資料叢刊』第一輯　一九七七年
湖北省博物館他「盤竜城一九七四年度田野考古紀要」『文物』一九七六年二期
秦文生「殷墟非殷都考」『鄭州大学学報』一九八五年一期
中国社会科学院考古研究所洛陽発掘隊「洛陽澗浜東周城址発掘報告」『考古学報』一九五九年二期
張学海「浅談曲阜魯城的年代和基本格局」『文物』一九八二年二期
田岸「曲阜魯城勘探」『文物』一九八二年一二期
山東省文物管理処「山東臨淄斉故城試掘簡報」『考古』一九六一年六期
群力「臨淄斉国故城勘探紀要」『文物』一九七二年五期
赦本性「新鄭鄭韓故城発現一批戦国銅兵器」『文物』一九七二年一〇期
馬世之「新鄭鄭韓故城」『河南文博通迅』一九七八年二期
李徳保「在新鄭鄭韓故城内発現宮殿遺址」同右
河南省博新鄭工作站他「河南新鄭鄭韓故城的鑽探和試掘」『文物資料叢刊』第三輯　一九八〇年
邯鄲市文物保管所「河北邯鄲市区古遺址調査簡報」『考古』一九八〇年二期

陶正剛他「古魏城和禹王古城調査簡報」『文物』一九六二年四・五期
中国社会科学院考古研究所山西工作隊「山西夏県禹王城調査」『考古』一九六三年九期
中国歴史博物館考古組「燕下都城址調査報告」『考古』一九六二年一期
河北省文化局文物工作隊「河北易県燕下都故城勘査和試掘」『考古学報』一九六五年一期
湖北省博物館「楚都紀南城的勘査和発掘」『考古学報』一九八二年三・四期
陝西省雍城考古隊「鳳翔馬家荘一号建築群遺址発掘簡報」『文物』一九八五年二期
同右「秦都雍城鉆探試掘簡報」『考古与文物』一九八五年二期
秦晋「鳳翔南古城遺址的鉆探和試掘」『考古与文物』一九八〇年五期
陝西省文物管理委員会「秦都櫟陽遺址初歩勘探記」『文物』一九六六年一期
陝西省社会科学院考古研究所渭水隊「秦都咸陽故城遺址的調査和試掘」『考古』一九六二年六期
秦都咸陽考古工作站「秦都咸陽第一号宮殿建築遺址簡報」『文物』一九七六年一一期
劉慶柱「秦都咸陽幾個問題初探」『文物』一九七六年一一期
王仲殊「漢長安城考古工作的初歩収穫」『考古通迅』一九五七年五期
同右「漢長安城考古収穫続記」『考古通迅』一九五八年四期
石興邦他「長陵建制及其有関問題——漢劉邦長陵勘察記存——」『考古与文物』一九八四年二期

咸陽市博物館「漢安陵的勘査及其陪葬墓中的彩絵陶俑」『考古』一九八一年五期
孟浩他「河北武安午汲古城発掘記」『考古通迅』一九五七年四期
閻文儒「洛陽漢魏隋唐城址勘査記」『考古学報』一九五五年九期
中国社会科学院考古研究所「漢魏洛陽城初歩勘査」『考古』一九七三年四期
宿白「北魏洛陽城和北邙陵墓」『文物』一九七八年七期
兪偉超「鄴城調査記」『考古』一九六三年一期
劉建国「晋陵羅城初探」『考古』一九八六年五期
鎮江博物館「鎮江市東晋晋陵羅城的調査和試掘」『考古』一九八六年五期
陝西省文管会「統万城址勘測記」『考古』一九八一年三期
同右「唐長安城地基初歩探測」『考古学報』一九五八年三期
宿白「隋唐長安城和洛陽城」『考古』一九七八年六期
中国社会科学院考古研究所洛陽工作隊「隋唐東都城址的勘査和発掘」『考古』一九六一年三期
同右「隋唐東都城址的勘査和発掘続記」『考古』一九七八年六期
河南省博物館「洛陽隋唐含嘉倉的発掘」『文物』一九七二年三期
馬志得「唐代長安与洛陽」『考古』一九八二年六期
中国社会科学院考古研究所新疆工作隊「新疆古木薩爾北庭古城調査」『考古』一九八二年

二期
駱希哲「唐昭応県城調査」『文博』一九八八年三期
戴応新「銀州城址勘測記」『文物』一九八〇年八期
李作智「隋唐勝州楡林城的発現」『文物』一九七六年二期
魏嵩山「杭州城市的興起及其城区的発展」『歴史地理』創刊号　一九八一年
馬崇鑫「試論桂林宋代摩崖石刻静江府城池図在地図史上的意義」『歴史地理』第六輯　一九八八年

＊

宮崎市定「中国上代の都市国家とその墓地――商邑は何処にあったか――」『東洋史研究』二八巻四号　一九七〇年（のち『アジア史論考』中巻所収　朝日新聞社　一九七六年）
同右「中国城郭の起源異説」『歴史と地理』三二巻三号　一九三三年（のち『アジア史研究』第一巻所収　東洋史研究会　一九五七年）
同右「戦国時代の都市」『東方学会創立十五周年記念東方学論集』一九六二年（のち『アジア史論考』中巻所収）
同右「中国における聚落形体の変遷について」『大谷史学』六号　一九五七年（同右所収）
同右「中国における村制の成立――古代帝国崩壊の一面――」『東洋史研究』一八巻四号

一九六〇年（同右所収）
同右「六朝時代華北の都市」『東洋史研究』二〇巻二号　一九六一年（同右所収）
同右「漢代の里制と唐代の坊制」『東洋史研究』二一巻三号　一九六二年（同右所収）
梅原郁「南宋の臨安」梅原郁編『中国近世の都市と文化』京都大学人文科学研究所　一九八四年
斯波義信「宋都杭州の商業核」同右
同右「宋代の都市城郭」『中嶋敏先生古稀記念論集』下巻　汲古書院　一九八一年
伊原弘「江南における都市形態の変遷――宋平江図解析作業――」『宋代の社会と文化』汲古書院　一九八三年
礪波護「唐宋時代における蘇州」『中国近世の都市と文化』京都大学人文科学研究所　一九八四年
妹尾達彦「清代西安府の都市構造――光緒一九年測絵『西安府図』をもとにして――」『イスラムの都市性研究報告』第四一号　一九八九年

解説　中国考古学の怖さとおもしろさ

角道亮介

本書は、中国における城郭都市の出現と展開を、新石器時代から清代に至るまでの大きな時間軸で俯瞰的に論じたものである。中国の都市や都城を論じた書籍は数多くあれども、本書のように、数千年にわたる都市の発展を一人の研究者が丹念に考察した著作を寡聞にして知らない。殷周時代のみを主な研究対象とする私からすれば、それだけでも本書は偉業である。

本書のおもしろさは、城郭都市の展開を他の社会的変革と関連付けて論理的に説明する視点にある。たとえば、春秋時代から戦国時代にかけて、宮殿や宗廟を守る「城」と一般民居を囲う「郭」が一体化してゆく背景として、戦争形態の変化が指摘される。春秋時代から戦国時代にかけておきた領土国家化の動きによって、戦争のスタイルがそれまでの戦車を主力とする野戦から歩兵を主力とする攻城戦へと変化した。結果として、拠点をより強固に防衛する城郭一体化型の都市が出現した、というものである。事実、戦国時代における戦争の激化は考古資料からも確認されており、殷代から春秋時代までの武器が主に鏃や戈、矛などのわずかな器種が限定的にしか出土しないのに対し、戦国時代には剣や弩など新たな器種が出現している。本書を丹念に読み込むことで、都市はそれ自身の発展規則にしたがって進化するわけではなく、時代的要請に合わせて柔軟に姿を変えるものである、ということに読者は気が付くであろう。

もうひとつの注目すべき点は、一般集落を対象とした社会史的な視点である。中国の歴史書の多くで語られるのは支配者の歴史である。長安城や洛陽城のような政治の拠点、いわゆる都に関する研究は中国都市研究の花形であるが、それを支えた地方の諸都市や村落のありさまは、得てして等閑視されることが多い。本書では、漢代の囲壁を持つ郷・亭・里の構造、魏晋南北朝期における散村としての邨・村など、民衆にとっての都市もまた、考察の対象となっている。政治の中心としての都市と一般集落における都市は成立の背景も運用の形態もおのずと異なっており、同時代にいくつもの性格を持った都市が併存していた当時の状況を理解することができるであろう。

一方で、本書が初めて刊行されてからの三十年間における中国考古学の進展はめざましく、まさに日進月歩の様相で新たな発見が続いている。このような考古学上の新発見が、既存の定説をくつがえし、城郭都市の展開史に新たな解釈を迫っているのも事実である。以下、近年のいくつかの重要な発見を通じて、中国の城郭都市研究の学術的な課題について紹介したい。

第一に、新石器時代の城郭都市の発見である。本書の第一章でも新石器時代の城壁都市の事例がいくつか紹介されているが、近年の発掘調査によって、新石器時代にも大規模な城壁都市がいくつも存在することが明らかとなった。山西省臨汾(りんふん)市の陶寺(とうじ)遺跡、湖北省天門市の石家河(せきかが)遺跡、浙江省杭州市の良渚(りょうしょ)遺跡などが、その代表例である。これらの遺跡では版築技法の城壁が全周約六キロメートルもの規模で造営され、城壁内には手工業区や大規模建築区(宮殿区)など、機能ごとに分化した区画が配置されたことが明らかになっており、まさしく都市と呼ぶことができる景観を呈していた。規模の面でも内部構造の面でも、春秋・戦国時代の城郭都市に匹敵するような大規模な拠点が、新石器時代末の中国各地で出現していたのである。これらの都市の城壁は、都市全体を囲う外城(郭)として現れており、王や高級貴族の居住地を囲う内城(城)の存在は、必ずしも明確ではない。本書でも紹介されている宮崎市定氏による分類に従えば、城従郭主式、あるいは城郭一致式とすべき構造であり、その前段階に当たる山城式のような拠点が周辺から見つかっているわけでもない。山城式から城郭一致式への連続的な発展が追えない、という点で、新石器時代末の城壁都市の存在は異彩を放っている。

第二に、王朝の都にもかかわらず、いくら探しても城壁が見つからない都市がある、という発見である。本書の第二章で言及されるように、殷代後期の拠点と考えられる殷墟遺跡からは、長年にわたる発掘調査にもかかわらずいまなお城壁が発見されていない。これに先立つ鄭州城遺跡（本書では殷代中期の遺跡として紹介されるが、現在は殷代前期の遺跡と目されることが多い）には城壁があるため、殷墟に城壁がないのはおかしい、したがって、殷墟遺跡は王都ではなく祭祀場である、という説が複数の研究者から指摘されている。しかし、近年の調査によって、同様の状況、すなわち城壁の不存在は殷墟遺跡だけの特殊な状況ではないことが明らかになりつつある。

殷代に先立つ考古学文化として、二里頭文化がある。河南省偃師市に位置する二里頭遺跡を標準遺跡とする考古学文化で、時期的には新石器時代よりも新しく、殷代前期よりも古い。文献上の夏王朝の都を二里頭遺跡に比定する研究者も多い。この遺跡では青銅器やトルコ石の製作工房、大規模な宮殿址が見つかっており、当時の政治的・文化的中心地であったことは明らかである。この二里頭遺跡では、宮殿を取り囲む壁（築地塀のような簡易な壁である）は検出されているものの、工房区や居住区も含めた都市全体を囲む壁は検出されていない。同時代の遺跡として、二里頭遺跡を超える規模の大規模遺跡は存在しない。したがって、二里頭遺跡は当該社会の中心地であるにもかかわらず、郭が存在しなかったことになる。

殷代に続く西周時代の都も、近年の発掘調査によってその様相が徐々に明らかになりつつある。文献に記される西周の都は豊や鎬とよばれた地であるが、豊鎬遺跡よりもより大規模な西周期の遺跡が、現在の陝西省扶風県・岐山県の県境一帯で発見された。周原遺跡である。周原遺跡は複数の宮殿区や手工業区、墓地などから構成される複合遺跡であり、都市と呼ぶべき性格を備えている。数多くの青銅器も出土しており、経済的優位性からみても西周の都と呼ぶにふさわしい。周原遺跡では、宮殿区を囲む壁（内城）は確認されているものの、やはり都市全体を囲む郭は発見されていないのである。

二里頭遺跡・殷墟遺跡・周原遺跡は、いずれも各時代の政治的拠点として重点的な発掘調査が長期にわたって行われた遺跡である。それにもかかわらず、現在に至るまで都市を囲む郭が未発見であることを考えると、どうやらこれらの都市にはそもそも郭がなかった可能性を考えるべきだろう。そうだとすると、やはり不可解である。新石器時代末にはすでにいくつかの都市で郭が出現し、それに続く二里頭時代には拠点遺跡から郭が消滅する。殷代前期の都には再び郭が出現し、殷代後期・西周時代では郭が再度消える、ということになる。さらに後の時代、隋の大興城や唐の長安城には、都市全体を囲う郭（羅城）が存在する。また、本書で紹介されるように、現在まで残る一部の明代城壁も都市全体を囲む郭であった。現在の考古学的な成果は、中国の城郭都市が、山城式から城郭一致式へと一本道の発展を経験してきたのではないことを物語っている。

このような複雑怪奇な城郭都市の展開に、近年、一石が投じられた。許宏氏による「大都無城」説である（『大都無城——中国古都的動態解読』、生活・読書・新知三聯書店、二〇一六年）。氏は、先秦期の拠点都市は、二里頭遺跡・殷墟遺跡・周原遺跡のように、むしろ郭が存在しない方が常態であり、殷代前期や春秋・戦国時代の城郭を有する都市は政治不安を反映した変則的な都市形態だったと論ずる。王朝の都となるような都市（大都）には、外城たる郭は存在しないことが一般的だ（無城）という仮説である。一見すると突飛な仮説のように思えるが、各時代の都市遺跡の考古学的証拠は、許氏の説を支持するように思われる。たとえば、春秋・戦国時代の秦の都城であった雍城遺跡では、その前期・中期には城壁は存在せず、後期に入ってはじめて郭が築造されたことが明らかになりつつある。前期・中期の間、雍城は主に護城河（拠点の内外に巡らされた水濠）によって囲まれるのみであり、防御機能を備えた城壁は必要とされなかった。護城河の性格も、防御用の濠というよりは都市の排水網・都市内の水運網としての性格の方が強い。漢長安城に関しても、発見されている城壁は基本的には宮殿区を囲む宮城（内城）の壁であり、商工業区や一般居住区を含む都市全体を囲む郭城は見つかっていない。二里頭時代以降、すなわち青銅器時代以降の「大都」には、郭城は一般的ではなかったのである。

殷墟遺跡や周原遺跡では、遺跡内のいくつかの地点で大規模建築址が集中する地点（宮殿区）が見つかっており、これらの宮殿区はそれぞれ異なる集団（氏族）の拠点であった可能性を指摘しうる。王朝の都である大都市では、複数の集団が拠点を隣接させながら、共同して一つの都市を運営していたのかもしれない。そのような集団統合の場として拡大し続ける大都市において、都市の広がりを制限する郭の存在は不都合だったのだろう。

新石器時代末に出現した城壁都市にたいする解釈にも変更が迫られている。新石器時代末の長江下流域に出現した良渚遺跡は、都市全体を囲む郭を有するが、近年の研究では、この壁は洪水対策の防壁として作られた可能性が指摘されている。そうだとすると、新石器時代末の他の城壁都市にみられる郭も、果たして防御用の壁だったのだろうか、という疑問が生まれる。防御のために都市を郭で囲うという発想は、新石器時代から連綿と続いてきたものではなく、案外新しいもののようだ。

しかしながら、先秦時代の城郭都市変遷のすべてを大都無城説で説明できるわけではない。城壁が新たに発見されることによって、この議論も容易に覆るのである。そこが、遺跡研究の怖さでもあり、おもしろさでもある。中国の城郭都市の研究には、まだまだ議論すべき余地が多く残されている。

（かくどう・りょうすけ　駒澤大学准教授　考古学）

本書は、一九九一年に中央公論社より、中公新書として刊行された。文庫化に際して、一部図版を改めた。

ちくま学芸文庫

中国の城郭都市
――殷周から明清まで

二〇二三年九月十日　第一刷発行

著　者　愛宕元（おたぎ・はじめ）
発行者　喜入冬子
発行所　株式会社　筑摩書房
東京都台東区蔵前二―五―三　〒一一一―八七五五
電話番号　〇三―五六八七―二六〇一（代表）
装幀者　安野光雅
印刷所　株式会社精興社
製本所　加藤製本株式会社

ISBN978-4-480-51208-6 C0122